AF345290

Althochdeutsche ... Übersetzung Und Erläuterung [by Notker Labeo] Der ... De Consolatione Philosophiae, Herausg. Von E.g. Graff

Althochdeutsche,

dem Anfange des 11ten Jahrhunderts angehörige,

Übersetzung und Erläuterung

der

von Boethius verfaſsten 5 Bücher

DE CONSOLATIONE PHILOSOPHIAE.

Zum ersten Male herausgegeben

von

E. G. GRAFF.

Berlin.

In der Nicolaischen Buchhandlung.

1837.

Dem hochgesinnten Fürsten,

dem

Wissenschaft und Vaterland

die Herausgabe des althochdeutschen Sprachschatzes,

dem

ich und die Meinigen

den Schutz unsers Lebens

verdanken,

dem Kronprinzen von Preussen,

Friedrich Wilhelm,

sei,

wie mein ganzes Selbst,

auch jedes meiner Werke

in

tiefster Verehrung geweiht.

Vorwort.

Wie schmerzhaft es mir auch ist, dafs ich meinen
kleinen Rest von Leben, Gesundheit und Augenlicht,
der kaum zur Beendigung des althochdeutschen Sprachschatzes hinreicht, diesem durch die vorliegende Ne-
benarbeit entziehen und das wichtigste Werk der
deutschen Literatur, das nur durch mich, der ich
allein im Besitz alles Materials bin, zu Stande gebracht
werden kann, der Gefahr, für alle Zeiten unvollendet
zu bleiben, aussetzen mufs, so dränge ich doch, hof-
fend auf Gott, den allmächtigen Lenker der Schicksale
und Herzen, die Stimme bittrer Klagen in meine
Brust zurück, und, um so wenig Zeit, als möglich,
auf die vorliegende Schrift zu verwenden, beschränke
ich mich hier auf folgende kurze Bemerkungen:

Diese althochdeutsche Übersetzung und Erläu-
terung der consolatio philosophiae ist im cod. 825.
der Stiftsbibliothek zu St. Gallen enthalten und wahr-
scheinlich (cf. die Vorrede zu meiner Ausgabe der
althochdeutschen Übersetzung der 2 Bücher des Mart.
Capella de nuptiis mercurii et philologiae) ein Werk

des zu St. Gallen 1022 (500 Jahr nach Boethius) verstorbenen gelehrten Benediktiners Notker Labeo.

Die Vergleichung der Schriftzüge, z. B. der auf den ersten 160 Seiten mit denen auf S. 161—174, läfst auf verschiedene Abschreiber schliefsen. Die Überschriften und Anfangsbuchstaben der Abschnitte (bisweilen auch der einzelnen Verse) sind roth. Viele Accente erlöschen schon.

Der lateinische Text, den ich, um das Studium dieses althochdeutschen Sprachdenkmals zu erleichtern, beigefügt habe, ist zum Theil nach der Handschrift, zum Theil nach der Ausgabe von Sitzman (1607) abgedruckt. Die Erläuterungen des Übersetzers habe ich vom Text durch [ ] abgesondert.

Da mir von allen althochdeutschen Sprachdenkmälern diese Übersetzung der consolatio philosophiae am geeignetsten schien, dem Bedürfnisse eines althochdeutschen Lesebuchs für die studirende Jugend abzuhelfen, so habe ich auch noch eine kleinere, nur die althochdeutsche Übersetzung enthaltende, mit spracherklärenden Anmerkungen versehene Ausgabe dieses Werks zum Drucke befördert.

PROLOGUS TEUTONICE.

Sc̄s paulus kehíez tíen. díe in sínên zîten, uuândon 3.
des sûonetagen. táz er êr ne châme. êr romanum imperium
zegîenge. únde antixⱥs rícheson begóndi. Uuér zuîuelôt
romanos íu (sic) uuésen állero rícho hêrren. únde íro geuuált
kân ze énde dero uuérlte? Sò dô mánige líute énnônt
tûonouuo gesézene. hára úbere begôndôn (sic) uáren. únde in
àllên dísên ríchen keuuáltigo uuíder romanis sizzen. tô iů
stùonden íro díng slîfen. únde ze déro tîlegúngo râmen.
tîa uuír nû sehên. Tánnân geskáh pi des chéiseres zîten
zenonis. táz zuêne chúninga nórdenân chómene. éinêr ímo
den stûol ze romo úndergîeng. únde álla italiam. ánderêr
náhor ímo greciam begréif. únde díu lánt. tíu dánnân únz
ze tûonouuo sint. Énêr hîez in únsera uuîs ôtacher. tíser
hîez thioterih. Tò uuárd táz ten chéiser lústa. dáz er dio-
terichen uríuntlicho. ze hóue ládeta. tára ze dero mârun
constantinopoli. únde in dàr mít kûollichên êron lángo
hábeta. únz er ín dés bíten stûont. táz er ímo óndi. mít
ôtachere ze uéhtenne. únde úbe er ín úberuuúnde. româ
ióh italiá mít sînemo dánche ze hábenne. Táz úrlub (sic) káb
ímo zeno. sîn lánt. ióh sîne líute. ze sînên tríuuòn beuéle-
hendo. Sò dioterih mít témo uuórte ze italia chám. únde er
ôtaccheren (sic) mít nòte guán. únde ín sâr dára nâh erslûog.
únde er fúre ín des lándes uuîelt. tò ne téta er ze êrest
nîeht úber dáz. sò demo chéisere lîeb uuás. Sò áber nâh

1

4. imo ándere chéisera | uuúrten. tô begónda er tûon. ál dáz in lústa. únde dìen râten án den lib. tie ímo dés ne uuâren geuólgig. Fóne díu slûog er boetium. únde sìnen suér sym̄machum. únde dáz óuh uuirsera uuás. iohannem den bâbes. Sâr des ánderen îares. uuárt thioterih ferlóren. sîn néuo alderih zúhta daz rîche ze sih. Romanum imperium hábeta ío dánnan hína ferlóren sîna libertatem. Áber dóh gothi uuúrten dánnân uertríben fóne narsete patricio. sùb iustino minore. Sô châmen áber nórdenan langobardi. únde uuîelten italiae. mêr dánne ducentis annis. Nâh langobardis franci. tie uuír nû héizên chárlinga. nâh ín saxones. Sô íst nû zegángen romanum imperium. nâh tien uuórten scī pauli apostoli.

ĮNCIPIT LIBER PRIMUS BOETII.

CONQUESTIO BOETII DE INSTABILITATE FORTUNAE.

Ih tir êr téta frôlichív sáng. íh máchôn nù nôte chárasáng. Sih no. léidege musae lêrent mih scriben. [Táz
mír uuíget. táz uuíget ín. Tie míh êr lêrton iocunda carmina. tie lêrent míh nû flebilia.] Vnde fúllent sie míniv óugen. mit érnestlichên drânen. Tise geuértun ne máhta nîoman eruuénden. sie ne fûorin sáment mír. [Quasi diceret.
Úbe íh ánderro sáchôn beróubôt pín. mînero chúnnôn ne
máhta mih nîoman beróubôn.] Èr nuâren sie gûollichi
mînero iúgende. nû trôstent sie mîh álten. mînero misseskíhte. [Tés ist óuh túrft.] uuánda mír ist úngeuuando fóne
árbéiten zûo geslúngen spûotîg álti. Únde léid hábet míh
álten getân. Fóne dîen | dingen grâuuên íh ze únzite. Únde 5.
sláchíu hût. ridot au chráſtelôsemo líchamen. [Táz chît.
mîne líde ridont únder sláchero híute.] Táz ist sâlig tôd

BOETHII DE CONSOLATIONE PHILOSOPHAE,

LIBER PRIMUS.

Carmina qui quondam studio florente peregi,
Flebilis, heu, mestos cogor inire modos.
Ecce mihi lacerae dictant scribenda camenae,
Et ueris elegi fletibus ora rigant.
Has saltem nullus potuit peruincere terror,
Ne nostrum comites prosequerentur iter.
Gloria felicis olim uiridisque iuuentae
Solantur mesti nunc mea fata senis.
Venit enim properata malis inopina senectus,
Et dolor aetatem iussit inesse suam.
Intempestiui funduntur uertice cani,
Et tremit effeto corpore laxa cutis.

1 *

4

tér in lústsamên zîten ne chúmet. únde in léiţsámên ge-
uuúnstêŋe tuélet. Ah ze sêre uuîo úbelo ér die uuênegen gehôret. Únde uuîo úngerno ér chéligo betuot íro uuéinonteŋ
oúgen. Únz mír sálda fólgetôn. in állemo mînemo gûote
mír únstâtemo [álso iz nû skînet.] Tô hábeta míh tiu léida
stunda nâh kenómen. [ih méino diu iúngesta] Uuánda si
mír áber nû gesúichen hábet. ŋû lénget mîna uríst. mîn
árbéitsámo lîb. Uuáz hîezent ir îo míh sáligen fríunt mîne?
[Uuâr íst iz nû?] Tér dóh îo uîel. fásto ne stûont. [úbe
er fásto stûonde. sô ne uiele er.]

DE INGRESSU PHILOSOPHIAE. ET EIUS HABITU.

Únz íh tíz suîgendo in mînemo mûote áhtota. Únde
íh sús ámerlicha chlága scréib mít temo grífele. Uuâr sáh
íh éin vuîb stân óbe mír. Èruuírdigero tâte hárto. Mít érnestlichên óugôn. Vnde dúrnohtor séhentên tánne îoman
ménniskôn sehen múge. [Jóh profunda dei gesíhet philo-
sophia]. Mít iúnclichero uáreuuo [Sî ne áltèt nieht]. Vnde
mícheles mágenes unde úngebróstenes. Tôh si sô ált uuâre.
6. | Táz síh nîoman íro ne gelóubti. uuésen ébenált. [uuánda
sî uuás îo]. In íro geuuáhste zuîueligero mícheli. [Íh ne

Mors hominum felix, quae se nec dulcibus annis
Inserit et mestis sepe uocata uenit.
Ebeu, quam surda miseros auertitur aure
Et flentes oculos claudere seua negat.
Dum leuibus malefida bonis fortuna faueret,
Pene caput tristis merserat hora meum.
Nunc quia fallacem mutauit nubila uultum,
Protrahit ingratas impia uita moras.
Quid me felicem toties iactastis amici?
Qui cecidit, stabili non erat ille gradu.

Haec dum mecum tacitus ipse reputarem querimo-
niamque lacrimabilem stili officio designarem, adstitisse
mihi supra uerticem uisa est mulier reuerendi admodum
uultus, oculis ardentibus et ultra communem hominum
ualentiam perspicacibus, colore uiuido, atque inexhausti
uigoris, quamuis ita aeui plena foret, ut nullo modo nostrae crederetur aetatis, statura discretionis ambiguae. Nam

máhta uuízen. uuío míchel si uuáre.] Uuánda éina uuíla.
kezúhta si síh hára zu únsermo méze [uuánda si uuíloɲ
bumana áhtôt]. Ándera uuíla tûohta si mír den hímel
rûoren. mit óbenahtigemo hôubcte. [uuánda si astronomiam
uuéiz] Sô si daz hôubet hô ûf erbúreta. sô úberslûog iz
ten hímel. [táz tûot sî divina scrutando] Vnde sô tróug
si déro sîa ánauuártentôn óugen.

DE AMICTU EIUS.

Íro uuât uuâs (sic) chléine. únde uuáhe. únde festes kezív-
ges [Tiú uuât íst tíure. târ díu dríu ána sínt. Iro uuât.
taz sínt artes liberales. Táz sî chléine ist. táz máchônt
argumenta. táz sî uuáhe ist. táz máchônt figurae dianoeos
únde lexeos. táz sie uéste sínt (sic). táz máchôt tiu uuârheit
Sô uuârên sumptis uuâriu inlatio fólget. sô ne mág tára
uuídere nîoman nîeht ketûon. Fóne díu íst îo in uuârhéite
fésti.] Tîa uuât sî íro sélbiu uuórhtá (sic). sô íh áfter dés fóne
íro uernám. [Uuánnân máhtin dîe artes chómen. âne uóne
dei sapientia?] Íro bílde uuâren fóre álti uersáleuuet. sámo
so rúcchegiu (sic) gemâle. vel sic. Altiu sûmhéit hábeta uer-
túnchelet iro uuahi. [Uuánda sô die artes nîoman ne ûobet.
sô uuírt iro geâgezôt.] Ze níderost án dero uuâte stûont
kescríben taz chrîechesk p. [Táz pezéichenet practicam
uitam. táz chît actiuam.] Ze óberôst stûont | theta. [Tíu 7.
bezéichenet theoreticam uitam. dáz chît contemplatiuam]
Únde únder zuísken pûohstaben. stûonden sámo so léiter-

-----

nunc quidem ad communem sese hominum mensuram co-
hibebat nunc uero pulsare celum summi uerticis cacumine uidebatur; quae cum caput altius extulisset, ipsum
etiam celum penetrabat respicientiumque hominum fru-
strabatur intuitum. Vestes erant tenuissimis filis, subtili
artificio indissolubilique materia perfectae, quas, uti post
eadem prodente cognoui, suis manibus ipsa texuerat.
Quarum speciem, ueluti fumosas imagines solet, caligo
quaedam neglectae uetustatis obduxerat. Harum in extremo margine π, in supremo uero θ legebatur intextum. Atque inter utrasque litteras, in scalarum modum, gradus

sprózen gezéichenet. álde stégen stûofa. After dien man
stigen máhti. fóne demo nideren pûohstabe zu demo óberen.
[Uuánda sancti únde sapientes. fárent fóne actiua uita. ad
contemplatiuam.] Tia sélbûn uuât hábeton ferbróchen súmeliche nôtnúnftara. Únde uuâren sie ánauuert mít íro
stúcchen. die îogelicher besuérben máhti. [Uuándâ epicurei
únde stoici. únde achademici stríten. únde téiltôn síh in
misseliche sectas.] An dero zéseuuûn trûog si bûoh. [târ
liberales artes ána uuâren.] Án dero uuínsterûn sceptrum
[uuánda si chúningen íst. Sî chad. per me reges regnant.
et thronus meus in columna nubis].

DE EXPULSIONE BLANDIENTIUM MUSARUM.

Sô sî gesáh fóre mînemo bétte stân. tîe môteruuúr-
chun. Únde mír trâne récchende. mít íro uuórten. Sàr dés
éin lúzzel zórneg uuórteníu. iôh trôlicho séhendíu. Frâgeta
si. Uuér liez hára ín ze disemo siechen. tîse geuuéreten
hûorra ze theatro? [In fornicibus theatri uuúrten meretrices
prostratae. dánnan íst fornicatio gehéizen. Álso díe den man
mít íro lenociniis árgerotôn. sô tâten óuh tise mít íro
âmerên uuórten. Fóne díu héizet er sîe meretrices. Álde
skenicas meretriculas. héizet er skenicas musas. álso comediae
8. uuâren. únde tragediae. díe óuh | mánne scádotôn. uuánda.
comediae ráhtôn ímo risum. tragediae luctum.] Tîc ímo sîn
sêr nîcht éin ne héillent (sic) núbe iôh mêront. mít sûozemo
éitere íro uuorto. Tíz sínt tîe den uuûocher únde den ézisg

---

quidam insigniti uidebantur, quibus ab inferiore ad superius
elementum esset adscensus. Eandem tamen uestem uio-
lentorum quorundam sciderant manus et particulas, quas
quisque potuit, abstulerant. Et dextera quidem eius li-
bellos, sceptrum vero sinistra gestabat. Quae ubi poëticas
musas uidit, nostro assistentes toro fletibusque meis uerba
dictantes, commota paullisper ac toruis inflammata luminibus, quis, inquit, has scenicas meretriculas ad hunc
aegrum permisit accedere? quae non modo nullis remediis
fouerent dolores eius, uerum insuper alerent dulcibus ve-
neuis? Hae sunt enim, quae infructuosis affectuum spinis,

tero rationis ertémfent mít tîen dórnen uuillônnes. [Táz
chît mít íro uuillechôsonne. ergézzent sie mán sînero rationis.] Únde menniskôn mûot stôzent sie ín dia súht. sîe
ne lôsent sie nîeht. Áber infûortînt ir mír éinen uréden
mít íuuermo zárte. sô ir díccho tûont. Táz ne uuâge mír
sô nîeht. Án démo ne infûore mír nîeht mînero árbéito.
Aber dísen chrîechiskero méisterskéfte. únde achademiskero
dúrhlêrten. Rûment sirenes. lústsame únz án dia uerlornissida. [Sirenes sínt mére tîer. fóne déro sánge intslâfent
tie uérigen. et patiuntur naufragium.] Únde lâzent mîh ímo
sîn mûot néren. únde héilen mít mînên carminibus. Tô
snífta níder. dáz sús erstouta gezuâhte. Únde uóre schámon
irrótende. gelîez iz sih. Áber íh erchám mîh tôdés. uuér
dáz uuîb uuâre sô geuuáltîgo uárentíu. íh ne máhta sia
bechennen uuánda mír daz óuga tímbereta fóllez trâno.
•Vnde íh fúre mîh níder séhende. | Pegónda íh suîgendo 9.
chîesen. uuáz sî dára nâh tûon uuólti. Tô hîtemon uáhôr
gânde. gesáz si ze énderôst mînes péttes. Vnde ána séhende mîn ánalútte. trâglichez fóne vuûofte. Vnde fóne
trûregi níder gehángtez. Chlágeta si síh mít tísen uérsen.
mînes únmûotes.

---

uberem fructibus rationis segetem necant, hominumque
mentes assuefaciunt morbo, non liberant. At si quem
profanum, uti uulgo solitum, nobis blanditiae uestrae detraherent, minus moleste ferendum putarem. Nihil quippe
in eo nostrae operae laederentur. Hunc vero eleaticis
atque academicis studiis innutritum. Sed abite potius
sirenes usque in exitium dulces, meisque cum musis
curandum sanandumque relinquite. His ille chorus increpitus deiecit humi mestior uultum, confessusque rubore
uerecundiam limen tristis excessit. At ego cuius acies
lacrimis mersa caligarat, ne dinoscere possem, quae nam
haec esset mulier tam imperiosae auctoritatis, obstupui,
uisuque in terram defixo, quidnam deinceps esset actura,
explorare tacitus coepi. Tum illa propius accedens in
extrema lectuli mei parte consedit, meumque intuens uultum luctu grauem atque in humum moerore deiectum his
uersibus de nostrae mentis perturbatione conquesta est.

CONQUESTIO PHILOSOPHIAE SUPER AEGRO.

Áh ûuîo hárto síh mísse hábet mánnes mûot. káhes kestúrtez (sic) iɳ dia grûoba. Unde uuîo gnôto iz tánne îlet. ûzer demo lîehte. ín dia uínstri [Vuîo iz síh kelóubet sînes trôstes. únde héftet síh in úndrôst. Uuánne tûot iz sô?] Sô sîne sórgun êrerôn fône fránspûote. ze únmézig uuérdent. [Uuánda úbe er êr rîché uuás. sô imo dés káhes kebrístet. sô uuíget iz ímo.] Tíser uuás keuuón dénchen án die hímelférte.[únz er ungeréchen (sic) uuás.] únde chôs er in héiteri. dero súnnûn uerte. únde des mânen. Vnde uuíssa er óuh tîe uérte bezálo. tîe dehéin planeta tûot. feruuállotîu in ánderro planetarum uérte. [Ér uuíssa uuóla. die mânôt zála. íoh tia iâr zála íro îogelichero uérte. Uuánda ér uuíssa. dáz saturnus úmbe gât ten hímel tri-gínta annis. iouis ɖuodecim. mars duobus. sol in uno anno. mercurius únde uenus infra annum. luna triginta diebus.

10. Únde dàz téro îogelih uuíder fért | temo ándermo. Sô luna tûot soli. tánne táge uínstri uuirɖet. únde sô uuír martem sáhen uuiderfâren demo mânen. dô er ɖrînahtig uuas. únde úbér mítten gân. náls nîebt únɖenân. nûbe óbenân. Fóne diu chît er. flexa per varios orbes.] Ér uuólta íóh uuízen. uuáz tia uuínda recche. tîe den mére vuûolent. [Virgilius uuánɖa dáz sie eolus ûzlîeze. Sie lâzet ter ûz. qui pro-

---

Heu, quam precipiti mersa profundo
Mens hebet et propria luce relicta
Tendit in externas ire tenebras,
Terrenis quoties flatibus acta
Crescit in immensum noxia cura.
Hic quondam caelo liber aperto,
Suetus in aetherios ire meatus,
Cernebat rosei lumina solis,
Visebat gelidae sidera lunae,
Et quaecunque uagos stella recursus
Exercet, uarios flexa per orbes,
Comprehensam numeris uictor habebat.
Quin etiam causas, unde sonora
Flamina sollicitent aequora ponti,

ducit uentos de thesauris suis.] Uuér dén únerdrózenen himel úmbe tríbe? [Uuér âne spiritus dei?] Aldé uuîo uuéstert in sédel gândiu zéichen. áber chómên ad ortum. [Tér himel án démo siu stânt. tér tríbet siu úmbe.] Uuáz ten lénzen getûe sô línden. Táz ér dia érda gezîere mít plûomôn. [Táz tùot líu bára eruuíndenta súnna. fóne demo hiemali circulo.] Únde uuér dáz kébe. dáz ter hérbest chóme geládenêr. mít rîfên béren. in râtsámemo iáre? Únde chónda er geántuuúrten mániges tínges tóugenes. uúaz táz únde dáz méine. [Táz uuíssa er ál.] nû ist er uuízzelôs. nû ist er âne uuórten des mûotes túgede. Únde úmbe dén hâls kechétennotêr. [táz chît mít úndrôste bebáftêr.] Vnde mít téro búrdi nider genéigtêr. Sihet er úndánches ze érdo. ténchet er lêuues án dia tóubûn érda. [líu ménnisken tóube máchôt.]

EXPERIMENTUM MEDICATRICIS. AN LETALIS MORBUS SIT AEGRI.

Nû ist áber dóh mêr zît. láchennis (sic) tánne chlágo. | Ún-11. de míh tára nâh cnôto ána séhentiu. frâgeta si. Ne uuúrte dû mít mînemo spúnge gesóuget. únde mít mînero frùondo

---

Quis uoluat stabilem spiritus orbem,
Vel cur hesperias sidus in undas
Casurum rutilo surgat ab ortu,
Quis ueris placidas temperet horas,
Ut terras roseis floribus ornet:
Quis dedit ut pleno fertilis anno
Autumnus grauidis influat uuis,
Rimari solitus, atque latentis
Naturae uarias reddere causas.
Nunc iacet effeto lumine mentis,
Et, pressus gravibus colla catenis
Decliuemque gerens pondere uultum,
Cogitur, heu, stolidam cernere terram.

Sed medicinae, inquit, potius tempus est quam quèrelae. Tum uero totis in me intenta luminibus. tune es ille, ait, qui nostro quondam lacte nutritus, nostris educa-

gezógen. únz tû gestige ze gómenes sinne? ſne bist tû dér na? ⌡ Ze uuáre. Íh káb lír óuh sóſiu gesareuue. Tíu dih skirmdin. mít úngesuíchenero uésti [únder dien. dû gehálten uuárist.] Úbe dû siu gérno bína ne uuirfîst. Pechénnest tu míh? zíu suîgest tu? Uuéder fóre scámôn. álde fóre erchómeni? Mír uuâre liebera fóre scámon. [táz chît fóre gezógeni. únde fóre chíuski. únde fóre mídinne. únde fóre êrháfti.] Míh túnchet áber. fórhta tûot tir uuê. [tû uuéist tíh scúldigen.] Sô si míh tô gesáh. níeht éin suî‑genten. núbe sámo stúmmen. únde zúngelôsen. Sô légeta si íro hánt mámmendo an mîna brúst. Níeht fréisôn chad si. Úngehúht hábet er geuángen. keméine súht tero âuuiz‑zôntôn. Ér hábet sîn éin lúzzel ergézen. Er bebúget sih uúola sîn. échert er míh êr bechénne. Unde dáz er míh pechénnen múge. Sô uuískên sîniu óugen. pelímbertíu mít témo nébele lero stírbigôn díngo. Sús chád si. Únde mít kelésotemo tûoche íro uuâte. uuísta (sic) sî miníu vuûoffenten óugen.

DE ILLUMINATIONE EIUS.

12.   Sár bína uertríbenero náht | pegáb míh tiu binstri. Únde chám mir óugôn líeht. sólih ih fóre hábeta. Also

---

tus alimentis, in uirilis animi robur euaseras? Atqui talia contuleramus arma, quae nisi prius abiecisses, inuicta te firmitate tuerentur. Agnoscisne me? Quid taces? pudore an stupore siluisti? mallem pudore; sed te, ut video, stupor oppressit. Cumque me non modo tacitùm, sed elinguem prorsus mutumque uidisset, admouit pectori meo leniter manum. Et nihil, inquit, periculi est, lethargum patitur, communem illusarum mentium morbum. Sui paullisper oblitus est; recordabitur facile, si quidem nos ante cognouerit. Quod ut possit, paullispèr lumina eius, mortalium rerum nube caligantia, tergamus. Haec dixit, oculosque meos fletibus undantes, contracta in rugam veste, siccauit.

     Tunc me discussa liquerunt nocte tenebrae,
     Luminibusque prior rediit vigor:

iz tánne ueret. Sô die stérnen bedéẹchet sínt. fóne uuól-
chenmáchigemo uuínde. Únde der hímel ála gáro ist ze
dícchên régenen. Únde súnna ne skînet. Vnde iz náhtèt.
êr an hímele stérnen skînen. [Álso iz tánne uéret.] úbe
dárá nàh tiu bisa fone tratia (sic) uuântíu. dia náht zefûoret.
Vnde dén dág máchot héiteren. dér uóre fínsterêr uuás.
Vnde dânne súnna skînet. Vnde sî gâes (sic) skînende. skíuzet
tien liuten síh uuúnderônten ·únder diu óugen. Álso zestó-
benemo nébele. sáh íh ten hímel. Vnde uuárd íh sínnig.
sia ze bechénnenne. táz si lâchanarra uuás. Sô íh· sia diu
óugen ána uerlîez. Vnde íh sia gnôto chôs. Pechnâta íh
sia uuésen mîna ámmûn. in déro séldôn íh fóne chínde
uuóneta. Únde uuáz chád íh. uuóltôst tû állero túgedo
méistra. fóne hímele bára in díz· éinôte mínero ihseli?
Ínno. dáz óuh tû gescúldigotív. fóne lúkkên léidúngôn
kemûot uuérdèst [únde in nôt prâht uuérdèst.]? Sólti íh
míh tánne ˏchád si ˏtîn gelóuben. mîn héime gezogenò?
Únde ne sólti íh níeht | ében téila uuérden dînero árbeito. 13.
tîe dù lîdest úmbe mínen nîd. Tríuuo. Philosophiae ne ge-

Ut cum precipiti glomerantur sidera coro,
Nimbosisque polus stetit imbribus,
Sol latet, ac non dum celo uenientibus astris,
Desuper in terram nox funditur,
Hanc si treicio boreas emissus ab antro
Verberet et clausum reseret diem,
Emicat et subito uibratus lumine phoebus,
Mirantes oculos radiis ferit.

Haud aliter tristitiae nebulis dissolutis hausi caelum
et ad cognoscendam medicantis faciem mentem recepi.
Itaque ubi in eam deduxi oculos intuitumque defixi,
respicio nutricem meam, in cuius ab adolescentia laribus
uersatus fueram, philosophiam. Et quid, inquam, tu in
has exilii nostri solitudines, o omnium magistra virtutum
supero cardine delapsa uenisti? an ut tu quoque mecum
rea falsis criminationibus agiteris? An, inquit illa, te,
o alumne, desererem, nec sarcinam, quam mei nominis
inuidia sustulisti, communicato tecum labore partirer?

zám nío. táz sî den únsúndigen lîeze fáren âne sih. Sólti
ih [chîst tu] mîna léidûnga fúrhten? Vnde míh téro erchó-
men? sámoso ételiches níuues tínges.

NON MELIORA SPERANDA NOUIS QUAM PRISCIS TEMPORIBUS.

Uuânest tu nû êrest sapientiam in nôt kestôzena fóne
dien úbelên? Ne uáht íh ófto ióh pi dîen áltên. fóre platonis zîten. stárken uuîg. uuíder dero góucho nánde. Únde
ímo lébendemo. úber sîgenôta. sîn méister socrates ten dôt.
mír zûosébentero? Únde dánne sîn érbe îltîn zócchôn
epicurei atque stoici. únde óub ándere. îogelîh gágen sînemo téile. Únde si míh. álso dár. man róub téilet tán-
sotîn. uuídere zíhenta. únde dáz uuíderônta. Zebráchen sie
mîna uuât. tia íh sélbiu uuórhta. Vnde blézzen tar ába
gezúhtên. Síh uuânende míh álla hában. fûoren siu. mít
tíu. Vuánda dóh an dîen zócchâren. ételîh kelîhnísse uuás
mînero getâte. Vnfrûoti uuânentíu sîe uuésen mîne gesuá-
14. sen. | Petróug si íro súmelicho. Mít témo írreglichen uuâne.
/dér ío uuírbet mít téro uerulûchenun mánegi. [Sîe gelóub-
tôn téro mánegi. táz sie uuîse uuârin.] Vbe du nío ne

Atqui philosophiae fas non erat, incomitatum relinquere
iter innocentis, meam scilicet criminationem uererer? et
quasi noui aliquid acciderit, perhorrescerem? Nunc enim
primum censes apud improbos mores lacessitam periculis
esse sapientiam? Nonne apud ueteres quoque, ante nostri
platonis aetatem, magnum sepe certamen cum stultitiae
temeritate certauimus? eodemque superstite, praeceptor
eius socrates iniustae uictoriam mortis me adstante prome-
ruit? Cuius hereditatem cum deinceps epicureum uulgus
ac stoicum ceterique pro sua quisque parte raptum ire
molirentur, meque reclamantem renitentemque, uelut in
partem praedae traherent uestem, quam meis texueram
manibus, disciderunt, abreptisque ab ea panniculis totam
me sibi cessisse credentes abiere. In quibus, quoniam
quedam nostri habitus uestigia uidebantur, meos esse
familiares imprudentia rata, non nullos eorum profanae
multitudinis errore peruertit. Quod si nec anaxagorae

géiscolôst. uuio anaxagoras [stoicus philosophus] indrán. [únde ér fóne díu lángo uuas in exilio.] Nóh uuio socrates kenôtet uuárd trínchen cicutam. [uuánda er iovem únde apollinem hîez moituos. Únde er chád tén éid uuésen tíureren. dén man suuôre bi demo lébenden húnde. dánne bi demo tôtên (sic) ioue.]. Nóh uuéliu uuîze zeno [philosophus] léid. [tér ímo sélbemo dia zúngûn ába béiz. uuánda ér díe méldên ne uuólta. díe ér uuíssa coniuratos. Úbe dû iz fóne díu ne uueist.] uuánda iz urómedemo (sic) lánde geskáh. [íh méino in gretia (sic).] Tû mábtôst ábér uuízen canio gelîche. [tér be gaio imperatore uuás.] Únde senecae gelîche. [dér uóne neronis gebóte erslágen uuárd.] Únde óuh sorano. Téro geuuaht nóh nîeht ált ne íst. nóh únmâre. Tîe nîeht ánderes ze demo tôde ne bráhta. Áne dáz sie uuâren gerárte nâh mínemo síte. Vngeliche demo flîze dero scádelôn.

ADUERSA NON TIMENDA.

Tíh ne dárf nehéin uuúnder sîn. úbe uuír in dísemo mére geuuérfôt uuérdên. fóne in állen sínt zùostôzentên uuínden. [Táz | chît úbe uuír in dísemo uréisigên líbe ár-béite lîdên. fóne mánigên persecutoribus.] Uuánda uuír unéllên dien úbelên mísselichên. únde dáz íst úns fástôst in mûote. Téro bére nío sô míchel ne íst. íz ne sî ze uerchîesenne. Uuánda iz fóne nehéinemo uuîsen geléitet ne uuírt. Núbe échert fóne uuûotigero írrighéite. râtelôs- 15.

---

fugam nec socratis uenenum nec zenonis tormenta quoniam sunt peregrina, nouisti, at canios, at senecas, at soranos, quorum nec peruetusta, nec incelebris memoria est, scire potuisti. Quos nihil aliud in cladem detraxit, nisi quod nostris moribus instituti, studiis improborum dissimillimi uidebantur. Itaque nihil est quod admirere, si in hoc uitae salo circumflantibus agitemur procellis, quibus hoc maxime proppsitum est pessimis displicere. Quorum quidem tametsi numerosus exercitus, spernendus tamen est, quoniam nullo duce regitur, sed errore tantum temere ac passim limphante

licho dára únde dára gefûoret uuirt. Vbe óuh táz sîna skâra ríhtet uuíder úns. únde iz únsíh (sic) mágenigôr ána uéret. Sô zíhet (sic) únseríu herzogen [uirtus] íro hére in íro uésti. Tára nâh uuérdent sie únmûozig. zócchôndo íro gebúlstere. [Álso dîe tâten. dîe mauricium slûogen. Sô ín sélben únde álla dia legiohem uirtus fidei ze hímele gezúhta. tô téiltûn sie den róub. Uuáz máhta ímo dô únuuérdera sîn. tánne dáz sîe zócchoton. Fóne díu chîd si hára nâh.] Uuír éigen áber óbenân die zócchônten sô bôsa sácha. ze hûe. (sic.) Síchure muórtene álles uuûotiges stúrmes. Únde mít téro fésti be-uuárote. Tára nehéin uuég zûo ne sî. tero uuínnentûn góuhhéite.

QUID FACIAT CONSTANTIAM.

Sô uuéler in sînemo áltere stíllêr únde gezógenêr. sâlda in uersíhte hábeta. únde er áfter réhte péidíu uer-
16. | sáh. [ih meino sâlda. ioh unsálda.] Tér máhtr háben uéste gehába. [Also socrates nehéinêst sîn ánalútte ne uuéhselôta. uuanda er îo in éinemo uuás. áne (sic) láhter. únde âne trû-regi.] Tén sólên (sic) ne brúlet nîeht tiu úngebârda. únde die tróuuûn des méres. uuûollentes únde fóne bódeme ûf chêren-tes sîna zéssa. [Táz sint tumultus secularium.] Nóh íh ne brúlet tér brénnento berg ueseuus. [tér in campania íst.] sô er uerbróchenên mântlóchen. uuîlo zeuuírfet sîníu ríu-

---

raptatur. Qui si quando contra nos aciem struens ualentior incubuerit, nostra quidem dux copias suas in arcem con-trahit, illi vero circa diripiendas inutiles sarcinulas oc-cupantur. At nos desuper irridemus uilissima rerum quaeque rapientes, securi totius furiosi tumultus eoque uallo muniti, quo grassanti stultitiae adspirare fas non sit.

> Quisquis composito serenus aeuo,
> Fatum sub pedibus dedit superbum,
> Fortunamque tuens utramque rectus,
> Inuictum potuit tenere uultum;
> Non illum rabies minaecque ponti
> Versum funditus excitantis aestum,
> Nec ruptis quoties uagus caminis
> Torquet fumificos uesuuus ignes,

chenten fîar. [Táz sínt forores principum.] Nóh ín ne
brútet tér scúz tero fiurentûn dónerstrâlo. tíu hóhíu turre
díccho nider slât. [Táz ist tero chúningo geuuált. tér ófto
die rîchen insézzet.] Uuáz íst tîen mûodingen. dáz sie die
geuualtîgen fúrhtent? chráftelôse. dóh sie uuínnên. [Fólge
mînes râtes.] Nîeht ne beuuâne díh. [ze guuýnnenne.]
nîeht ne fúrhte [ze uerlîesenne.] mit tíu infûorest tu demo
geuuáltîgen sîn zórn. Tér áber [sô tûon ne uuíle únde er]
fúrhtet [ze uerlîesenne] álde gérôt. [ze guuynnenne].
uuánda dér únstâte ist. únde úngeuuáltîg sîn sélbes. pedíu
hábet er hína geuuórfen den skilt. [dáz chît tes mûotes
fésti únde] gótes zûuersíhte] Vnde ába stéte gedrúngenêr.
[sô iz in vuîge feret temo sîgelôsen] smídôt ímo sélbemo
chétenna. mít téro man ín binde.

VULNUS NON ESSE TEGENDUM.

| Uerstâst tû díh *) tísses îeht chád si. álde gât iz tíh îeht 17.
ín? [Táz íh tír líudôn bechúmet tíb táz îeht?] Léidego.
únde lîrun spíles ergázto. uuáz ríuzest tu. zíu ulíezent tír
trâne. Jih uuáz tir sî. éin ne uerhíl du. Úbe du [genésen
uuéllêst. únde] árzates hélfa uuéllêst. sô óuge dia uuúndun.

---

*) Es steht diz.

Aut celsas soliti ferire turres
Ardentis via fulminis movebit.
Quid tantum miseri feros tirannos
Mirantur sine uiribus furentes?
Nec speres aliquid, nec extimescas;
Exarmaueris impotentis iram:
At quisquis trepidus pauet, uel optat,
Quod non sit stabilis, suique iuris,
Abiecit clipeum, locoque motus
Nectit, qua ualeat trahi, catenam.

Sentisne, inquit, haec, atque animo illabuntur tuo?
Esne asinus ad liram? Quid fles? Quid lacrimis manas?
confitere, non absconde. Si operam meditantis exspe-
ctas, oportet ut uulnus detegas. Tum ego collecto in

EGER QUO MORBO LABORET. APERIRE CONATUR.

Tô ántuuúrta íh iro. Mít éteuuáz chréftigoren mûote.
Sól iŝ nóh túrft sîn ze ságenne? Ne skînet tíu mísseskíht
uuóla ná. tíu mír ána líget. Ne bechúmet tíh nieht sélbív des
chárchâres éigeslichi (sic). Íst tánne díz nû díu bûohchá-
mera. Târ du gérno ínnę sâze ze ,mînemo hûs. Vnde sáment mír sízzendo. tráhtotôst állen dén uuîstûom. tér an
gót kât. únde án die líute. Uuás íh in dien uátôn. tô íh
tir hálf crúnden tîa tóugeni dero naturae. Tô du mír bíl-
dotôst [án dero áscûn.] mít tîncro zéigo rûoto. die uérte
dero [siben uuállòntôn] stérnôn. [Philosophi hábetôn éin
brét fórc ín. dáz sîe hîezen mensam. súmeliche hîezen iz
abacum. dáz uuás pezétet mít clésinemo pulure. chléino
18. gemálnemo. únde guôto geuéittemo. | únde sâzen sie mít
íro rùote in hénde. mít téru sie íro iúngerôn án déro sélbûn áscûn píldotôn die uérte dero stérnôn. únde álle die
figuras. tie man lírnen sól in geometrica. Abacus íst éin
descriptio. dáz chît éin bílde án éinemo bréte. álde an
éinero pagina. sô uuír iz nû séhên in dísen zîten. târ mísseliches pildes caracteres ûf keléget uuérdent. álso dâr man
uuúrfzáueles spílôt. Mit tien caracteribus uuérdent spûotigo
eruáren állero numerorum divisiones. únde multiplicationes.
so uuéder man iro bedárf. in musica. álde in arithmetica.
Tíu disciplina héizet mathematica.] Tô dû mîne síte. únde
álla dia uuîsûn mînes líbes. scáffotôst náh témo bílde dero
éngelo. [Uuánda dâr úmbe chám χǭc dei sapientia hára
in

uires animo: An ne adhuc eget admonitione, nec per se
satis eminet fortunae in nos sevientis asperitas? Nihilne
te ipsa loci facies mouet? Haeccine est bibliotheca, quam
certissimam tibi sedem nostris in laribus ipsa delegeras?
in qua mecum sepe residens de diuinarum humanarum-
que rerum scientia disserebas? Talis habitus, talisque
uultus erat cum tecum naturae secreta rimarer cum mihi
siderum uias radio describeres, cum mores nostros totiusque uitae rationem ad celestis ordinis exemplar formares.
Haec-

in uuérlt. táz er ménnisken lérti. in terris angelicam vitam ducere. Tár fûre lêrtôn philosophi ethicam i. morum disciplinam.] Hábo ih nû súslichen lôn. úr lósendo?

AMBITIONEM EXCUSAT.

Triuuo. dû fúnde dia réda. únde lêrtôst sia mít platonis múnde. Alliu rîche. únde álle ándere geuuálta dánne uuésen sálige. úbe iro ulâgîn uuîse. álde dîe síh pegóndin héften ze uuîstûome. [Salomon uuás uuîse. áber darius háfla síh ze danihele demo uuîsen. únde pharao ze ioseph.] Tû lêrtôst únsih óuh mít sînemo múnde. állên uuîsên núzze uuésen. in dîen uuórten geuuált ze guuúnnenne. Nîo er dien úbelên ze hánden uerlâzenêr. scáden | únde uer- 19. lórnisseda tûên dien gûotên. Tés fólgendo. uuánda iz fóne dír chám. Uuólta íh skéinen án demo ámbahte. táz tu mih kesuáso lêrtôst. Tû erijhest míh. únde gót. tér díh ín getéla dien uuîsên. Míh nehéine dúrfte áhtôn án demo ámbáhte. [íh méino án demo consulatu.] âne geméine dúrfte. Tánnan errúnnen mír stárche fîentskéfte fóne dien úbelên. dîe nîoman uerzéren ne máhta. Únde álso fo tûot tíu báldi dero síchurhéite. Ne uuág mír nîeht úmbe réhtes mínna. dero geuuáltigôn bólgenscáft.

Haeccine premia referimus tibi obsequentes? /Atqui tu hanc sententiam platonis ore sanxisti, beatas fore respublicas, si eas uel studiósi sapientiae regerent, uel earum rectores studere sapientiae contigisset. Tu eiusdem uiri ore hanc sapientibus capessendae reipublicae necessariam causam esse monuisti, ne improbis flagitiosisque ciuibus urbium relicta gubernacula pestem bonis ac perniciem inferrent. Hanc igitur auctoritatem secutus, quod a te inter secreta otia didiceram, transferre in actum publicae administrationis optaui. Tu mihi et qui te sapientium mentibus inseruit Deus, estis conscii, nullum me ad magistratum, nisi commune bonorum omnium studium, detulisse. Inde cum improbis graues inexorabilesque discordiae, et quod conscientiae libertas habet, pro tuendo iure spreta potentum semper offensio. Quoties ego co-

OPERA PIETATIS SUAE COMMEMORAT.

Uuîo ôſto ſh conigaste [demo gotho.] dánnc 'er ána-
uártota uuéichero mánno gûot. Uuîo díccho ne stîez íh ten
fálenzcrâuen triguillen. ába sînemo únrehto. dés ér begún-
nen hábeta. únde ióh fólletân hábeta. Uuîo ôſto ne uuás
ih fóre mít mînero námeháfti uuênegên. dîe dero héidenon
uréchi ingeníuz árbeita. mít únzálaháftên léidtâten. Míh
ne gechêrta nîo nehéin man ába demo réhte án daz únréht. [Nîeht éin dero búrglíuto. núbe óuh] sô ih sáh tero
20. lántlíu|to gûot ferôset uuérden úmbe fròno zíns. álde oúh
sús fóne îomannes' nôtnúmfte. dáz uuág mír ében hárto
dîen.. dîe iz líten. Tô in hándegên húnger iáren strénge
chórnchóuf in campania. únde úbelêr ze geúuérenne. únde
dîa sélbûn gebûrda erármen súlendêr. fóne demo chúninge
gebánnen uuárt. Tô hínderstûont íh tar úmbe ze strîtenne.
uuíder demo flégare des prętorii. dés ámbáht iz uuás.
úmbe geméine nôttúrfte. Temo chuninge. [tés chórn iz
uuás] uuízentemo. stréit ih. Unde brâhta íh iz tára zû.
dáz sie nîoman ne nôti des chóufes. Paulinum éinen ge-
ríslichen ze consule tés kûot tie hóuegîra. sô uílo iz ze
íro uuâne únde ze íro gíredo gestûont. iú uerslúnden hábetôn. tén zôh ih ín gínentên ûzer dero chélûn. Nîo albi-

---

nigastum imbecillis cuiasque fortunas impetum facientem
obuius excepi! quoties triguillam regiae prepositum
domus ab incepta perpetrataque iam prorsus iniuria deieci!
quoties miseros, quos infinitis calumniis impunita barba-
rorum semper auaritia uexabat, obiecta periculis auctoritate protexi! Numquam me ab iure ad iniuriam quisquam detraxit: prouincialium fortunas tum priuatis rapi-
nis tum publicis uectigalibus pessumdari, non aliter, quam
qui patiebantur, indolui. Cum acerbae famis tempore
grauis atque inexplicabilis indicta coëmtio profligatura
inopia campaniam prouinciam uideretur, certamen aduersum prefectum pretorii communis commodi ratione
suscepi, rege cognoscente contendi, et ne coëmtio exige-
retur, euici. Paullinum consularem uirum, cuius opes
palatini canes iam spe atque ambitione deuorassent, ab
ipsis hiantium faucibus traxi. Ne albinum consularem

num ĕinen sámo bĕren mán âne dĭng. táz er ne uerskielte dáz er uerléidôt uuás. târ úmbe sázta íh mílı gágen sînes léidares bázze cipriani. Ne dúnchet tír míh báben gerécchet mír sélbemo gnûog mánege uîcntskéfte. Nû sólta ih áber dero ánderro hálb sô uílo sîn síchurera. Sô uílo ih min úmbe réhtes mínna. uúirs kebórget hábeta. uuíder die hóuelíute.

QUOD A NON PROBATIS PERSONIS MINIME DEBERET ACCUSARI. |

Fóne uuélichen léidaren pín ih tóh in ángest práht. 21. Tér nû lángo uerstôzeno batilius ába des chúninges ámbaht tîeneste. dér uuárt ánabrâht. dáz er mih léidota mit téro nôte des scázzes. tẹ́s er scúldig uuás. [Tér lôsta síh mít tíu. Tér scáz tén íoman ándermo gélten sólta. tér bîez ze romo ẹs alienum.] Tô óuh ter chúning opilionem unde gaudentium hîez taz lánt rûmen úmbe mánige. únde mánigfalte íro úndríuua. Únde sîe ze chîlechûn flihende (sic). daz kebót uuéren ne uuóltîn. Vnde demo chúninge dáz ze nuízenne uuúrtc. kebôt er. síc ne rûmdin rauenna. êr démo tágedínge. dáz er ín légeta. dáz man sie únder óugôn zeichendi. únde sô gezéichende. uertríbe. Uuáz uuânest tu nû déro sárfi des chúninges. fóne ín dîen ér sô grám uuás. múgen ze gelóubo geságet uuérden? únde dôh tés sélben

---

uiſum preiudicatae accusationis pena corriperet, odiis me cypriani delatoris opposui. Satisne in me magnas uideor exacerbasse discordias? sed esse apud ceteros tutior debui, qui mihi amore iustitiae nihil apud aulicos, quo magis essem tutior, seruaui. Quibus autem deferentibus perculsi sumus? quorum basilius olim regio ministerio depulsus in delationem nostri nominis alieni aeris necessitate compulsus est. Opilionem uero atque gaudentium, cum ob iniurias atque multiplices fraudes ire in exsilium regia censura decreuisset, cumque illi parere nolentes sacrarum sese aedium defensione tuerentur, compertumque id regi foret, edixit, ut nisi infra prescriptum diem rauenna urbe decederent notas insigniti frontibus pellerentur. Quid huic seueritati posse adstrui uidetur? Atqui eodem die defe-

táges kelóubta ér ín. dáz síe fóne mír ságetôn. Uuáz nû
frónua? Hábent táz kedîenôt mîne chúste? dîe íh skéinda?
Tíu êrera íro úbertéileda. máchota díu síe êhafte léidara.
Íst tiu fortuna sô skámelos. Úbe sî mînero únscúlde síh
ne méid. zíu ne dûobta íro scámelíh | dero léidaro uer-
síht. Uuáz sínt tóh nû mîne scúlde?

REMOTIO CRIMINUM.

Uuíle du daz knôtesta uuízen? Taz rûmiska hêrtûom
míh kérnogeséhen geháltenez. zíhet (sic) man míh. Uuíle du
uuízen uuîo? Mán zíhet (sic) míh ten meldare dé skéirren. dáz
er demo chúninge dîe brîeue ne brâhti. mít tîen er daz
hêrôte gehóubetscúldigoti. [Hóubet scúlde sínt. dáz man
án den geuuált râtet. Taz rûmiska hêrote uuólta síh chlá-
gon. mít prîeuen ze démo chéisere. dér dioteriche ze sînen
tríuuôn daz lánt peuálh. únde dîe líute. dáz er ín íro libertatem benómen hábeti. dúrh táz áhtota der chúning
sélben boetium. únde ándere senatores reos maiestatis.]
Uuáz túnchet tír is méistra. Sól íh is lóugenen. nio íh
scúldo eruárner. dír ze únerôn ne sîn? Cuísso uuólta ih
sô. Ióh tô uuólta. ióh nû uuíle. únde îomer. Dés iího ih.
Íh ne írta dóh ten méldare nîeht. [Íh tâte uuóla úbe ih ín
írti. dóh ne írta íh ín is nîeht. Énes iího ih. tísses ne
iího íh] Sól íh táz fúre únreht hában. táz íh kérno sího
geháltene. dîe dero ordinis sínt. Ér hábet míh kescúldet.

---

rentibus eisdem nominis nostri delatio suscepta est. Quid
igitur? nostrae ne artes ita meruerunt? an illos accusatores
iustos fecit premissa damnatio? Ita ne nihil fortunam
puduit, si minus accusatae innocentiae et accusantium
uilitatis? Ac, cuius criminis arguimur summam quaeris?
Senatum dicimur saluum esse voluisse. Modum desideras?
delatorem, ne documenta deferret, quibus senatum laesae
maiestatis reum faceret, impedisse criminamur. Quid igitur o magistra eenses? infitiabimur crimen, ne tibi pudori
simus? at uolui, nec umquam velle desistam. Fatebimur?
sed impediendi delatoris opera cessabit. An optasse illius
ordinis salutem nefas uocabo? ille quidem suis de me

mít sínero beneímedo. [dáz chît consulatum mír benéi-
mendo.] dáz mír dáz únmûoza uuâre. úbe íh sie gérno
ne sáhe gehállene. Áber díu íro sélbero ze uuêuuôn líe-
gentíu únfrûoti. ne bestúrzet nîomer mít lúginen dia uuârhéit. únde dîe urêhte dero uuércho. [Sî ne mág míh
nîomêr fóne vnscúldigemo bríngen ze demo scúldigen.] | 23.
Nóh íh ne uuâno mír mûoza sî áfter socratis zálo. hélen
dia uuârhéit. álde iéhen dero lúgino. Aber dáz ál. so uuío
iz sî. [únde uuîo scúldig íh târ ána sî] dáz lâzo íh in dînero
úrteildo stân. únde dero uuîson. Íh hábo óuh tîa uuârhéit
téro sélbûn tâte áfter órdeno gescríben. dáz iz únsere áfter
chómen. ióh kecíscoen. *Item.* Uuáz hábo íh nû fóne dîen
lúgebrîeuen ze ságenne. mít tîen sie míh zîhent uuéllen
uuîdere guuúnnen úmbe den chéiser dia rûmiskûn sélb-
uúaltigi. [Tîu rûmiska sélbuualtigi uuás târ ána. dáz nîoman úber dáz nîeht ne sólta tuôn. sô dáz hêrtuom síh
kecínoti. Tîu éinunga hîez senatus consultum. Uuánda in
dioterih tîa génomen hábeta. únde ín dáz uuág. þediu
uuâren sie in únhuldi.] Téro brîeuo úndriuua châme uuóla
uúre. [mán gcéiscoti uuóla. uuér sie scríbe.] Úbe íh chómen. mûosi. ze íro ánaságûn. dîe míh is zíbent. Táz in
állên díngen stárchesta ist. [íh méino úbe man ze gágenuuerti chómen mûoz. Sîd uuír nóh ze gagenuuerti díngen
ne mûozen.] uuétero libertatis múgen uuír dánne dâr fúrder gedíngen. Uuôlti gót hábetîn uuír debéina. [Nû néist

---

decretis, uti hoc nefas esset, effecerat. Sed sibi semper
mentiens imprudentia rerum merita non potest immutare;
nec mihi socratico decreto fas esse arbitror, uel occullutsse
ueritatem, vel concessisse mendacium. Uerum id quo modo
sit, tuo sapientiumque iudicio aestimandum relinquo.
Cuius rei sciem atque ueritatem ne latere posteros queat
stilo etiam memoriaeque mandaui. Nam de compositis
falso litteris, quibus libertatem arguor sperasse romanam,
quid attinet dicere? quarum fraus aperta patuisset, si nobis ipsorum confessione delatorum, quod in omnibus ne-
gotiis maximas uires habet, uti licuisset. Nam quae
sperari reliqua libertas potest? atque utinam posset ulla.

tés nîeht. Mûsi (sic) íh ze gágenuuérti chómen déro. díe mîh
zíhent (sic) táz íh tar úmbe uuárbe. díen] uuólti íh ántuuúrten
mít témo ántuuúrte caníi. Tô in gaius zêh. dáz er dîa
24. éinunga uuíssi. díu uuíder imo | getân uuás. úbe íh sia
uuíssi chád er. sŏ uuâre si díh ferhólen.

CUR DEUS MALIS CONSENTIAT.

An állero déro nôte. ne hábet mír léid tóh nîeht sô
genómen mînen sin. nóh sô uuíderstozen. Táz mír chlágelih
tûnche. dáz síh ílent úbele uertûon án dien chústigên.
Nûbe dáz ín dés kespûen mág tés sie ílent. tés íst mîh
uuúnder. Árgêr uuíllo. dér íst ôdeuŷâno únsêr uerlórnis-
seda. Táz áber góte zû séhentemo. úbel man án demo
gûoten geskéinen mág sînen árgen uuíllen. táz íst égesen
gelîh. [Táz uuír árguuillig pírn. táz ist úns skádo. Táz iz
óuh kót lâzet tien gûotên skádo sîn. táz íst uuúnder.]
Fóne díu urâgeta mít réhte éiner dînero gesuâson. uuánnan
châd er chúmet taz úbel úbe gót íst? únde úbe er neíst.
uuánnan daz kùot.

MALA SIBI REDDITA PRO BONIS.

Nû sî óuh mùoza dien árgên. díe álle gûote. únde
állez taz hêrtûom gérno uerlîesent. óuh mîh kérno uerlîe-
sên. uuánda íh ín îo bî stûont. Hábo íh óuh tés sélben

Respondissem canii uerbo: qui cum a c. cesare germanici
filio conscius contra se factae coniurationis fuisse diceretur:
Si ego, inquit, scissem, tu nescisses. ⌐Qua in re non ita
sensus nostros meror hebetauit, ut impios scelerata contra
uirtutem querar molitos, sed quae sperauerint effecisse
uehementer admiror. Nam deteriora uelle nostri fuerit
fortasse defectus, posse ucro contra innocentiam, quae
sceleratus quisque conceperit, inspectante deo, monstri
simile est. Unde haud iniuria tuorum quidam familiarium
quaesiuit: siquidem deus, inquit, est, unde mala? bona
ucro unde, si non est? ⌐Sed fas fuerit nefarios homines,
qui bonorum omnium totiusque senatus sanguinem petunt,
nos etiam, quos propugnare bonis senatuique uiderant,
perditum ire uoluisse. Sed num idem de patribus quoque

daz hêrtûom gescúldet? Íh uuâno dû gehúgest uuóla. dáz
tû míh sélba lêrtôst. ál dáz mír ze tûonne uuás. únde ze
spréchenne. [Uuîo máhta íh tô míssetûon?] Tû gehúgest
uuóla. | Tô der chúning ze berno éines mánnes hóubet 25.
scúlde. an állez taz hêrote chêren uuólta. niomannes ne
uuéllende bórgên. Mit uuélero uertrôstedo. únde mit uuélên úndûron mînero uréison íh fersprâche ífe únscúlde álles
tes hêrotes. Tû uuéist. táz íh uuâr ságo. únde íh nîo úmbe
lób míh ne rûomda. Íh uuéiz uuóla. dáz feruuândes herzen
urêhte. dánne suînent. sô iz sîne tât rûomendo. lôb tar
úmbe enfáhet. Nû síhest tu uuóla. uuîo mír engángen íst.
mîn únskádeli. Fúre tríuuôn dáng engílto íh únscúlde.
únde lúkkes únliumundes. [táz íh sî reus maiestatis.]
Únde uuér gesáh nóh so geéinote díngmán ze úngnâdon.
úber dén. dér íóh scúldo eruáren uuás. íro ételichen ne
uuánti. dáz scúlde den iudicem líehto trîegent. álde er óuh
ne uuéiz uuáz ímo sélbemo geskíhet. Uuâre íh pezígen.
dáz íh uuólti chîlicha brénnen. únde fáfen sláhen. únde
állên gûotên uuéllen des lîbes fáren. Nóh tánne uuâre rébt.
sô iz ze gágenuuérti châme. únde íh scúldo ge|iáhe. únde 26.

---

merebamur? Meministi, ut opinor, quoniam me dicturum
quid facturumue praesens ipsa semper dirigebas. Meministi,
inquam, ueronae cum rex auidus communis exitii, maic-
statis crimen in albinum delatum ad cunctum senatus ordinem transferre moliretur, uniuersi innocentiam senatus
quanta mei periculi securitate defenderim. Scis me haec
et uera proferre, et in nulla umquam mei laude iactasse.
Minuit enim quodam modo se probantis conscientiae secretum, quoties ostentando quis factum recipit famae
pretium. Sed innocentiam nostram quis exceperit euentus
uides. Pro uerae uirtutis premiis falsi sceleris penas subi-
mus. Et cuius umquam facinoris manifesta confessio ita
iudices habuit in seueritate concordes, ut non aliquos uel
ipse humani error ingenii, uel fortunae conditio cunctis
mortalibus incerta summitteret? Si inflammare sacras
aedes uoluisse, si sacerdotes impio iugulare gladio, si bonis
omnibus necem struxisse diceremur, praesentem tamen

úber ságet uuúrte. táz tánne úber míh réht úrteilda gíenge.
Nû [uónc romo ze paueio] náh úber fínfstúnt cênzeg
mílon in íhseli gefúortér. Vnde míh níoman ze ántséido
ne líez. Úmbe míchela mínna. dîa íh temo senatui skéinda.
pín ih ze tôde uerscálten. únde ze geurônedo mînes kûotes. [Tér hîez ze romo proscriptus. tér dir uuás porro i.
longe scriptus. a bonis suis. Sô iz in urôno gebrîeuet
uuárd. sô uuás iz ímo uérro.] Ah ze sêre. dáz man mit
réhte nehéinen mêr úberuuínden ne mág solichero scúlde.
Sélben dia méldara. bechnâton iz uuésen hêrliche scúlde.

PURGAT SE SUSPITIONE SACRILEGII.

Tîa ze gehônenne mít ándermo únlíumende. zígen sie
míh úmbe des ámbahtes mínna. daz mûot pesmízen háben
mit kálstre. Tríuuo béidiu sínt uuâr. ióh táz tû mír ínne
uuésentíu. benómen hábest álla uuérlt kíreda. ióh mír únmûoza fóne díu uuás. dáz íh méin zuo mír lîeze. dír ána
séhentero. Tû lêrtôst míh tágelichen. táz phitagoras (sic)
phylosophus (sic) spráh. de non sacris. álde de non diis.
[Sínt sie non sacri. sô sínt sic sacrilegi. sínt sie non dii.
sô sínt sic demones.] Uuîo sólti íh tero ueruuórfenôn
27. tíčuelo fóllest fór|derôn. sîd tu míh. erháuen hábest ze
gótes kelîbnisse? [Ter ménnisko íst keskáffen ad imaginem
et similitudinem dei. Ér íst imo similis náls equalis. táz
chît kelîb. náls kemâze. Uuánda der angelus malus síh

---

sentenia confessum, conuictumuc punisset. Nunc quin-
gentis fere passuum millibus procul moti atque indefensi,
ob studium propensius in senatum morti proscriptionique
damnamur. O meritos, de simili crimine neminem posse
conuinci! cuius dignitatem reatus ipsi etiam qui detulere
uiderunt: quam, uti alicuius sceleris admistione fuscarent,
ob ambitum dignitatis sacrilegio me conscientiam polluisse
mentiti sunt. Atqui et tu insita nobis omnem rerum
mortalium cupidinem de nostri animi sede pellebas, et sub
tuis oculis sacrilegio locum esse fas non erat. Instillabas
enim auribus cogitationibusque quotidie meis pythagoricum
illud, serui deo. Nec conueniebat uilissimorum me spiri-
tuum praesidia captare, quem tu in hanc excellentiam

ímo ében mézon uuólta. pedíu íst er feruuórfen. Fóne díu
íst únmûoza. táz ter ménnisko gót ferláze. sô dîe tûont.
die necromantiam ûobent. álde dehéina prestigia. táz chît
zóuuer. únde er inmundos spiritus ládoe ze sînero hélfo.]
Únde áne dáz mîn uuírten filia symmachi [preterea penetral. i. secretum t. cubile. quod pro uxore accipiendum est.]
Vnde mîn únsúndig hîiske. Vnde álle mîne hárto chíusken
friunt. Vnde mîn gótedehto suêr symmachus. Vnde sámo
êruuirdig in sînero tâte. [Uuanda ér skéinet án dîen tâten.
uuér ér íst.] Tîe geántséidônt mih uuóla dírro ínzihte.

DOLET IN SE MAGISTRAM INFAMARI.

Aber áh ze hárme. Tîh ánauuânont sie sólebero scúlde.
Iôh an démo dinge túncho ih ín zóuuerlîh. dáz ih ánchunde
bín dînero lísto. únde gezógen nâh tînên síten. Ze déro
uuîs ne dúnchet in nîeht cnûoge. dáz ih tés nîeht knîezen
ne mág. dáz tû êruuirdig píst. tû ne uuérdêst fúre mîh án
mír indêret. [uuanda si mih sculdigunt.] *)

DE INIQUA OPINIONE ERGA MISEROS.

Táz hûfot sih óuh úber daz ánder léid. Táz mánigero
uuân | sih nîeht ne chêret. án dîe urêhte dero uúercho. 28.
núbe an dîa geskíht dero trúgesâldôn. Vnde uuânet échert
târ geuuárehéite. dâr sâlighéit fólgêt. [Târ bî uuéllen siê
diu díng chîesen. álso tres amici iob uuóltôn.] Tánnan

---

*) Diese 4 hier eingeklammerten Wörter sind mit anderer Hand
nachgeschrieben.

---

componebas ut consimilem deo faceres. Preterea penetral
innocens domus, honestissimorum cetus amicorum, socer
symmachus sanctus, et aeque actu ipso reuerendus ab
omni nos huius criminis suspicione defendunt. Sed o
nefas! Illi uero de' te tanti criminis fidem capiunt, atque
hoc ipso affines fuisse uidemur maleficio, quod tuis imbuti
disciplinis, tuis instituti moribus sumus. Ita non est satis
nihil mihi profuisse tuam reuerentiam, nisi ultro tu mea
potius offensione lacereris. At uero hic etiam nostris
malis cumulus accedit, quod existimatio plurimorum non
rerum merita, sed fortunae spectat euentum, eaque tantum
iudicat esse prouisa, quae felicitas commendauerit. Quo

geskihet. táz kûot ánauuânunga êresta déro sîh kelóube.
díeŋ misselungen íst. Uuánda uuélilî Kument. nû únder
dien Kuten uóne mír sî. uuîo misseliche. únde uuîo mánigfalte zála. uuér mág táz kerûobôn? Íh uuíle échert táz
héizen. daz knôtesta léid áŋ dero misseskihte. Sô man îeht
scúlde ánasmîzet. díe in nôt kestôzen sínt. dáz man sie
sâr áhtôt frêhtige. dés sie lident.

DE INIUSTA RERUM UICISSITUDINE.

[Uuáz ist nû dés mêr?] ába mînemo gúote uerstôze-
nêr. ámbahtes indânotêr. mít únlíumende besmízener. lído
ih léidtâte. úmbe uuólatâte. Mír dúnchet íh nû séhre
fólle uuémon. méndi únde uréuuî. állero fertânero selda.
Vnde íogelichen dero uerlórnôn fârênten. uuîo er mít
níuuen lúginen chómendo. éteuuen méldee. kûote ne ge-
túrren ûf erbúrren íro hóubet. erbrútte fóne mînên fréison.
Vnde íogelichen úbelen. úbeles sih erbáldên. fóne únen-
29. géltedo. únde dés fólle frúmigen dúrh lôn. | Vnsúndige állero
sichurhéite bctéilte. únde ióh állero ántséido. Nû uuíle íh
mih is ze góte irrûofen.

SOLOS HOMINUM ACTUS A DEO SPERNI DECLAMAT.

Tû sképfo des hímeles. Tû îo ze stéte sízzentêr. dén

---

fit, ut existimatio bona prima omnium deserat infelices.
Qui nunc populi rumores, quam dissonae multiplicesque
sententiae, piget reminisci. Hoc tantum dixerim, ultimam
esse aduersae fortunae sarcinam, quod, dum miseris aliquod crimen affigitur quae perferunt meruisse creduntur.
Et ego quidem bonis omnibus pulsus, dignitatibus exutus,
existimatione fedatus, ob beneficium supplicium tuli.
Uidere autem uideor nefarias sceleratorum officinas gaudio
lactitiaque fluitantes, perditissimum quemque nouis delatio-
num fraudibus imminentem, iacere bonos nostri discriminis
terrore prostratos, flagiliosum quemque ad audendum quidem facinus impunitate ad efficiendum uero praemiis in-
citari, insontes autem non modo securitate uerum ipsa
etiam defensione priuatos. Itaque libet exclamare.

> O stelliferi conditor orbis,
> Qui perpetuo nixus solio

sélben hímel uuérbest mít snéllero uuándo. Vnde díe stérnen héizest húoten íro éo. [Sǿ gnóto.] dáz ter máno
uuílon fóllêr gâendo gágen dero súnnûn. túnchele die ánderen stérnen. Uuílon áber hórnahtêr. suînendo gánge náhôr dero súnnûn. Únde óuh ter ábentstérno. tér uuílon
in ánegâenda náht ûf kât. únde in ábent chûoli skinet.
áber uuéhseloe sîna uárt. ûf kândo uuíder tág. únde tágo
stérno uuérde. Tû getûost ze uuíntere. sô daz lóub rîset.
chúrzeren dág. tánne diu náht sî. Áber dára gágene. sǫ
héiz uuírt ze súmere. kíbest tu mínnera stúndôn dero náht.
tánne demo táge. Tû getémperôst taz iâr. tû getûost iz
mísselîh. mít tînero chréfte. Sô dáz taz lóub. táz tiu bîsa
genímet. ter uuéstene uuint kerécche. Vnde dáz chórn.
dáz man ze bérbeste sáhet. sô arcturus mít tero súnnun
ûf kât. ze súmere rîfee. sô áber syrius mít tero súnnun
ûf kât [Arcturus íst éin stérno in signo bootis. ánderêr
íst syrius in lingua maioris canis.]. Nehéin díng neíst | 30.

Rapido celum turbine uersas
Legemque pati sidera cogis,
Ut nunc pleno lucida cornu,
Totis fratris et obuia flammis,
Condat stellas luna minores,
Nunc obscuro pallida cornu,
Phebo propior, lumina perdat.
Et qui primae tempore noctis
Agit algentes hesperus ortus,
Solitas iterum mutat habenas,
Phebi pallens lucifer ortu.
Tu frondifluae frigore brumae
Stringis lucem breuiore mora;
Tu, cum feruida uenerit aestas,
Agiles noctis diuidis horas.
Tua uis uarium temperat annum,
Ut quas boreae spiritus aufert,
Reuehat mitis zephirus frondes,
Queque arcturus semina uidit,
Seirius altas urat segetes.
Nihil antiqua lege solutum,

êolos. nóh ába sínero stéte gerúcchet. Alliu díng kót in geduánge habende. ne uuíle du ménniskôn tâte. tuíngen ze íro réhte. [Uuâr uuâre dánne liberum arbitrium. úbe ér sie tuínge?] Uuîo íst táz sô. dáz fortuna trîbet sô únrehten uuéhsal? Dér scádo dér dien scúldigên sólta. dér líget ána dien únsculdigên. Fertâne líute sízzent frámbaro. Vnde scádele tréttônt. únder fûoze. dero héiligon hálsa. mít únrehtemo uuéhsale. Túged. tíu ío zórft uuás. líget ferbórgen ín dero uínstri. [Tîe óffeno túgedîg sínt. tîe bérgent síh.] Ter réhto éidôt. tes únrehten scúlde. Méineida ne táront in. nóh úndriuua. mít lîchesungo bedáhte. Sô sie dánne uuéllen chórôn. uuáz sie getûen múgen. sô uábent sie án die máhtigôsten chúninga. [sô dîe sínt. tîe nîoman réhtes eruuénden ne mág.] tîe béitent sie síh nâh ín gebréchen. Tîe mánige líute fúrhtent. Uuóla gréhto. dû dero díngo állero éinunga máchôst. erhúge dero uuênegôn. dîe in érdo sínt. Vuír dír míchel téil bírn dînes frámbaren uuérches. uuír ríngên in dísemo mére dero for-

Linquit propriae stationis opus.
Omnia certo fine gubernans,
Hominum solos respuis actus
Merito rector cohibere modo.
Nam cur tantas lubrica uersat
Fortuna uices? premit insontes.
Debita sceleri noxia pena:
At peruersi resident celso
Mores solio sanctaque calcant
Iniusta uice colla nocentes.
Latet obscuris condita uirtus
Clara tenebris, iustusque tulit
Crimen iniqui.
Nil periuria, nil nocet ipsis
Fraus, mendacii compta colore.
Sed cum libuit uiribus uti,
Quos innumeri metuunt populi,
Summos gaudent subdere reges.
O iam miseras respice terras,
Quisquis rerum federa nectis.
Operis tanti pars non uilis

tunae [dáz chît tero uuîlo uuéndigi.] Stíllo ríhtare. díe
záligen uuélla. Únde mít ál sólemo fríde. dû diu hímelis-
ken díng réchenost. sô récheno diu írdisken. [keuîo sámo | 31.
stâten frído in érdo. sô in hímele.].

QUID SIT UERUM EXILIUM ET UBI SIT UERA PATRIA.

Sô íh sús kescréiota in átebáftemo sére. dô spráh si
mít hóltlichemo ánalútte. únde únzórnegiu mînero chlágo.
Sô íh tih êrest sáh trûregen. únde uuûofenten. sô uuíssa
íh tíh sâr uuênegen. únde élelenden. Íh ne uuíssi áber.
uuîo férro táz élelende uuâre. úbe mir iz tîn zála ne óugte.
Tóh ne bíst tu nîeht héimenan uérro uertríben. núbe ír-
rondo ueruuállôt. Vuíle du óuh chéden uertríbenen. táz
tâte ío dû dir sélbo. Tû hábest tíh sélbo uertríben. Íz ne
máhti nîoman ánderro getûon. Uuíle du uuízen. uuánnân
du búrtig sîst. íâr ne uuáltesot nehéin mánegi nîeht. sô íz
íu fûor ze athenis. [tô in lacedemones íro uíenda gesézzet
hábetôn triginta dominos. Lís orosium. ér ságet tir iz.]
únde ćin chúning. Tér sîne búrglíute gérnor sámenôt.
tánne uertríbe. Tér démo dienôt. únde úndertan íst. tér íst

Homines quatimur fortunae salo.
Rapidos rector comprime fluctus,
Et quo caelum regis immensum
Firma stabiles federe terras.

Haec ubi continuato dolore delatraui, illa uultu placido
nihilque meis questibus mota: cum te, inquit, mestum
lacrimantemque uidissem, illico miserum exsulemque
cognoui. Sed quam id longinquum esset exsilium, nisi
tua prodidisset oratio, nesciebam. Sed tu procul a patria
non quidem pulsus es, sed aberrasti. At si te pulsum
existimari mauis, te potius ipse pepulisti. Nam id quidem
de te numquam cuiquam fas fuisset. Si enim cuius
oriundus sis patriae reminiscaris, non, uti atheniensium
quondam, multitudinis imperio regitur: sed unus dominus
est, unus rex, qui frequentia ciuium, non depulsione
laetatur: cuius agi frenis atque obtemperare iustitiae summa

fóllun urt. Ne uuéist tu uuîo iz fûnden íst. án dero búrgêo.
dánnân du búrtig píst? So uuér dâr .nnc uuélle zímberôn.
táz tér .ne uuérde ze ûztríppen getân. Tér dâr ínne sízzet
32. pezûndêr. | únde beuéstenôtêr. Tér ne fúrhtet tia íhseli
nieht. So uuén áber nieht ne lústet târ ínne zę bûenne.
der ne îlet iz óuh nîeht keurêhton.

AD SUPERIORA RESPONDETUR.

Nû ne mísselîchêt mir nîeht sô háɪto disses chárchâreɪ
ánasiht. sô mir dîn ánasiune ·tûot. Nóh íh ne uórderôn die
gezîrten uuéude dînero bûochamero (sic). mít hélfent péine.
únde mit cláse. sô gérno íh táz ánasídele fórderôn dînes
mûotes. Târ ih ínne íu betéta. dáz án dien bûochen stât.
dero bûocho tíuri. náls sélben diu bûoh. Uuáz tu in fróno
gûotes ketân éigîst. tés hábest tu lúzzel geságet. uuider
díu iz uuâr íst. Tû ságetqst fóne chîuskero tâte. déro sie
díh zíhent (sic). álde fóne dien lúginen. dáz in állên chúnt íst.
Táz fóne léiđarro frâtaten. únde úndríuuon. lúzzel dír si
ze ságenne. dâr dúnchet tir réhto. Uuánda díu díng der
líut állêr. démo siu uuóla chúnt sínt. páz únde fólleglichôr
chôsôt. Temo hêrtûome hábest tu fílo hárto úberléget. sîna

libertas est.   An ignoras illam tuae ciuitalis antiquissimam
legem, qua sancitum est, ei ius exsulare non esse, quisquis in ea sedem fundare maluerit? Nam qui uallo eius,
ac munimine continetur, nullus metus est, ne exul esse
mereatur.   At quisquis iuhabitare eam uelle desierit,
pariter desinit etiam mereri. ꞁItaque non tam me loci huius
quam tua facies mouet. Nec bibliothecae potius comptos
ebore ac uitro parietes, quam tuae mentis sedem requiro.
In qua non libros, sed id quod libris pretium facit, libro-
rum quondam meorum sententias collocaui.   Et tu quidem
de tuis in commune bonum meritis uera quidem, sed pro
multitudine gestorum tibi pauca dixisti.   De obiectorum
tibi uel honestate uel falsitate cunctis nota memorasti.
De sceleribus fraudibusque celatorum recte tu quidem
strictum attingéndum putasti, quod ea melius uberiusque
recognoscentis omnia uulgi ore celebrentur.   Increpuisti
etiam uehementer iniusti factum senatus. De nostra etiam

únrehtun úrteilda. Óuh chlágetóst tu dáz sie míh scúldi-
gónt. Ióh tîa úncra dînes únlíumendes chlágetóst | tu. Ze 33.
iungest (sic) pîege du uuíder dero fortuna. V́nde chlágetóst tu
díh. tír únrehto uuésen gelónót. An dîen zórnlichên uérsen.
pâte du ze lézest. táz frído uuérdo. sámo so in hímele.
QUID UALDE EGROTANTI PRIMUM CONUENIAT.

Uuánda dóh nû in dînemo hérzen stúrment mánege
úngedulte únde díh in mánigíu chêrent. sêr. zórn. trûregi.
Sô dir nóh ze mûoté íst. sô ne túgen dir stárchíu lâchen.
Nû fáhên zûo mít línderên. Táz tíe hérte uuórtenen gesuúl-
ste. fóne ánauállonten léiden. mít líndemo uâske. geuuíl-
chet uuérdên. ze dólenne stárchera lâchen.
DATUR SIMILITUDO. OPORTERE ORDINEM IN
MEDICINA SERUARE.

Tér dô. dô diu súnna in cancro méistûn bízza téta.
fílo sâta in únuuílligen ácher. [uuánda iz únzît uuás.] tér
gánge bedíu chórnlôsêr ze hólz *) éichelôn. [únde déro nére
síh.] V́be du óuh plûomôn uuéllêst. sô daz félt kestrûbet
sî. fóne cháltemo. únde ál rûtôntemo nórduuínde. sô ne

---

*) Hinter holz steht ein Punkt.

---

criminatione doluisti laesaeque opinionis damna fleuisti.
Postremus aduersus fortunam dolor incanduit, conquestus-
que es non aequa meritis praemia pensari. In extremo
musae seuientis, uti quae celum, terras quoque pax tege-
ret, uota posuisti. Sed quoniam plurimus tibi affectuum
tumultus incubuit, diuersumque te dolor, ira, meror
distrahunt, uti nunc mentis es, nondum te ualidiora
remedia contingunt. Itaque lenioribus paullisper utemur,
ut quae in tumorem perturbationibus influentibus indurue-
runt, ad acrioris uim medicaminis recipiendam, tactu
blandiore mollescant.

Cum phebi radiis graue
Cancri sidus inaestuat,
Tum qui larga negantibus
Sulcis semina credidit,
Elusus cereris fide,
Quernas pergat ad arbores.
Numquam purpureum nemus

gáng ze blûomgárten. dâr rôsâ. ûnde ríngelen. ûnde uiolę
34. vuábsent. tie den gárten brûnent. | Vbe díh uuînebero
lánget. tûrh táz ne gedénche in lenzen hándelôn die drûo-
ben. Hérbeste gáb kót tie êra. [náls temo lénzen.] Kót hábet álle zîte gezéichenet. únde gefûoget ze íro ámbahten.
Nóh ér ne lâzet feruuórren uuérden án ín dîa hérta. die
ér sélbo geúnderskéitota. Álso dû nû uernómen bábest.
Táz ío mísse fádondo síh ríhti gelóubet. táz ne uólle uéret
nîo uuóla únz in ûz. [Pedíu sól ih tíh státelicho lâchenôn.
ze ánderro uuîs ne mág iz tíhen.]

ATTRECTATIO UULNERIS.

Nû ságe ze êrest. Uuíle du mír hengen. frâgêndo
begréifôn. únde besûochen dîn mûot. uuîo iz stánde. Táz
íh uuíze. uuîo ih tíh héilen súle. Áfter dînemo uuíllen
fróuua chád íb. frâge dés tu míh uuéllêst ántuuúrten. Tô
chád si. Uuánest tu díse uuérltlichen geskihte uerlâzene
uáren.

Lecturus uiolas petas,
Cum saeuis aquilonibus
Stridens campus inhorruit.
Nec queras auida manu
Uernos stringere palmites,
Uuis si libeat frui;
Autumno potuis sua
Bacchus munera contulit.
Signat tempora propriis
Aptans officiis deus,
Nec, quas ipse coërcuit,
Misceri patitur uices.
Sic quod precipiti uia
Certum deserit ordinem,
Laetos non habet exitus.

Primum. igitur paterisne me pauculis rogationibus
statum tuae mentis attingere, atque temptare, ut qui modus
sit tuae curationis intelligam? Tu uero arbitratu, inquam,
tuo quae uoles, ut responsurum rogato. Tum illa, hunc-
cine,

uáren. únde stúzzelingun? Álde uuánest tu dar ána uuésen
dehéina ríhti áfter rédo. Tríuuo chád ih. táz ne cháme
nîomer in mînen sín. táz só guíssiu díng. fárén áfter
uuánchelînero únrihti. Núbe gót uuéiz ih flégen sînes
uuérches. Nóh tér tág ne uuírt nîomêr. tér míh ába dero
zálo genéme. Táz íst só | chád si. Táz sélba súnge du 35.
dâr fóre. Vnde chlágetôst tu. éinen die ménniskcn. Kóte
in únrûochôn sîn. [Táz uuás tô er chád. omnia certo fine
etc.] Ûmbe diu ánderíu ne zórnotôst tu. síu ne uuúrtîn
geléitet áfter rédo. Únde nù íst míh hárto uuúnder. zíu du
an só héilesámero rédo stândo. dóh uuánchoest. Sûochên
tîefôr. ne uuéiz uuáz túnchet mír. dir gebrésten. Ságe no.
sîd tu uuéist. kót tia uuérlt ríhten. mít uuíu er sia ríhte
uuéist tu. Mít uuélemo rûodere? [Sî uuólta in lêren. dáz
prospera únde aduersa dero uuérlte gubernacula sínt.] Íh
ne uernímo sâr. uués tu frâgêst. Mêra sólti ih tir ántuuúrten. Ne uuíssa íh uuóla chád si. dír éteuuâr geméngen.
târ mûot súht ínslîefen mag. sámo dúrh skétero getâna
spízzûn? [Târ romani hérebergotôn. dâr úmbe grûoben sie
síh. únde uuúrfen dia érda ínnenân. uuíder sélben den
grában. Vfen den grábohûfen. sáztôn sie síneuuélbe spízze

---

cíne, inquit, mundum temerariis agi fortuitisque casibus
putas, an ullum credis ei inesse regimen rationis? Atqui, inquam, nullo existimauerim modo, ut fortuita temeritate tam certa moueantur. Uerum operi suo condito-
rem presidere deum scio, nec umquam fuerit dies, qui
me ab hac sententiae ueritate depellat. Ita est, inquit.
Nam id etiam paullo ante cecinisti hominesque tantum
diuinae exsortes curae esse deplorasti. Nam de ceteris,
quin ratione regerentur, nihil mouebare. Papae autem
uehementer admiror, cur in tam salubri sententia locatus
aegrotes. Uerum altius perscrutemur; nescio, quid abesse
coniecto. Sed dic mihi, quoniam a deo mundum regi
non ambigis, quibus etiam gubernaculis regatur aduertis?
Uix, inquam, rogationis tuae sententiam nosco, ne dum
ad inquisita respondere queam. Num me, inquit, fefellit
abesse aliquid, per quod, uelut hianti ualli robore, in
animum tuum perturbationum morbus irrepserit? Sed dic

bóuma. sô sie gedrúngenôst máhtôn. dáz man dâr dúrc
skîezen ne máhti. Tér zûn hîez uallum. sélben die bóuma
hîezen ualli. tíu lúccha únder zuiskên bóumen. hîez inter-
uallum.] Nû ságe mir. Pehúgest tu dih. uuáz állero díngo
36. énde sî. únde uuâra állíu | natura râmee? [Sî uuólta er
cháde ad bonum. Uuánda gót íst bonum. ér íst finis. álso
er óuh principium íst.] Íh uuíssa iz íu chád ih. mír íst
áber nû fóre léide ingángen diu gebúht. Tríuuo dû uuéist
tóh. uuánnân álliu díng châmen. Táz uuéiz ih. Únde chád
íh sâr. gót tén uuésen. Únde uuîo mâht tu chád si. uuízen
daz ánagénne. dû ne uuízîst taz énde. Mûotsúhte hábint
tîa chráft. táz sie ménnisken múgen álso éinen bóum in
stéte stânden eruuékken. náls áber erùuélzen ûz. nóh ûz
eruuúrzellôn. [Sîe múgen in írren sînes sínnes. sîe ne
múgen in ímo dóh nîeht kenémen.] Tóh uuólti íh táz tu
mír ságetîst. Uuéist tu díh ménnisken uuésen. Zíu ne sólti
íh táz uuízen? Chánst tu mír dánne geságen. uuáz ménnisko
sî. Frâgêst tu mîh tés. úbe íh mîh uuíze uuésen. álso
aristotiles chît. rationale animal unde mortale? Táz uuéiz
íh. únde dáz íího ih mîh uuésen. [Álso ih in scûolo ge-
lírneta. sô gehúgo íh is nóh.] Vnde sî áber. Né uuéist tu
dánne díh îeht ánderes sîn. Néin íh. [Sî uuólta er châde.
se hominem in deo deum esse.] Nû chád si uuéiz íh. dîa
gemáchûn stúreda tînero súhtc. únde óuh filo chréftiga.

---

mihi, meministine, quis sit rerum finis? quoue totius
naturae tendat intentio? Audieram, inquam, sed memoriam
meror hebetauit. At qui scis, unde cuncta processerint?
Noui, inquam, deumque esse respondi. Et qui fieri potest,
ut principio cognito, quis sit rerum finis, ignores? Uerum
hi perturbationum mores et ea ualentia est, ut mouere
quidem loco hominem possint, conuellere autem, sibique
totum exstirpare non possint. Sed hoc quoque respondeas
uelim, hominemne te esse meministi? Quid ni, inquam,
meminerim? Quid igitur homo sit poterisne proferre?
Hoccine interrogas, an esse me sciam rationale animal atque mortale? Scio et id me esse confiteor. Et illa:
nihilne te aliud esse nouisti? Nihil. Iam scio morbi tui,

[Tû ne | uueist gubernacula mundi. noh finem rerum]37.
uuáz tu sâr sélbo sîst. tés hábest tu dih kelóubet ze uui-
zenne. Fóne díu hábo íh nu uuóla fernómen. ióh uuîo du
sîeh sîst. ióh uuîo man zûo fáhen súle. tíh tînero gesún-
dedo ze geréchenôn. Uuánda du dîn sélbes ergézen hábêst
[daz ist éin]. Vnde dih chlágetôst élelendèn (sic) únde
piróubôten dinîs kûoles [dáz íst taz ánder].

QUAMUIS GRAUITER EGROTANTEM NON DESPE-
RANDUM ESSE.

Sîd tû ne uuéist. tero dingo énde [dáz íst táz trítta].
únde dû uuânest fertâne líute máhtîge únde sâlige [dáz
íst taz fierda]. uuánda du óuh ergézen hábest. mít uuíu
gót tia uuérlt ríhte [dáz íst taz fímfta]. únde uuânest tîa
uuéhsela dero uuîlsâldôn tuárôn âne ríhtare [dáz íst taz
séhsta]. dés íst tir gnùoge. nîcht éin ze súhte. núbe ze
tôde. Áber góte dáng. tér dia gesúndeda gíbet. táz tíh nóh
álles tînes sínnes. tiu natura intsézzet ne hábet. Ih hábe
gnûog míchelen fúnchen dînero genîste. án déro dînero
uuârûn rédo. fóne dero uuérlt ríhtníssedo. dáz tû sia ne
uuânêst úndertâna únórdenháften geskihten. núbe gótes
uuîsheite. Hábe gûoten drôst. líblîh chécchi chúmet tir fóne
dírro lúzzelûn uernúmiste. | Uuánda áber nóh zît ne íst38.

---

inquit, aliam uel maximam causam, quid ipse sis, nosse
desisti. Quare plenissime uel egritudinis tuae rationem
uel aditum reconciliandae sospitatis inueni. Nam quoniam
tui obliuione confunderis, et exsulem et expoliatum propriis bonis esse doluisti. Quoniam uero, quis sit rerum
finis, ignoras, nequam homines atque nefarios potentes
felicesque arbitraris. Quoniam uero, quibus gubernaculis
mundus regatur, oblitus es, has fortunarum uices existimas
sine rectore fluitare. Magnae non ad morbum modo, uerum
ad interitum quoque causae. Sed sospitatis auctori grates,
quod te nondum totum natura destituit. Habemus maxi-
mum tuae fomitem salutis, ueram de mundi gubernatione
sententiam, quod eam non casuum temerirati, sed diuinae
rationi subditam credis. Nihil igitur pertimescas. Iam
tibi ex hac minima scintillula uitalis calor illuxerit. Sed
quoniam firmioribus remediis non dum tempus est uti, et

stárcheren láchenes. únde óuh ménniskôn´ mûot sô getân
ist. táz iz síh tero uuârhéite gelóubendo sâr héftet án den
lúkken uuân. fóne démo diu tímberi chúmet. tero mûot
trûbedo tíu uuârra ánasíht irret. sô chóroên dia tímberi *)
ze êrest úbernémen. mít lénên únde mézigên gehábedôn.
Sô díu uinstri dero lúkkôn mûotpeheftedôn ába chóme. táz
tu dánne múgîst taz uuâra lîeht keséhen.

ITEM SIMILITUDINE OSTENDITUR. QUATUOR AFFECTIONIBUS CALIGINEM MENTIS NOSCI.

Stérnen ne múgen skînen. sô trûobíu uuólchen dar
fóre sínt. Vbe óuh ter uuínt mískelôt tia céssa. únde den
mére getûot uuéllôn. Sâr hórouue uuorťenemo uuéret síh
tien óugôn daz er trûoba uuázer. dáz fóre uuás lûter. únde
héiterên dágen gelîh. Vnde díu nider rínnenten ába ába

*) Es steht trímbi.

---

eam mentium constat esse naturam, ut quoties abiecerint
ueras, falsis opinionibus induantur, ex quibus orta perturbationum caligo uerum illum confundit intuitum; hanc
paullisper lenibus mediocribusque fomentis attenuare tentabo, ut dimotis fallacium affectionum tenebris splendorem
uerae lucis possis agnoscere.

> Nubibus atris
> Condita nullum
> Fundere possunt
> Sidera lumen.
> Si mare uoluens
> Turbidus auster
> Misceat aestum,
> Uitrea dudum,
> Parque serenis
> Unda diebus,
> Mox resoluto
> Sordida coeno,
> Uisibus obstat.
> Quique uagatur
> Montibus altis
> Defluus amnis,

demo bérge. Verstôzet tíccho án dien skórrentên skíuerrên dero uerbróchenôn stéino. Vbe óuh tû uuéllêst mít clálen óugôn chíesen dia uuârhéit. Vnde áfter réhtemo unége uádôn. Sô lâ dîn ménden sîn. lâ dîn fúrhten sîn. Kedíngi ne | hábe. ríuuûn ne hábe. [Táz chît. ne ménde dero 39. sáldôn ío ána. ne fúrhte únsálda hína fúre. Ne gedíngo guuúnnen hínafúre. ne ríuue díh ferlóren háben ío ána. Táz sínt fíer behéfteda des mûoles. gaudium. spes. timor. dolor. téro óuh uírgilius keuuânet. téro zuô ad presens tréfent. zuô ad futurum. Fóne dien sélbên chád cicero. so upélíu íro demo mán ána sî? dáz tér ne múge réht iúdex sîn. Témo fólgêndo. chît si nû.] Táz mûot tés tísiu uuáltent. táz íst trûobe. únde háft.

Explicit liber primus Boetii de consolatione philosophiae.

INCIPIT LIBER SECUNDUS BOETII.

QUAE SIT CAUSA MORBI. 40.

Hára nâh ketágeta si éin lúzzel. Vnde sô si án mînemo gezógenlichen suîgenne. gechôs mîne ánadâhte. [dáz

---

Saepe resistit
Rupe soluti
Obiice saxi.
Tu quoque si uis
Lumine claro
Cernere uerum,
Tramite recto
Carpere callem:
Gaudia pelle,
Pelle timorem;
Spemque fugato,
Nec dolor adsit.
Nubila mens est,
Uinctaque frenis,
Haec ubi regnant.

LIBER SECUNDUS.

Post haec paullisper obticuit, atque ubi attentionem meam modesta taciturnitate collegit, sic exorsa est. Si

chît uuîo gnôto ih' ze íro lóseta.] Fîeng si sús ána. Vbe
íh réhto·bechénnet hábo. uuánnân dîn súht chómen sî·
únde uuîolîh sî sî. ueáz tír ána si. Sô suuíndest tu fóre
démo nîte dero êrerûn sáldo. [Téro lángêt dîh.] Sî·hábet
tîh sô hárto bestúrzet tînes mûotes. keuuéhselotiu sô dû
dénchest. [dáz si dánne uuáre. úbe si stâte uuáre.] Íh
pechénno álliv díu trúgebílde dés égetîeres. Únde uuîo
mánmantsámo sî síh kesuáset ze dîen. die sî betriegen
uuíle. Únz sî dîe mít hándegemo sére. íro mûotes keírret.
tîen si úngeuuândo gesuuîchet.

FORTUNAM ETIAM, DUM BLANDITUR. DEBESTAN-
DAM ESSE.

Vnde úbe du dîh pehúgen uuíle íro nature. únde íro
sítes. únde uués sî dîh. únde mánnolichen gescúldet hábet.
sô gesíhest tuo dîh án íro dô nîeht lússames hábca. nóh
síd ferlîesen. Íh ne uuâno óuh túrfe bóre uílo ríngen. dîh
tés ze gemánônne. Tû uuâ|re íro óuh tô sítîg ze uuâzenne.
mít kômelichên uuórten. únz si dír gedîene uuás. únde
dír zártôta. Únde mít ált chetenên uuórten. iágetôst sia
ûzer únserên séldon. [Tû gehúgetôst téro sententie. Omnium rerum uicissitudo est. Únde déro. Non eodem ordine
respondent ultima primis.] Nû ne geskéhent tóh nîeht ne-
héine gáhe stúrza dero díngo. áne ételiche úndulte dero

---

penitus aegritudinis tuae causas habitumque cognoui, fortunae prioris affectu desiderioque tabescis; ea tantum animi
tui statum, sicuti tibi fingis, mutata peruertit. Intelligo
multiformes illius prodigii fucos, et eo usque cum iis,
quos eludere nititur, blandissimam familiaritatem exercet,
dum intolerabili dolore confundat, quos insperata relique-
rit; cuius si naturam, mores, ac meritum reminiscare, nec
habuisse te in ea pulcrum aliquid nec amisisse cognosces.
Sed, ut arbitror, haud multum tibi haec in memoriam
reuocare laborauerim. Solebas enim presentem quoque
blandientemque uirilibus incessere uerbis, eamque de nostro
adyto prolatis insectabare sententiis. Uerum omnis subita
mutatio rerum non sine quodam quasi fluctu contigit ani-

múoto. Tánnản íst keskéhen. dáz óuh tù éteuuáz kerúcchet
sîst. ába dìnero ébenmúoti.

DE ADHIBENDIS PRIMUM MEDICAMINIBUS.

Aber nû hábest tu zît.ſuuánda du sô sîeh píst.]éteuuaz
líndes. únde sûozes ze trínchenne. únde nû ze ērest ze
chórônne. Táz fóre geslúndenez. uuég tûé stárcherên tránchen. [i. antidotis] Nû hélfe is rhetorica. mít íro suozûn
scúndedo. Tíu échert tánne réhto uádôt. Sô sî úber mîna
lêra ne stéffet. [Táz íst álso si chåde. Mín sínt álle discipline. íh lêrta in rhetorica suadere. que bona. que iusta.
que honesta. que utilia. que necessaria. que possibilia
sunt. tér úber dáz tûot. suadendo mala. turpia. iniusta.
inutilia. non necessaria. impossibilia. tér uuéndet rhetoricam in árg. táz chît. abutitur arte. Fóne díu íst in rhetorica gescríben. Orator est uir bonus. dicendi peritus. Íst
er malus. tóh er óuh sî dicendit peritus. sô ne íst | er îô 42.
nîeht orator. núbe seductor. Álso dér uuás. tér dír chád
suadendo. nequaquam moriemini. sed eritis sicút díi. Rhetorica gemág míchelíu díng. Si bechêret tie ménnisken ába
mendatio ad ueritatem. Sî gíbet mestis consolationem.
únde incredulis fidem. únde únsínnige getûot sí sínnigo.
Uuánda dáz sô íst. pedíu íst si philosophie sô gehénde.
pedíu uuíle si dísen sîechen mán. mít íro túgede genérien.]
Únde mít rhetorica. sî álegáro musica. mîn gehûsa. únde
sínge. [ár náh tero prosa.] uuîlon suârera sáng. [sô heroicum metrum íst.] uuîlon daz líehtera. [sô iambicum
ist. únde ánderíu metra.]

---

morum. Sic factum est, ut tu qúoque paullisper a tuá
tranquillitate discesseris. Sed tempus est, haurire te áliquid ac degustare molle atque iucundum, quod ad interiora transmissum ualidioribus haustibus uiam fecerit. Adsit igitur rhetoricae suadela dulcedinis, quae tunc tantum recto calle procedit, cum nostra instituta non
descrit; cumque hac musica laris nostri uernacula nunc
leuiores nunc grauiores modos succinat. Quid est igitur

DESCRIPTIO FORTUNAE.

Jâ lieb man uuáz hábet tíh prâht [ze dírro uáto?] in
dísa trûregi. únde in dísen uuûoſt. Tír íst pegágenet ne
uuéiz uuáz níuues. únde séltsânes. Tû uuânest síh tiu
fortuna hábe uuíder díh ketuuéhselôt. Târ ána írrost tu.
Tíz sínt íro síteʒ sús íst sî getân. Sî hábet tír mèr geóuget
íro ſtâtigi. án sélbemo íro uuéhsale. [Táz héizet argumentum a nota. táz chît ántfrístúngo des námen. Uuáz íst ánderes fortuna. âne mutabilitas prosperitatis. únde aduersitatis?] Sólih uuás si. dô si dír gemáchesta uuás. tô si díh
zárta. Tô si dír zûo spíleta. mít tîen lúcchedôn. lúkkero
sâlighéite. Nû bechénnest tû daz ánalútte. dés síh pérgen-
ten trúgetîeucles. | [Álde chíd. plíndero gútenno. uuánda
sia ueteres hábetôn pro dea. únde sia mâletôn plínda. Zíu
blínda? Uuánda íro gében álso getân íst. sámo sî ne geséhe. uuémo si gébe. Sî gíbet temo uuírseren. únde úber-
héuet ten bézeren.] Tíu síh nóh fóre ánderên pírget. tíu
hábet síh tír erbárôt. Sî si dír gelóub. trág íro síte. Vnde
ne chlágo díh nîcht. Vbe du íro úndríuua léidezêst. sô
uersíh sia. únde âuuerſo sia. ze úbelero uuîs spílonta.
[Únz si spíloe ze dír. únz kemîd tíh íro. êr si dír gebréste.] Tés tû nu trûreg píſt. tés sóltôst tu in gùotemo
sîn. Uuánda díh hábet nû uerlâzen. Tíu nîomer nîomanne
guís ne uuírdet. Ahtôst tû tíura múrgſâra sâlda. Vnde

---

o homo, quod te in mestitiam luctumque deiecit? nouum
credo aliquid inusitatumque uidisti. Tu fortunam putas erga
te esse mutatam; erras. Ili semper cius mores, haec natura
est. Seruauit circa te propriam potius in ipsa sui mutabilitate constantiam. Talis erat cùm blandiebatur, cum tibi
falsae illecebris felicitatis alluderet. Deprehendisti caeci
numinis ambiguos uultus. Quae sese adhuc uelat aliis,
tota tibi prorsus innotuit. Si probas, utere moribus, ne
queraris. Si perfidiam perhorrescis, sperne atque abiice
pernitiosa ludentem. Nam quae nunc meroris tibi causa
tanti est, haec eadem tranquillitatis esse debuisset. Reliquit enim te, quam non relicturam nemo umquam poterit
esse securus. An uero tu pretiosam aestimas abituram

sól· dír díu lîeb sîn sâment tír· díu âne tríuua mît tír ist.
únde díu díh éteuuénne ferlâzendo sêregôt. Vbe sia nîoman
gehában ne mág· áfter sînemo uuíllen. Únde sî sie hína
uárendo sêrege getûot. Uuáz íst sô flûhtiga dínne· âne
uuórtzéichen dero chúmftigûn léidegungo. [Sólih uuás
eneas didoni. Táz argumentum héizet ab euentu. hoc est
a fine. siue ab effectu. uuánda uuír finem ánaséhen súlen.
án dero fóretâte. Álso uirgilius chád. Inter agendum occur-
sare capro cornu ferit ille | caueto·] Nóh tés éinen ne 24. 44·
sól nîoman séhen· dáz fóre óugôn ist. Frûothéit pedénchet
állero díngo énde· [Sî dénchet io fúre·] Vnde gelîh uuéli-
sal béidero· kúotes· ióh úbeles· Ne lâzet sia· [s. pruden-
tiam] fúrhten chúmftiga dróuuûn dero fortune· nóh mínnôn
íro gágenuuérten zárta.

NON INPATIENTER FERENDUM IUGUM. GRATIS SUSCEPTUM.

Ze demo gnôtesten· úbe du éinêst iro dînen háls únder tûost· sô mûost tu ében mûoto uertrágen· so uuáz tír
getân uuírdet in íro hóuc· únde so uuáz tír dâr begágenet.
[Táz héizet argumentum a coniugatis. Tés káb cicero
súhlih exemplum. Si conpascuus ager est. licet conpascere.
Táz chît· ist tiu uuéida geméine· sô mûoz man siá geméin-
licho niezen. Témo íst tíz kelîh. Si te subiugabis iugum
feras oportet.] Vuíle dû dînero fróuuun dîa dû dánches
kuuúnne· sézzen êa uuîo lángo si mít tír sî· álde óuh
uuénne si rûme· ne férest tu íro dánne únzálelicho míte

felicitatem? et cara tibi est fortuna praesens, nec manendi
fida, et cum discesserit allatura merorem? Quod si nec
arbitrio retineri potest et calamitosos fugiens facit, quid
est aliud fugax, quam futurae quoddam calamitatis indicium? Neque enim quod ante oculos situm est, suffecerit
intueri. Rerum exitus prudentia metitur, eademque in
alterutro mutabilitas nec formidandas fortunae minas nec
exoptandas facit esse blanditias. Postremo aequo animo
toleres oportet, quidquid intra fortunae aream geritur, cum
semel iugo eius colla submiseris. Quod si manendi abc-
undique scribere legem uelis ei, quam tu dominam sponte

ma? Vnde du mít úngedúltîn brístêst taz líb. [tú chît
úngedúltîge lêidezêst] tîa geskíht. tîa dû nîeht kemêhe-
lân ne múgîst. [Táz íst rhetorica diasuasio. minime
45. temptare quę non possunt fieri.] | Lîezîst tû dînen ségel
demo uuínde ne gémáhte. sô ne fûorist tu nîeht tára dû
uuóltîst. núbe dára díh uuínt fûorti. Vbe dû dero érde
dînen síamen bemáhelhîst. sô múgîst tu benáhe gûotin íár.
únde vbeliv. [Tés úbelomo íáre práste. daz exsártîst tu
mít temo gûoten.] Tû bemáhehe díh fortunę dáz si dîn
flâge. nû folge íro síten. dáz íst rêht. [Sínslicha copiam
paradigmatum. dáz chît exemplorum. chúnnen díe fúrenben.
díe potentes sínt in eloquentia. Pedia íst oúh kehêisen
rhetarica apud grecos. a copia fandi.] Pôtest tu díh kehában daz síeibûnta rád. tíz si trîbet. Múnne túmbesto.
peginnet si in stête stân. sô neîst si uuîlewéndigi. [Táz
argumentum hêizet a contrariis. uuánda aristotiles chît.
táz motus quieti contrarius sî.]

QUANTA FACIAT DUM UIRES OSTENTAT.

Vnde sô si dánne dîn díng stúrzen gestât, mít íro
úberuuotîn réseuuin. sô uéret si álso dér upéllónte
uuérba. [Tîa figura hêizet parabole. dáz chît comparatio.]
Únde uertritet si sárfm. díe míttúndes ántsazîgen chúninga.
Vnde dára gágene bénet si ûf líkkin. des sigelôsen hóubet.

---

legisti, nonne iniurius fueris, et impatientia sortem exacer-
babis, quam permutare non possis? Si ventis vela com-
mitteres, non quo voluntas peteret, sed quo flatus impelle-
rent, promoveres. Si arvis semina crederes, feraces inter
se annos sterilesque pensares. Fortunae te regendum dedisti, dominae moribus oportet obtemperes. Tu vero
volventis rotae impetum retinere conaris! At omnium
mortalium stolidissime, si manere incipit, fors esse desistit.

Haec cum superba verterit vices dextra
Aestuantis more fertur Euripi,
Dudum tremendos saeva proterit reges,
Humilemque victi sublevat fallax vultum,

Sî ne tûot nehéina uuára uuênegliches uuôoftes. Vnde
gérno láchêt si dés sûftodes. tén sî gerécchet. [Mít superbia. únde mít crudelitate óuget si sia dignam odio.
mít fallatia despectibilem. sô lêret rhetorica démo tûon.
dén uuír io|manne léiden uuéllen.] Táz íst íro spíl. sûs 46.
chórôt si. uuáz sî getûon múge. Vnde daz uuúnder tûot
sî íro uuártâren uóre. uuélêr míttúmdes in éinero chúrzero
uuîlo. béidiu uuérde. sâlig ióh únsâlig.

QUALIS FORTE POSSET FIERI RATIO IPSIUS
FORTUNAE.

Íh uuóltî nû gérno íro sélbero uuórto. míh tír uuáz
chôsôn. Chíus tû. úbe si réht fórderôe, Uuáz mûost tu míh
lio tágelîches. mít tînên chlágôn? Uuáz hábo ih tír únréh-
tes ketân? Uuáz hábo íh tír insûoret tînes kûotes? Málo
míh sóre so uuélemo sógate du uuéllêst úmbe dîn gûot.
únde úmbe dîn ámbaht. Únde zéigôst tû mír dehéinen
mán. démo dés ieht éigen sî. sô iího ih óuh tír dés. dáz
tû éiscôst. [Táz argumentum héizet a genere. uuánda dáz
állero réht íst. táz íst oúh réht éines. Fóne állên féret iz
ze éinemo. Tér status. táz chît tér búrg strît. héizet in
rhetorica absolutum. sô dér dén man mâlôt. tero tâte ne
lóugenet. únde er áber scúlde lóugenet. únde er chît. uuóla
sô tûon mûosi.] Tô dû náchet kebóren uuúrte. dô nám

Non illa miseros audit: haud curat fletus,
Ultroque gemitus, dura quos fecit, ridet.
Sic illa ludit, sic suas probat uires,
Magnumque suis monstrat ostentum, si quis
Uisatur una stratus ac felix hora.

Uellem autem pauca tecum fortunae ipsius uerbis
agitare. Tu igitur an ius postulet, animaduerte. Quid
tu o homo ream me quotidianis agis querelis? Quam tibi
fecimus iniuriam? Quae tua tibi detraximus bona? Quouis
iudice de opum dignitatumque mecum possessione contende.
Et si cuiusquam mortalium proprium quid horum esse
monstraueris, ego iam tua fuisse, quae repetis, sponte
concedam. Cum te matris ex utero natura produxit, nu-

47. ih tíh nácheten. únde álles tínges únêhtigen. † únde fûo-
rota díh mít mînemo gûote. Únde dáz tû nû zúrdel bist.
táz íst tánnân. táz ih tír górno uuîllôndo. díh férzôh. Alles
tés míh háftêt. in gnûhte. ióh in scôni. dés kenêtota íh
tíh. Nû lústet míh mîna hánt zu mír ze zíhenne. Nû há-
beit tu mír is ze dánchônne. álso dér frémide gûot niuzet.
Tû ne hábest nehéina réhta chlága. sámo so dû daz tîn
ferlóren éigîst. Uuáz sûftôst tû dánne? Íh ne hábo dír mít
nôte nieht kenómen. Ôtuuála. únde êra. únde dáz sô getâna. táz háftêt ál míh. Mîne diuuâ sínt sie. míh pechénnent sie. sáment mír chóment sie. sáment mír rûoment
sie. [Tíu ornatus locutionis. héizet omoeoteleuton. táz chît
similiter finitum. Cicero ad herennium héizet sia similiter
desinentem. uuánda sí gesságo chúmet. álso scópf.] Íh
ketár dáz páldo chéden. Vbe dîn uuâre dáz tû díh chîst
ferlóren hábén. sô ne hábetîst tû íz ferlóren. só ne uuâre
iz tír alienum. [Táz argumentum héizet a repugnantibus.
uuánda próprium únde alienum. díu sínt repugnantia. Táz
toman naturaliter hábet. dáz íst sîn. dáz ne mág er ferlîesen. dáz er extrinsecus kuuúnnet. táz íst alienâm. dáz mág
48. er ferlîesen.] Ne mûoz íh éina dán|ne nîeht mînen
geuuált skéinen. [Táz íst indignatio cum emulatione. álso
íuno chát fóne minerua. Pallasne potuit exutere classem
argiuum. atque ipsos submergere ponto?] Ter hímel mûoz
hértôn gében líuhtîge tága. únde uínstere náhte. Taz iâr

---

dum rebus omnibus, inopemque suscepi, meis opibus foui,
et quod te nunc impatientem nostri facit, fauore prona
indulgentius educaui, et omnium, quae mei sunt iuris,
affluentia et splendore circumdedi. Nunc mihi retrahere
manum libet; habe gratiam, uelut usus alienis. Non habes
ius querelae, tamquam tua prorsus perdideris. Quid ergo
ingemiscis? nulla tibi a nobis illata est uiolentia. Opes,
honores ceteraque talium mei sunt iuris. Dominam famulae
cognoscunt; mecum ueniunt, me abeunte discedunt. Au-
dacter affirmem, si tua forent, quae amissa conquereris,
nullo modo perdidisses. An ego sola meum ius exercere
prohibeor? Licet celo proferre lucidos dies eosdemque
tenebrosis noctibus condere. Licet anno terrae uultum

mûoz hértôn. dia érda zíeren mít chrûte. únde mít ehórne. uuíllôn óuh keúnuatôn mít ánasláhte. únde mít fróste. Ter mére mûoz óuh stílle sîn. mít sléhtero ébeni. uuílon óuh strûben síh fóne uuínde. únde fóne uuéllôn. Sól míh uuíder mînemo síte státa getûon. tero ménniskên úneruúlta gírhéit. [Taz íst rhetorica declamatio. dáz chît úberlága. únde scéltúnga. álso óuh tára gágene acclamatio chît lób.] Tíz íst mîn chráft. tísses spíles spílon íh. Mít sínuuélbemo ráde spíldn íh. táz tríbo íh. Míh lústet táz nídera ûf. únde daz óbera níder ze gechêrenne. Sízze dar ûf. úbe díh is lúste. Áber in dîen uuórten. Táz tír nîeht ne uuége ze irbélzenne. sô síh mîn spíl sô gezíhe. Ne uuás tír mînes sítes nîeht chúnt na? [Táz íst confutatio. dáz chît skénde|da. sámo so *(sic)* châde. úbe dû únfrûot píst. íh 49. frûoto díh.] Ne uuéist tu dáz croesus. tér in lidia chúning uuás. sô er míttúndes ciro fórhtlíh uuás. dáz er sâr dára nâh erbármelih uuórtenêr. únde fóne ímo ín dáz fíun geuuórfenêr. fóne ánasláhte errétet uuárd. [Uuánda croesus babiloniis uuíder ciro ze hélfo chám. dánnân geskáh. táz er ín dánnân uertréib. únde er ín sâr nâh fárendo gefîeng.)únde ín daz fíur uuárf. ûzer démo ín gót lôsta. Tô ér áber dés cóte ne dánchôta. únde er síh rûomda sîn sélbes sâlighéite. tô uuárd. táz ímo trôumda. táz er sáhe iouem. síh uuázer ána gîezen. únde dia súnnûn dáz ába uuísken. Tén trôum ántfrístôta ímo sô sîn tóhter. dáz in cirus áber sólti geuáhen. únde án daz chrûze hénchen. únde sô ín der régen názti. dáz in diu súnna trúcchendi. álso iz tára nâh fûor.] Íst tíh ferhólen. paulum

---

nunc floribus frugibusque redimire, nunc nimbis frigoribusque confundere. Ius est mari, nunc strato acquore blandiri, nunc procellis ac fluctibus inhorrescere. Nos ad constantiam nostris moribus alienam inexpleta hominum cupiditas alligabit? Haec nostra uis est, hunc continuum ludum ludimus. Rotam uolubili orbe uersamus, infima summis, summa infimis mutare gaudemus. Adscende si placet, sed ea lege, ne uti, cum ludicri mei ratio poscet, descendere iniuriam putes. An tu mores ingnorabas meos? Nesciebas croesum regem lydorum ciro paullo ante formidabilem, mox deinde miserandum rogi flammis traditum, misso celitus imbre defensum? Num te preterit paulum

[emilium consulem.] kûotlicho uuéinôn. dáz léid uuénde
persi regis [macedonum]. dén ér sélbo gefángen hábeta. [uuánda ér dâhta. dáz ímo sámolih keskéhen
máhti. Historici héizent ín perseum. náls persum. Síe
ságent óuh uuîo díccho er ándere consules fóre úber
sigenôta. únde sô ín paulus kefángenen ze romo brâhta.
uuîo er in custodia erstárb. únde sîn sún úmbe ármhéit
smidôn lírneta. únde sih tés néreta.] Uuáz chárônt tragoe-
dię. áne fortunam úndûrlicho stôrenta. gûollichiu rîche.
50. dáz si nehéines | mêr ne síhet tánne ánderes? [Tragoedię
sint luctuosa carmina. álso díu sint. díu sophocles scréib
apud grecos. de euersionibus regnorum et urbium. únde
sint uuídernuárlig tien comoediis. án dîen uuír îo gehórên ô
lętum únde iocundum exitum. Vns íst áber únchúnt. úbe
dehéine latini tragici fúndene uuérdên. sô uuír gnûoge fíndên latinos comicos.] Ne lírnetôst tû na chínt uuésentêr.
[dáz pacubius poeta scréib.] Zuô chûfâ lígen fólle. únder
iouis túrôn. éina gûotes. únde ándera úbeles. [Uuér íst.
ér ne getrínche béidero? ér ne chóroe árbéite. ióh kemá-
ches. Mít tíu oúget*) si. dáz si ín nîeht fermîden ne máhta
aduersitatis]. Uuáz chlágetôst tu díh. úbe du mêr getrúnchen
hábest tes pézeren? [Sámo si châde. úbe íh tíh nîeht úber
al fermîden ne máhta. nû ne hábo íh tíh tóh. pórhárto
tróffen.] Uuáz úbe íh tíh nóh ne hábo gáreuuo uerlâzen?
Uuáz úbe dísêr stúrz. tíh tûot mit réhte díngen des pézeren. [Álso díe álle mit réhte díngent tes pézeren. qui per-

*) Der Accent auf dem zweiten Vokal kommt manchmal vor.

persi regis a se capti calamitatibus pias impendisse lacry-
mas? Quid tragoediarum clamor aliud deflet, nisi indiscreto
ictu fortunam felicia regna uertentem? Nonne adolescentulus
duo dolia articulus quidem unum malum articulus autem
duis pilhus ton men ena kakon ton de
        alterum bonum
        eteron elon*)
in iouis limine iacere didicisti? Quid si uberius de
bonorum parte sumsisti? quid si a te non tota discessi?
quid si haec ipsa mei mutabilitas iusta tibi causa est spe-

*) δύο πίθους τόν μέν ἕνα κακῶν, τόν δέ ἕτερον καλῶν.

secutionem patiuntur. propter iustitiam. uuánda sié dés te
sáligoren sínt.] Nû ne sîst tóh sô mûotsúhtîg nieht. [lâ
dîn mûot préchôn dóh *) sin.] V́nde ne mûoto nieht éino
in geméinemo rîche. dînero ríhti ze lébenne. [Nû íst sî
chómen ad communem locum. Táz héizet communis locus
án îogelîchemo statu. táz man nîomannen némmendo. keméine âchuste lúzzet. álso díse uérsa tûont.]

LOCUS COMMUNIS. 51.

[Uuáz íst tés mêr?] Scútti copia [ministra fortunę]
dien ménniskôn ûzer íro hórne sámo uílo râtes. sô mére
tuîret crîzes. fóne uuínde eruuégetêr. *Hier ist suspensio
uocis.* [Fabulę ságent. táz achelous amnis tíu in grecia
rínnet. ze fárre uuórteníu. mít hercule fúhte. únde hercules témo fárre daz hórn ába slûoge. únde ér iz kâbe
gnûhte. díu ministra íst fortunę. dáz si íro uróuuûn gûot
mít témo ûzkâbe.] Álde sámo mánige stérnen in hímele
skínent. téro náht. sô iz kestírnet íst. *sô ist óuh hier.*
Nóh hánt ze íro ne zúge. [dáz chît. nóh sîa is irdrúze.]
V́*nde óuh hier.* Túrh táz ne tâte nîomer ménnisko lába
sînero ármelichûn chlágo. *Hier ist depositio.* Tóh óuh
kót sélbo. íro díge gérno uernâme. únde ín sînes kóldes
mílte uuâre. únde ín óuh êra uuéllentên. déro uílo gâbę.

---

*) Es steht dîh.

---

randi meliora? Tamen ne animo contabescas 'et intra commú-
ne omnibus regnum locatus proprio iure uiuere desideres.

  Si quantas rapidis flatibus incitus
Pontus uersat arenas,
Aut quot stelliferis edita noctibus
Caelo sidera fulgent,
Tantas fundat opes, nec retrahat manum
Pleno copia cornu,
Humanum miseras haud ideo genus
Cesset flere querelas.
Quamuis uota libens excipiat deus
Multi prodigus auri,
Et claris auidos ornet honoribus,

nóh sô ne dûohtî ín gnûoge. dés sie hábetîn. Núbe diu
michela gîrhéit éin uerslíndende. gínèt io sâr gágen ándermo. Uuér mág tia gîrhéit inthában. io fúrder béitenta.
52. Sô láng sî gnûoge hábendo. io dóh mêr háben uuíle. | Tér
ne uuírt nîomêr rîche. tér sórgendo. únde sûftóndo síh
ármen áhtôt. [Hîer íst tér status ûz. uuánda sî síh ímo
sámo so gágen uuértemo. mít rédo errélet hábet. Pedíu
spríchet ímo nû zû philosóphia. fóne íro sélbûn]

EX SUA PERSONA.

Vbe fortuna síh sélbûn sús ferspréchen uuólti. dára
gágene ne máhtîst tu nóh erlíuten. Álde úbe dû dîna chlága
geskéinen máht réhta uuésen. sô tóug. táz tu sia fúre zí-
hêst. Íh tûon dír státa ze spréchenne. Tíz sínt ál chád
íh tô. skôníu gechôse. únde sámo so gehónogotíu. mit
rhetorica. únde mít musica. [Uuánda hîer nû ánderêst
keuuâht íst rhetoricę dulcedinis. únde man êr nîeht pechénnen ne mág íro dulcedinem. êr man sîa sélbûn bechénnet. sô neíst táz hîer nîeht ze úberhéuenne. sô uílo
man chúrzlicho geságen mág. uuáz sî sî.

QUID SIT RHETORICA.

Rhetorica íst éin dero septem liberalium artium.
dáz chît tero síben bûohlísto. díe únmánige gelírnet hábent.

Nil iam parta uidentur:
Sed quaesita uorans seua rapacitas
Altos pandit hiatus.
Quae iam precipitem frena cupidinem
Certo fine retentent,
Largis cum potius muneribus fluens
Sitis ardescit habendi?
Numquam diues agit qui trepidus gemens
Sese credit egentem.

His igitur si pro se tecum fortuna loqueretur, quid
profecto contra hisceres non haberes. At si quid est, quo
querelam tuam iure tuearis, proferas oportet; dabimus
dicendi locum. Tum ego: Speciosa quidem ista sunt, inquam, oblitaque rhetoricae ac musicae melle dulcedinis;

bent.' únde áber mánige genêmmèn chúnnèn. Téro si-
beno íst grammatica. diu êrista. díu únsih lêret rectilo-
quium. dáz chît réhto spréchen. táz ióh chínt kelírnen
múgen. sô uuír tágoliches hôrên. Tiu ánderíu íst rhetorica. tíu únsih férrôr léitct. uuánda si gíbet úns tîa ge-
sprâchi. déro man in dínge bedárf. únde in sprâcho.
únde so uuár | dehéin éinunga íst geméinero dúrfto. 53.
Tára zû diu chínt nehéin núzze sínt. núbe frûote líute.
Sprâchâ únde díng. ne múgen âne strît nîeht uuérden*).
Uuâr íst sâr sólih strítôd uuórto sô in dínge. únde
in sprâcho? Pedíu neíst fonêr gesprâches mánnes mêr
dúrft. tánne dâr. So uuér dér íst. dér den strît mít rédo
uerzéren chán. únde er dáz in rhetorica gelírnêt hábet.
tér íst orator. in dés múnde fíndet man rhetoricam dulcedinem. Íst er áber úngelêret. únde íst er dóh kesprâche.
sô mág er ûoben officium oratoris. sélbo ne mág er
orator sîn. uuánda dáz ex natura íst. táz neíst nîeht
ex arte. Uuér íst tér dîa dulcedinem bechénne. ér ne île
dára gérno. dâr êr *(sic)* sîa gehôre? Tô in grecia zuêne die
gelêrtôsten dés lístes. eskines únde demostenes gesprâ-
chen éinen dág. tínglicho ze strîtenne. ne châmen dára
úmbe daz na. sô cicero chît. multa milia ex omni grecia?
Zíu súlen uuír dánne sô lústsámes lístes. fúre nomes
únánchúnde sîn? Uuízîn dóh. táz tíu sélba scientia. díu
rhetorica héizet. triplex íst fóne díu. uuánda íro materia
triplex ist.

DE MATERIA ARTIS RHETHORICAE.

Uuáz íst íro materia. âne der strît? Sô der strît
errínnet. sô hábet si uuérh. Âne strît ne hábet si nîcht
ze tûonne. álso óuh medicina dánne otiosa íst. úbe morbi
ne geskéhent. nóh uulnera. Strîtet man úmbe réht. únde
úmbe únréht. sô man in dínge tûot. tíu sláhta strítes.
héizet latine fóne iudicio iudicialis. Strîtet man úmbe
ámbaht sézzi. álso dáz íst uuér ze chúninge tûge. álde
ze bíscófe. uuánda man sîna uirtutem sól demonstrare.
pedíu | héizet tíu sláhta strîtes demonstratiua. Strîtet 54.

---

*) Es steht uuerdent.

man dâr úmbe. uuáz núzze sî ze tûonne. álde ze lâzenne.
álso man ze romo stréit. uuéder cartago uuâre diruenda.
álde ne uuâre. uuánda man dés sól tûon deliberationem.
dáz chît éinunga. únde beméineda. pedíu héizet́ tiu sláhta
strîtes deliberatiua. Tára nâh súlen uuír uuízen. dáz ío
gelîh téro drîo sláhtôn hábet zuêne únderskéita. Téro
zuéio héizên uuir den éinen statùm legalem. ánderen statum rationalem. Sô man strîtet úmbe dia legem. únde sia
éiner uuîle uernémen ze éinero uuîs. ánderêr ze ánderro
uuîs. tér status. táz chît tér strît héizet mit réhte legalis.
Sô man áber dâr úmbe strîtet. uuîo rédolîh táz sî. dáz
man tûot álde râtet. fóne déro rédo. dáz chît fóne déro
ratione. héizet tér strît rationalis. Sô íst áber ze uuîzenne.
dáz man ze fínf uuîsôn strîtet úmbe dia legem. ze fîer
uuîsôn úmbe dia rationem. Téro uuîson ne sól únsih
nîeht erdrîezen ze gehôrenne.

QUI SINT STATUS LEGALES.

Éin strît íst úmbe dia legem. dér dir héizet scriptum
et uoluntas. Tér íst sús ketân. Lex monachorum chît.
post completorium nemo loquatur. Sô náhtes prúnst
keskíhet. sô scrîet tér dien ánderên. tér dés êrest ke-
uuára uuírdet. Sô man dén mâlôt úmbe scriptum legis.
sô ántséidôt er sîh mít uoluntate scriptoris. Ér chît ter
scriptor uuólti. dáz man dar ána únderskéit hábeti.
Anderêr geskíhet fóne contrariis legibus. Álso dîc leges
contrarię sínt. Omni petenti te tribue. Vnde díu. Ne aliquid cui nihil. Ter drítto geskíhet fóne ambiguis legibus.
Álso dáz íst in romana lege. Meretrix si coronam auream
possideat. publicetur. Uuéder sól man urônen. coronam
álde meretricem. Tér fîerdo héizet latine diffinitio. táz
chît enôt|márchúnga. álde gnôt mezúnga (sic). uuánda diu
lex táz uuórt spríchet. táz in úngúishéite. únde in strîte
uuésen mág. únz sîn bezéichennísseda gnôt mézôt uuírr-
det. Also ze romo in strîte uuás. úbe der be scúlden
uuâre erslágen. dén man dâr úmbe slûog. táz er náhtes
mít sínero stángo gîeng. uuánda romana lex chît. nocte

cum telo deprehensus. occidatur. Tô uuás definitio ze tûonne. uuáz telum sî. Telum ist kespróchen fóne demo chrîechisken uuórte telon. táz chît longum latine. Ter sînfto héizet latine ratiocinatio. táz chît éines tínges féstenunga fóne ándermo. Álso dér stréit. tér den exulem sîtta. dáz er dáz fóne díu uuóla tûon mûosî. uuánda romana lex chît. exulem intra fines deprehensum. licet occidere.

QUI SINT STATUS RATIONALES.

Aber déro fîer rationalium statuum. héizet ter éristo coniectura. dáz chît râtisca. uuánda sô der ínzihtígo lóugenet. sô râtiskôt man dara nâh. mít signis. únde mít argumentis. Also der chúning salomon téta. afferte înquit gladium. et diuidite uîuentem puerum in duas partes. Ter ánder héizet finis. uuánda sô únguis námo ist tés criminis. sô sól iz uuérden finitum. Also dánne geskíhet. sô ûzenhálb chîlichûn genómen uuérdent sacra uasa. únde dáz in zuîuele íst. uuéder dáz héizen súle fúrtum álde sacrilegium. Iudices ne múgen êr nîeht iudicium tûon. êr nomen criminis uuîrdet definitum. Ter drítto héizet translatio. dáz chît uuéhsal. únde míssesézzeda. Uués uuéhsal? Loci. temporis. personę. criminis. poenę. Sîe strîtent. táz iz ne uuúrte. dâr iz sóltî. nóh tô iz sóltî. nóh fóre démo iz sóltî. Oúh strîtent sîe. dáz iz tîe scúlde ne sîn. ze dîen der ínzihtîgo gebrîeuet sî. álso iz ófto ze romo fûor. dáz man sie mísse brîefta. Sô geskíhet oúh táz man scúlde | hártôr ándôt. álde 56. mínnera ándôt. tánne iz réht sî. Uuéhsal héizet tér strît. uuánda er fóne uuéhsele uuírdet. Álso gregorius iohannem zêh constantinopólitanum. dáz er pallium trûoge. dánne ér ne sóltî. únde in platea. dâr er ne sóltî. Vnde paulus fideles zêh. dáz sie íro gerîhte fórderôtin apud infideles. Vnde álso uuír ófto chédên. zíu man échert tês scáz néme. dén màn sélben hában sólta. álde zíu man dén sláhe. dér mínnerûn poenam hábet keurêhtôt. Qualitas héizet ter fîerdo rationalis status. Tér hábet námen dánnân. uuánda er qualitatem facti úrsûochenôt.

4 *

íh méino. úbe si gúot st. álde úbel. réht álde únréht.
Uuánda áber qualitas bipertita ist. fóne díu ist si ze
chíesenne an íro partibus. Uuéliu sínt íro partes? Táz
ist negotiale. únde iuridiciale. Negotiale ist ter strít. tér
úmbe daz keuuónehéite geskíhet. álso chóufliute strítent.
táz tér chóuf súle uuésen stâte. dér ze iâr mércate getân uuírdet. ér si réht. álde únréht. uuánda iz íro geuuó-
nehéite íst. Iuriditiale hábet tánnân nâmen. dánnân óuh
iuridici héizent. Álso díe ze romo iuridici híezen. díe
daz púrgréht in dínge ságetôn. álso héizet tér dánnân
uuórteno strít. iuriditialis. Nû sínt óuh síníu partes zuéi.
absolutum et absumptiuum. Absolutum chît pár. uuánda
dar ána nehéin. ántséida ne íst. âne dáz ter bemâlôto
chît párlicho. dáz er uuóla dáz tûon mûosi. dáz man ímo
uuîzet. Also cicero ságet. táz pacubius poeta. síh ze ímo
chlágeti. dérp únerôn. dáz ímo éin spíloman dâr ze
sînemo hûs ketórsta hárên be námen. Tés ne hábeta der
spíloman nehéina ándera ántséida. âne dáz er ín uuóla
mûosi sô námôn, sô er bîeze. Assumptiuum íst kespró-
chen fóne | déro assumptione defensionis. táz chît fóne déro
uuárnungo dero fúrolágo (sic). Tér status hábet quatuor
partes. Ein héizet relatio. dáz chît uuídere chêreda. álso
sámson uuídere chêrta. sîne scúlde án philisteos. tô sie
ín mâlotôn. zíu er ín íro ézeske brándi. Ánder pars
héizet remotio. dáz chît ábanémunga. álso daz uuîb ába
íro sélbûn die scúlde némendo. ûfen éinen ánderen sîe
légeta. dô si chád. serpens decepit me. Tertia pars héizet comparatio. álso dér mít comparatione síh ántséidôta.
tér daz hére lôsendo. hína gáb tien hostibus arma. únde
impedimenta. dáz chît keuuâfene. únde fûoter, únde déiz
(sic) chát. uuésen bézera. dánne sélbez taz hére ze uer-
líesenne. Quarta pars héizet concessio. táz chît keiíht. Tér
strît téilet síh in deprecationem. únde in purgationem. dáz
chît in uléha. unde in ántséida. Deprecatio íst. táz ter scúl-
digo chît. peccaui. ignosce. únde er nìeht ne stritet. únde
áber die ándere strîtent. díe ín demo dínge sízzent. úbe man
ímo súle ignoscere. álde ne súle. Purgatio íst triplex. Eín

purgatio héizet casus. táz chît keschiht. Mít càsu ántséidôt sih. tér dir chît táz in is lázti. ánderes mánnes tôd.
álde sîn sélbes súht. álde ételîh úngeuuândíu geskíht.
Anderíu purgatio héizet necessitas. táz chît nôt. Also
dáz íst. úbe er ze uuórte hábet táz er uuúrte captus.
álde ui obpressus. álde in uincula missus. Tiu drítta
purgatio héizet imprudentia. dáz chît únuuízenthéit. Álso
paulus síh ántséidôta. tô er chád. Nesciebam eum esse
principem sacerdotum. Tíz sínt tíu exempla déro statuum.
díe in dínge uuérdent. táz chît tie dir uuérdent in iudi-
tiali genere causę. | Tie áber in demonstratiuo genere 58.
causę. únde in deliberatiuo uuérdent. fâr man sprâchôt.
tie hábent tén sélben námen. náls áber nieht sô getâníu
exempla. Fóne dísên bechénnet man éníu liehto.

QUID SIT STATUS.

Tára nâh íst táz ze uuízenne. táz status únde consti-
tutio. áÌ ém íst. únde sie dánnân genámôt sínt. táz tie
strítenten. síh stéllent gágen éin ánderên. Intentio únde
depulsio. díu máchônt ten statum. Anauáng tes strîtes.
héizet intentio. únde depulsio. dáz chît málizze. únde
uuéri. Álso dáz íst dáz ter accusator chît. in dínge ze
sînemo aduersario. fecisti. únde ér ántuuúrtet. non feci.
Alde úbe er chît. non iure fecisti. únde ér ántuuúrtet.
iure feci. Tánne díu depulsio sô getân íst. táz sî chît.
iure feci. merito lési. sô sól sî sâr dés hában rationem.
álso dáz íst. prior enim me lésit. Téro rationis tûot ter
accusator infirmationem. dáz chît lúzzeda. Sô dáz íst.
Non enim te oportuit uindicare iniuriam tuam. Chît
áber der bemâlôto. non feci. non lési. uuánda déro de-
pulsioni. nehéin ratio ne fólgêt. uués mág tér rationem
gében. tér niehtes ne iihet. sô sól der accusator mít
coniecturis zûo fáhen. dáz er ín dés lóugenes úberuuînde.
Fóne ín zuéin chúmet ter strît. ze díen ánderên. díe dâr
in dínge sínt. táz óuh sîe beginnent strîten. feceritne.
álde úbe er iz téta. iurene fecerit. Tés strîtes tûont tie
iudices énde. uuánda an íro iuditio stât. uuéder man ín

54

hában súle. fúre scúldîgen. álde fúre únscúldigen. únde
fône íro iudítio uuírdet er dimissus; álde punítus. Êr dáz
59. sô ergánge. | êr uuírt temo oratori ze geóugenne. dia
méisterscáft sínes kechôses. únde ál dáz fúre ze gezí-
henne. mit tíu des tíoges spûon mág; únde mít tíu ge-
lóublîh ketân mág uuérden. tîen iudicibus. so uuáz er
uuíle hában ze réhte. álde ze únrehte. únde so uuén er
hában uuíle ze noxio. álde ze innoxio. Uuîolih er fúre
gândo uuésen súle án demo exordio. únde dára nâh án
dero narratione. únde dára nâh án dero confirmatione.
únde ze iúngest án dero conclusione. únde án dien állên.
uuîo zímîg. uuîo éhléine. uuîo spílolîh. tár dáz keuállet.
uuîo grémezlîh. uuîo drôelih. uuîo in álla rárta geuuér-
bet. tés sínt ciceronis pûoh fól. díu er de arte rhetorica
gescríben hábet.

DE PRESENTI STATU.

Nû sûochên ôuh hîer án dísemo strîte. dér únder
boetio. únde úndér dero fortuna íst. uuélêz intentio sî.
únde depulsio. Táz íst intentio. dáz síh sús chlágôt boetius. Itane nihil fortunam puduit? Únde áber. Homines
quatimur fortunę salo. Sô íst táz depulsio. dáz sî chît.
O homo. quę tua detraximus bona? Nulla tibi a nobis
est inlata uiolentia. Sô íst táz ratio depulsionis. Opes.
honores. ceteraque talium. mei sunt iuris. Dominam
famulę cognoscunt. Mecum ueniunt. me abeunte discedunt. Tíu ratio íst sô stárh. taz philosophia ímo uerságet. táz er dára gágene. nîeht sár erlíuten múge. Álso
sî dâr chît. His si pro se tecum fortuna loqueretur. quid
profecto contrahisceres. non haberes. Mít tíen uuórten
hábet si ímo uerságet. infirmationem rationis. Únde
60. uuánda fortuna réht hábet. únde sî síh íro | sítes nîeht
kelóuben ne mág. pedíu uuíle si ín dés rhetorice irríh-
ten. dáz in íro gûotes sô únuuíriges. sár nîeht lángên
ne sólta. únde ín échert tés kûotes lústen sól. táz ímo
éinést chómenez. nîomêr fúrder inslíngen ne mág.]

SEQUITUR.

Sús scóniu gechôse. sínt tîa uuîla lústsám. únz man
siu gehôret. Aber beuuîſenên íst mêr. dáz in ána líget.
Sie inſíndent mêr iro léides. Sô sie díz állero êrest ne
hôrent. sô uuíget in áber dáz ze hérzen geslagena sêr.
Táz íst álso chád sî. Tíz ne sínt óuh nîeht tíu scúldigen
lâchen dînero súhte. Núbe échert súslichíu uâske. dînes
úngerno héilênten sêres. Íh kíbo dír sô iz zît uuírt. tíu
tráng. tíu díh túrhkânt. Aber inin díu. hábe gúoten drôst.
únde ne áhto díh nîeht uuênegen.

DE PERCEPTIS BONIS.

Hábest tû ergézen dînero sáldon. uuîolíh. únde uuîo
mánig sie uuâren? Íh uuíle dés suîgen. dô dù uuéiso uuúrte.
dáz tîh tie hêrosten in iro ſlíht nâmen. | Únde gechôrnêr 61.
ze déro síppo dero hêrôstôn ze romo. daz chît ze éideme
gechôrnêr dînemo suêre simmacho. uuâre du ímo líeb. êr
du ímo uuúrtîst síppe. Dáz tiu fórderôsta síppa íst. úbe
der man geîlet. táz er líeb íst. Uuér ne chád tíh tô sali-
gen. sólíches suêres. únde sólichero suíger. sô chîuskero
chénûn. sô êrsámero cómen chíndo? Ih ne uuíle dés nîeht
chôsôn. dáz tû iúngêr guuúnne die hêrscáft. die álte guún-

ſum tantum, cum audiuntur, obloctant. Sed miseris malorum
altior sensus est. Itaque cum haec auribus insonare desierint,
insitus animum meror pregrauat. Et illa, ita est, inquit.
Haec enim nondum morbi tui remedia, sed adhuc contu-
macis aduersus curationem doloris fomenta quaedam sunt.
Nam quae in profundum sese penetrent, cum tempestiuum
fuerit, admouebo. Ueruntamen ne te miserum existimari
uelis, an numerum modumque tuae felicitatis oblitus es?
Taceo quod desolatum parente, summorum te uirorum cura
suscepit, delectusque in affinitatem principum ciuitatis,
quod pretiosissimum propinquitatis genus est, prius carus,
quam proximus esse cepisti. Quis non te felicissimum
cum tanto splendore socerorum, cum coniugis pudore, tum
masculae quoque prolis opportunitate predicauit? Pretereo
(libet enim preterire communia) sumptas in adolescentia

nen ne máhtôn. [Tû uuúrte iúngêr consul.] Táz óuh ánderên gescáh. táz uuíle íh úberhéuen. ze dînên chréftigên
súnder sáldôn. uuíle íh chómen. [fóne dien uuíle íh ságen.]
Úbe ménniskôn diehsemo. ze dehéinero sáligbéite zíhet.
mág tánne déro skinbárûn êro. keágezôt uuérden? fóne
dehéinemo geskéhenemo léide. Íh méino. dáz tû sáhe zuêne
dîne súne. sáment fóne dînemo hûs kefûoret uuérden. mít
állero dero hêrrôn mánegi. únde mít álles tes líutes méndi? |

62. [s. dáz sie mít tîen êrôn in curiam bráhte. pêde sáment consulatum infiengen.] Tánne ín sízzentên in demo spráhhûs.
án demo hêrstûole. tû orator uuésendo. getûomet uuúrte.
dînes sinnes. únde dînero gespráchi. án des chúninges lóbe?
[Síto uuás ze romo. sô chúninga mít síge fóne uuîge
chámen. dáz man demo állero gespráchesten beuálh tá
sígelób. ze tûonne in capitolio. fóre állemo demo líute.
álso man ímo dô téta. Táz er áber chît insidentibus curules. táz chît er fóne díu. uuánda reges sázen in tribunali.
dâr sie díngotôn. álde dâr sie iura plebi scáffotôn. áber ma-
gistratus sázen in curulibus. tánne sie búrgrébt scûofen
demo líute. Curules hiezen. sámo so currules. uuánda íu êr
cónsules in curru rîtendo ad curiam. târ ûfe sázen.] Tô óuh
táz keskâh. táz tû únder ín zuéin consulibus míttêr sízzendo,
fúlleglicho állero dero mánigi spéndôtôst. tie síge gébâ.

[DE TROPHEO ET TRIUMPHO.

Têro síge êrôn. uuâren zuô. diu mínnera. únde diu
mêra. Tiu mínnera hîez in chriechiskûn *) tropheum.

*) Es steht chrieskûn.

negatas senibus dignitates ad singularem felicitatis tuae cu-
mulum uénire delectat. Si quis rerum mortalium fructus ullum
beatitudinis pondus habet, poteritne illius memoria lucis
quantalibet ingruentium malorum mole deleri? cum duos pariter consules liberos tuos domo prouehi sub frequentia pa-
trum, sub plebis alacritate uidisti; cum eisdem in curiacurules
insidentibus tu regiae laudis orator, ingenii gloriam facundiae-
que meruisti; cum in circo duorum medius consularis circum-
fusae multitudinis exspectationem triumphali largitione sa-

ıás. sô die hostes uuúrten ze flúhte bechêret.
chám sigenémo. fóne nuîge rîtendo. ûfen éinemo
en rósse. Vfen démo nuárd er enfángen fóne demo
âne die patres. tie léitôn ín rîtenten in capitolium.
uuúrten mactatę dâr ouues in sacrificium. Fóne díu
iz ópfer ouatium. Áber diu mêra sígę êra. fóne
er nû ságet. hîez in chrîecbiskûn triumphus. táz
uuás sô die hostes. erslágen | uuúrten. Tánne chám der 63.
uictor fóne uuîge. rîtende in curru. díe quatuor albi equi
zúgen. Vfen déro infiengen. ín patres. sámenet temo
plebe. únde léitôn ín ad capitolium. únde ópferotôn dâr
tauros. únde úmbe geméina fróuui. nám man tróno sáz-
ûzer demo erario. únde gébeta állemo demo búrgliute.
únde dien sígenemôn. gáb man palmes in hánt. únde
lauream coronam an hóubet. únde gúollichôta man, dén
sígo mít lóbe. álso dâr fóre geságet íst. Tér uuár filo
hárto geêret. témo daz lób uuárt peuólên ze tùonne.
álde der scáz ze spéndônne. Ter sîgo hábet námen fóne
dien signis. Sô dien hostibus. uuerdent tie signa genómen. táz héizet sîgo némen.]

DE INDULGENTIA FORTUNAE.

Íh uuâno dû betrúge dia fortunam. dáz si dih sô zér-
tet. únde dih sô urîtet. [Demulcet. chît stréichôt. álso man
dûot. témo man zártôt. Delitię sínt frîtliche sácha. die
uuír éigen. úmbe lústsâmi. náls úmbe dúrfte. álso turtures
sínt. únde psitaci.] Tû hábest íro ánaguúnnen. dáz si nóh
nehéinemo ín súnder ne gáb. [nehéitiemo dînemo gnôz. Tár
sî chît priuato. dâr lâzet si échert ten chúning fóre. Sie héizent
álle priuati. díe chúninga ne sínt.] Uuíle du nû zálôn mít
íro? Nû êrest prûnséhontíu zuángta sî dih. Úbe dû zálôst.

---

tiasti. Dedisti, ut opinor, uerba fortunae, dum te illa demulcet,
dum te, ut suas dilicias, fouet. Munus, quod nulli umquam priuato commodauerat, abstulisti. Uisne cum fortuna calculum ponere? Nunc te primum liuenti oculo prestrinxit. Si numerum

únde ·chóstôst. uuáz tû· nóh ·éigist péidero. léides ióh
64. sô ne uersâgest. tu díh | nóh nîeht sâldôn. Áhtôst
pedíu únsaligen· uuánda hína íst· táz líh frêuta. tí·
óuh hína. dáz tíh nû léidegôt. Pedíu ne sólt tu d'
negen áhtôn. [Táz héizet argumentum a contrariis·
tû nû sô níuuenes chómenêr. gást. hára in dísses ú
libes skenam? [In skena skéllent hérlôn béide fab
tarum rerum· sô comediê sínt. ióh tristium. sô tragoediê
sínt. Uuánda óuh úns pegágenent hértôn. leta· únde tristia.
pedíu íst únser líb kelîh tero skena·] Uuânist tu debéina
stâtigi nuésen· án dero ménniskôn dínge? Tánne ióh sélben
den ménnisken éin chúrzuuîla ófto zeerlékke? Úbe óuh
sélten in êteuues sâldôn debéin stâtigi íst. Sîn énde íst
io *) dóh tĕro sélbôn sâldôn énde·· níunt fólle gîengîn sie
imo úaz tára· Uuáz áhtôst tû dâr ána geskéidenes· tû sîa
lâzêst erstérbendo. álde sî díh lâze. sóne dír flîhendo?

OMNIA MUNDANA ESSE INSTABILIA.

Sô mórgen rôtíu súnna ûfen íro réito. [sô fabulê sá-
65. gent·] rîtentíu | begínnet skînen·· sô· tímberênt tie stérnen·

---

*) Es steht ói mit schliessendem o oder v.

---

modumque laetorum tristiumue consideres, adhuc te felicem
negare non posses. Quod si iccirco te fortunatum esse non existimas, quoniam, quae tunc laeta uidebantur, abierunt, non
est quod te miserum putes: quoniam, quae nunc mesta
creduntur, pretereunt. An tû in hanc uitae scenam nunc
primum suhitus, hospesque uenisti? ullamne humanis rebus
in esse constantiam reris, cum ipsum sepe hominem uelox
hora dissoluat? Nam et si rara est fortuitis rebus manendi
fides, ultimus tamen uitae dies mors quaedam fortunae
est etiam manentis. Quid igitur referre putas, tune illam
moriendo deseras, illa an te fugiendo?

    Cum polo phoebus roseis quadrigis
    Lucem spargere ceperit,
    Pallet albentes hebetata uultus

tîen skîmôn bedécchentên iro bléichen ánalútte. Sô ze lénzen fóne des uuéstene uuíndes uuármi. rôsebluomen uuérdent. áfter demo uélde. úbe dánne héiz chúmet tér uuól-
chenônto súntuuínt. sô mûozen díe blûomen. rîsen ába dîen
dórnen. Éina uuíla íst ter mere stílle. únde lútterêr. ándera
uuíla tuárot er trûobêr. Ube allero uuérlte únstâte íst íro
bílde. únde úbe sî sih ébendíccho uuéhselôt. So bábe dih
ze múrgfaren sâldon. únde ze únstatemo gûote dero mén-
niscon. Sô íst táz kuís. únde fásto gesézzet. táz nîeht ke-
bórnes. stâte ne sî.

ITEM QUOD NON DESTITUTUS SIT OMNI FELI-
CITATE.

Tô antuuúrta íh íro. Uuâr íst táz tu ságest. méistra állero
túgede. Nóh íh ne mág ferlóugenen. mînero spûotigun férte.
Táz íst. táz mír uuê tûot. sô íh is kehúgo. Táz prénnet míh.
Nehéinero slábto únsâlda neíst sô míchel. in állên mísseskíh-
ten. sô díu íst. táz mán síh pehúget. iú êr uuésen sâligen.

Flammis stella prementibus,
Cum nemus statu zephiri tepentis
Uernis irrubuit rosis,
Spiret insanum nebulosus auster.
Iam spinis abeat decus.
Saepe tranquillo radiat sereno
Immotis mare fluctibus.
Saepe feruentes aquilo procellas
Uerso concitat aequore.
Rara si constat sua forma mundo,
Si tantas uariat uices,
Crede fortunis hominum caducis,
Bonis crede fugacibus.
Constat, aeterna positumque lege est,
Ut constet genitum nihil.

Tum ego, uera, inquam, commemoras, o uirtutum
omnium nutrix, nec infitiari possum prosperitatis meae
uelocissimum cursum. Sed hoc est, quod recolentem
uehementius coquit. Nam in omni aduersitate fortunae infelicissimum genus est infortunii, fuisse felicem.

Tô ántuuúrta si. Táz tû engéltést tines lúkken unâars.
66. táz ne uuîz tien dingen | nîeht. [Uúizîst táz tû ín
is nîeht keuuîzen ne máht.] Sîd tír sô héuig túnchet
tér bévo námo dero sâldôn. sô zálo mít mír. únde
chóro mih úberuvínden. dù ne éigîst nóh knûog mánigero
sâldôn. [Táz tû sâldâ héizest. tóh sie sô ne sîn. tîe sínt
tír nóh úminfáren.] Hábet tír nóh kót pebálten gânz. únde
úndárohâft. táz tû tíuresta hábetôst. in állemo scázze. mít
uuélemo réhte chlágôst tu díh táune. hábendêr. únde óuh
taz pézesta hábendêr. sámo so dû ne éigîst na? Tríuuo
nóh lébet kesúnde. állero mánno êra. symmachus tîn suôr,
Únde dâr ána hábest tu. dáz tû mit temo libe gérno
chóuftîst. Tér állêr íst túged. únde uuîstùom. Únde sîn
sélbes sih fertrôstet hábendêr. chlágôt er échert tíh. Lébet
tîn chéna. álles sítes kezógeníu. in chíuski. únde êrháfti
sih fúre némende. Únde dáz íh sáment pegrîfe állen íro
uuídemen. demo fáter gelíchiu. [Tîe sácha daz uuîb sáment
íro bringet. zûo demo mán. dáz íst íro uuídemo.] Sô (sic)
67. lébet chído íh. | Vnde úrdruzíu dísses lîbes. pehébet si
den âtem ínne. échert kérno dúrh tíh. [táz sî geséhe. uuio
iz úmbe díh fáre.] Vnde náh tír chélendo. suéndet si sih
uuéinôndo. únde chárôndo án démo éinen dinge. ióh íh iéhen

Sed quod tu, inquit, falsae opinionis supplicium luis, id rebus
iure imputare non possis. Nam si te boc inme nomen
fortuitae felicitatis mouet, quam plurimis maximisque ab-
undes, mecum reputes licet. Igitur si quod in omni fortunae censu pretiosissimum possidebas, id tibi diuinitus
inlesum adhuc inuiolatumque seruatur, poterisne meliora
quaeque retinens, de infortunio iure causari? Atqui uiget
incolumis illud pretiosissimum generis humani decus,
simmachus soccr, et quod uitae pretio non segnis emeres,
uir totus ex sapientia uirtutibusque factus, suarum securus, tuis ingemiscit iniuriis. Uiuit uxor ingenio modesta,
pudicitiae pudore precellens, et ut omnes eius dotes breuiter includam, patri similis. Uiuit, inquam, tibique tantum uitae huius exosa spiritum seruat. Quo uno felicita-
tom minui tuam, uel ipsa concesserim, tui desiderio

uuíle. dír dero sáldòn méngin. Vuáz tárf ih chóson úmbe
dîne súne. die consules uuâren? [Consulares sínt. tîe consules uuâren. álde uúirdîg sínt ze uuérdenne.] Án dîen îu
skînet tíu râtlichi íro fáter. ióh íro ánen geuuízzes. sô uílo
iz in démo áltere skînen mág. Sîd tie ménnisken nîeht so
gérno ne hábent sô den lîb. unóla gréhto be díh sâligen. _
úbe dû uuéist. uuáz tír tóug. tû nóh hábest. táz tíurera
íst. tánne der lîb. [Tíu suasio íst in rhetorica honestissima.
únde ualidissima. tíu mít temo comparatiuo uuírdet. tér
mêr gemàg. tánne superlatiuus.] Fóne díu uuíske ába die
trâne. fortuna ne hábet sie nóh nîeht álle in háze. [Tînên
fríunden íst si nóh ántlâzîg. tóh si dír duínge.] Nóh tír --
'ne | begágenda nîeht ze stárh túnest. sîd nóh tie sénchel 63. _
chrâpfen fásto háftènt. tîe nû. únde hína fúre díh ne lâzent.
úngetròsten. [Sô mézîg uuínt íst. sô múgen anchorę ge-
stâten daz skéf. sô chréftîg túnest chúmet. .sô ne múgen
sie. Anchorę dáz sínt suâriu îsen. chrâpfahtíu. in chrîe-
chiskûm sóne dero hénde genámolíu. uuánda sie síh fásto
hábent zûo dien stéinen. únde zûo dero érdo. dâr man daz
skéf stâten uuíle.]

RESPONSIO.

Háftèn mûozîn sie chád ih. Ín ze stéte stântèn. so
uuîo iz sî. sô genésên uuír. Uuáz úns áber únserro êrdu
enfáren sî. dáz síhest tu.

lacrimis ac dolore tabescit. Quid dicam liberos consulares.
quorum iam, ut in id aetatis pueris, uel paterni uel auiti
specimen elucet ingenii? Cum igitur precipua, sit mortalibus uitae cura retinendae, o te, si tua bona cognoscas,
felicem, cui suppetunt etiam nunc, quae uita nemo dubitat esse cariora. Quare sicca iam lacrimas. Non dum
est ad unum omnes exosa fortuna, nec tibi nimium ualida
tempestas incubuit; quoniam tenaces herent ancorae,
quae nec presentis solamen nec futuri spem temporis
abesse patiantur. Et hereant, inquam, precor: illis namque manentibus, ut cumque se res habeant, enatabi-
mus. Sed quantum ornamentis nostris decesserit, uides.

ITEM PHILOSOPHIA DE HUMANA CONDITIONE.

Sô íst iz sâr éteuuáz nû bézera úmbe díh chád si.
Vbe dír iz nîeht állez kelîcho ne mísselîchêt. táz tír in
lôz keuállen íst. [úbe dû dih tóh ze dien uríunden uersîst
(sic).] Mír uuíget áber, dáz tû sô uerzériet píst. dáz tu
sô âmerlicho únde sô ángestlicho chlágôst. táz tír îeht ke-
bréste dînero· sâlighéite. Vuér íst sô uóllûn sâ'îg. ér ne
rínge éteuuâr úmbe sîn díng? táz iz sô stât. Tíu geskáft
tero ménniskôn gûotes. zíhet îo ze ángesten. Únde íst só-
lih. táz sî nîomer ze gánzi ne chúmet. álde úbe si | chú-
met. îo dóh ne uuérêt. [Ter mán ne beréchenôt sih nîomêr álles sînes tínges. álde úbe er sîh peréchenôt. sô íst
iz únuuérig.]

DISTINCTIO HUMANAE CONDITIONIS.

Súmelichèr íst rîche. únde íst áber únédele. Súmelichèr íst chúnt mán fóne geédele. témo iz áber léid íst.
túrh sîn árm getrágede. Súmelichèr hábet téro béidero
gnûog. únde chlágôt áber. dáz er úngehîet íst. Súmelichèr
íst uuóla gehîet. únde áber érbelôsêr. scázzôt er únerbôn.
Súm hábet chínt cnûogíu. únde chlágôt áber dáz siv fráta-
tig sínt. Pedíu ne íst nîoman. dér sîh hábe geéinôt mít
sînes lîbes geskéfte. Ín begágenet állen. dáz ín únchúnt
íst. êr sie íz pesûochên. únde besûochentên mísselîchêt.

Et illa, promouimus, inquit, aliquantulum, si te nondum
totius tuae sortis piget. Sed delicias tuas ferre non possum,
qui abesse aliquid tuae beatitudini tam luctuosus atque an-
xius conquereris. Quis est enim tam compositae felicitatis,
ut non aliqua ex parte cum status sui qualitate rixetur?
Anxia enim res est humanorum conditio bonorum, et quae
uel numquam tota proueniat, uel numquam perpetuo
subsistat. Huic census exuberat, sed est pudori degener
sanguis. Hunc nobilitas notum facit, sed angustia rei
familiaris inclusus esse mallet ignotus. Ille utroque cir-
cumfluus uitam caelibem deflet. Ille nuptiis felix, orbus
liberis alieno censum nutrit heredi. Alius prole·laetatus,
filii filiaeue delictis mestus illacrimat. Id circo nemo
facile cum fortunae suae conditione concordat. Inest enim
singulis, quod inexpertus ignoret, expertus exhorreat.

Lége dára zûo. dáz sûmelichêr álesâligêr. sô zûrdel ist. íz
ne uáre állez sô ér uuéllc. uuánda er árbéite sô úngeuuón
íst. táz er síh sâr míssebébet. ióh lúzzeles tínges. Sô lúz-
zelíu díng penément ióh uuóla sâligên. dáz sie nîcht fóllûn | 70.
sâlîg ne uuérdent *). Uuîo mánige uuânest .tû ne áhtotîn síh
kûolliche. úbe sie dóh éinen lúzzelen téil hábetîn dînero
sâligbéite? Tísiu sélba stát. tîa dû héizest íbseli. díu íst
tien lántlíuten héimote. Álso guísso. ne íst níeht uuêneg-
béit. mán ne áhtoe iz fúre dáz. Tára gágene íst sâlîg so
uuélih lôz temo mán geuállet. ûbe ér iz ében mûote uer-
tréget. Vuér íst tér síh kelâzet in úngedúlte. ér ne uuélle
uuébsal tûon sînes tínges. so uuîo iz stât? Neíst nû na dîu
sâliglicha sûozî gemískelôt mít mánegero bítteri. Tiu démo
nîo sô sûoze ne íst. tér sia níuzet. táz er sîa getuélen
múge. sî ne rûme. sô sî uuíle. Nû skînet uuóla. uuîo uuê-
neglîh sî dero ménniskôn sâligbéit. Tíu ióh mít ébenmûo-
tigên nîo uuérîg ne uuîrdet. nóh fermúrndên. únde án-
gistêndên lústsám ne íst. tôh íro fóllûn sî.

---

*) Es steht uuírdet.

Adde quod felicissimi cuiusque delicalissimus sensus est,
et, nisi ad nutum cuncta suppetant, omnis aduersitatis
insolens minimis quibusque prosternitur: adeo perexigua
sunt, quae fortunatissimis beatitudinis summam detrahunt.
Quam multos esse coniectas, qui sese celo proximos ar-
bitrentur, si de fortunae tuae reliquiis pars eis minima
contingat? Hic ipse locus, quem tu exsilium uocas, inco-
lentibus patria est. Adeo nihil est miserum, nisi cum
pules; contraque beata sors omnis est equanimitate tole-
rantis. Quis est ille tam felix, qui, cum dederit impatien-
tiae manus, statum suum mutare non optet? Quam multis
amaritudinibus humanae felicitatis dulcedo respersa est:
quae si etiam fruenti iucunda esse uideatur; tamen, quo
minus, cum uelit, abeat, retineri non possit. Liquet igitur
quam sit mortalium rerum misera beatitudo, quae nec apud
equanimos perpetua perdurat, nec anxios tota delectat.

ARGUMENTATUR NON ESSE BEATITUDINEM IN PRAESENTI FELICITATE.

Uuáz kánt ír líute ánderes uuâr sûochendo. dia sáldá. die ír hábent in íu sélbên? Ír ne uuízent is nieht. ír há-
71. bent míssenómen. dáz írret | íuuih. Íh óugo dír. an uuíu die méistûn sâlidâ sínt. uuâr sie ána uuérbent. Íst tir îeht liebera. dánne dû sélbo? Néin chîst tu. Uuíle dû uuálten dîn sélbes. [sô. dáz tu fortunam in uersíhte éigîst.] sô guúnnest tû. dáz tu nîomêr gérno ne uerliusist. nóh tír óuh tiu fortuna genémen ne mág. [Mít tíu uuérdent tir béidíu gebûozet. ióh anxietas. ióh instabilitas. fóne díen ih fóre ságeta.] Vnde dáz tû uuízist. táz tîe sáldá *(sic)* nieht ne síut. án dísên zuîueligen díngen. chíus iz sús. Vbe sâlig- héit íst taz fórderôsta ménniskôn gûot. *Suspensio.* Nóh táz nieht taz fórderôsta gûot ne íst. táz man ferliesen mág. *Et hic.* Uuánda dáz échert fórderôra íst. táz mánne benó- men uuérden ne mág. *Et hic.* Sô ne íst nehéin zuiuel. núbe únstâte sálda. nîeht kehélfen ne múgín mánne. sâlig- héit ze guúnnenue. [Tíz argumentum chît. uuánda an summo bono sâlighéit íst. târ dés prístet. táz târ sâlighéit ne sî. Táz argumentum héizet a causa. uuánda summum bonum. dáz íst causa beatitudinis.] Tára zûo ságo íh tír [Táz ne mág nío ze léibo uuérden.] dén dísíu múrfâra *(sic)* sálda béuet. núbe er sîa uuíze so múrga uuîla uuérenta. álde ne uuíze.

[Táz

Quid igitur o mortales extra petitis intra uos positam felicitatem? Error uos, inscitiaque confundit. Ostendam breuiter tibi summae cardinem felicitatis. Estne aliquid tibi te ipso pretiosius? Nihil, inquies. Igitur si tui com- pos fueris, possidebis quod nec tu umquam amittere uelis, nec fortuna possit auferre. Atque ut agnoscas in his for- tuitis rebus beatitudinem constare non posse, sic collige. Si beatitudo est summum naturae bonum ratione degentis, nec iliud est summum bonum, quod eripi ullo modo pot- est; quoniam precellit id, quod nequeat auferri: manifestum est, quod ad beatitudinem percipiendam fortunae instabi- litas aspirare non possit. Ad haec, quem caduca ista felicitas uehit, uel scit eam, uel nescit esse mutabilem.

Si

[Táz ist argumentum a contrariis.] | Vbe ér iz ne uuéiz. 72.
uuîo sâliglîh lôz mág ímo uuésen geuállen. án dero úmuuî-
zenthéite? Uuéiz er iz áber. sô mûoz er nôte fúrhten ze
uerliesenne. dáz er síh uuéiz múgen uerliesen. Fóne díu
ne lâzet in diu átaháfta fórhta nîeht sâligen uuésen. [Sô
getân argumentatio. héizet in rhetorica comprehensio. táz
chît kenángeni. uuánda er ímo nîeht. indrínnen ne mág.
ér ne gefáhe in. álso er nû chît. ér uuíze. álde ne uuíze
fortunam instabilem. ér ne íst îo sâlig nîeht. Álso dáz íst
in euangelio. Boptismum iohannis de cęlo erat. an ex hominibus? So uuéder sie châdîn de cęlo. an ex hominibus.
sô uuúrtîn sie geuángen.] Alde uuânet er. úbe er iz ferlíuset. táz er síh is fertrôsten múge. Jóh sô skînęt úndiurę.
dáz sîn. únde éccherôde. dáz úusih lúzzel ríuuet. sô uuir
iz ferliesên. [Táz íst állez dissuasoria oratio. mit tíu si ín
uuéndet. dáz er ne mínnoe caducam felicitatem. uuánda
dáz íst inutile. et non necessarium.] Suspensio. Vnde
uuánda dû dér bíst. témo dáz chúnt ketân íst. únde ín
gestúncôt íst. mít mánigfáltero lêro. dáz ménniskôn sêlâ
erstérben ne múgen. Et hic. Vnde dánne óffen sî. sáment
temo lichámen erstérben dia uuérltsâlda. | Sô ne íst ne- 73.
héin zuîuel. úbe sî gíbet sâlighéit. álle ménnisken stérbendo.
ze uuêneghéite uárên. [Táz héizet argumentum ab antecedentibus. uuánda úbe beatitudo fóre irstirbet. sô fólgêt
nôte miseria.] Vbe mánige dia sâlighéit kuúnnen mít temo
tôde. únde mít ánderên uuêuuôn. [álso martyres tâten]

Si nescit, quaenam beata sors esse potest ignorantiae
cecitate? Si scit, metuat necesse est, ne amittat, quod
amitti posse non dubitat; quare continuus timor non sinit
esse felicem. An uel si amiserit, neglegendum putat?
Sic quoque perexile bonum est, quod aequo animo feratur
amissum. Et quoniam tu idem es, cui persuasum atque
insitum permultis demonstrationibus scio, mentes hominum
nullo modo esse mortales; cumque sit clarum, fortuitam
felicitatem corporis morte finiri: dubitari nequit, si haec
auferre beatitudinem potest, quin omne mortalium genus
in miseriam mortis fine labatur. Quod si multos scimus
beatitudinis fructum non morte solum, uerum etiam dolo-

5

uuío mág tánne díu gágenuuertíu eálíge tûon? [díu hína
uuórteníu. uuênege ne tûot. /Táz héizet argumentum a repugnantibus. álso díu sínt repugnantia. presens. únde
transacta. Tíu sínt fóne díu repugnantia. uuánda éinez
péitet hína. ánderez péitet hára.]

QUOMODO TRANQUILLITAS TENENDA SIT.

So uuér dúrh keuuáréhéit sîn gesâze uuélle máchôn
êuuig. Nóh ér ne uuíle níder uerstòzen uuérden. fóne dîen
— dòsôntên uuíndén. Vnde ér intsízzen ne uuíle den drôlicho
uuéllônten mére. Tér ne zímberoe ne uuéder. nóh án dero
hôhi des pérges. nóh án demo grîeze des stádes. Téret
(sic) sùochet ín der uuínt in ále máht. hier ne íst ún-
denân uéstî. díu daz zímber múge trágen. Vbe dû
flíhen (sic) uuéllêst. fréisiga stát. scôno zímberôndo. sô
sùoche níderen stéin. ûfen démo zímbere báldo. | Tóh óuh
74. tér dîezendo uuínt uuùlle den mére. únde uélle den uuált.

---

ribus suppliciisque quaesisse, quonam modo praesens uita
facere beatos potest, quae miseros transacta non efficit?

* Quisquis uolet perennem
Cautus ponere sedem,
Stabilisque nec sonori
Sterni flatibus euri,
Et fluctibus minantem
Curat spernere pontum;
Montis cacumen alti,
Bibulas uitet arenas.
Illud proteruus auster
Totis uiribus urget,
Hae pendulum solutae
Pondus ferre recusant.
Fugiens periculosam
Sortem sedis amenae,
Humili domum memento
Certus figere saxo.
Quamuis tonet ruinis
Miscens aequora uentus,

Tû erléitest îo dînen lîb in râuuôn. sâliglicho dír lóskentêr.
sámo so in éinero uésti. láchénde des ůuéteres úngebârdôn.

INCIPIT DISPUTARE DE REBUS IPSIS.

Uuánda díh tóh íu íngânt mîne rédâ. mít tîen íh tíh
únz nû fâscôta. sô íst nû ze uáliennę uuâno íh ze stárcherên rédôn. [Sî rédota únz hára mít ímo suadendo. únde
dissuadendo. secundum artem rhetoricam. Álso dáz officium
oratoris íst. suadere honesta. utilia. necessaria. possíbilía.
únde dára gágéne dissuadere turpia. inutilia. non necessaria. impossibilia. Nù uuíle sî disputare. dáz ne gât ten
oratorem nîeht ána. núbe den phylosophum. Táz héizet
disputare. de naturis rerum. uel de deo. uel de moribus trac-
tare. Tóh súlen uuír dáz chîesen. dáz sî hértôn bêgínnet
péidíu tûon. ióh disputare. ióh suadere.] Uuóla nóh. sage
dés íh frâgee. Úbe dîe hâlen. únde díe uerloufenten gébâ
dero fortunę ne uuârîn. uuáz máhti dánne déro gébôn fo-
mer íuuêr uuérden. úbe sî íro íu ne óndî. álde uuáz rûoh-
tînt ir déro sélbôn. sô ír sie gnôto gechúrînt? [Ter mán
ne hábet nehéinen geuuált rîche ze sînne. ímo ne únnę
is tiu fortuna. dér sélbo rihtûom íst smáhe. án sîn sé|-
bes natura.]

DE PECUNIA.

Íst tér rihtûom | tíure. fóne ímo sélbemo. álde fóne 75.
íu? Jâ ůuéder íst tíurera. íro zuéio? Uuânest tu daz kólt

Tu conditus quieti
Felix robore ualli.
Duces serenus aeuum,
Ridens aetheris iras.

Sed quoniam rationum iam in te mearum fomenta
descendunt, paullo ualidioribus utendum puto. Age enim,
si iam caduca et momentanea fortunae dona non es-
sent, quid in eis est, quod aut uestrum umquam fieri
queat, aut non perspectum consideratumque uilescat?
Diuitiaene uel uestri, uel sui natura pretiosae sunt? Quid
earum potius? aurumne, an uis congestae pecuniae?

tíurera sí. únde díu gesámenôta mánegí des scázzes? [tánne
die ménnisken?] Tríuuo. síe glîzent sô báz. úbe man sie
mêr ûzkíbet. dánne man sie sámenôe. Táz skînet târ ána.
uuánda fréchi léidet tie ménnisken. mílti máchôt sie mâre.
únde geuuáhtliche. Vbe dáz ter mán imo bâben ne mág.
táz ér ándermo gíbet. sô íst fóne díu ze gébenne. uuánda
dánne uuírt ter scáz tíure. sô er fóne spéndônne zegât.
Vnde sô getân íst íuuêr scáz. úbe ín éinêr állen begrîfet.
so uuáz sîn ín dero uuérlte íst. táz sîn die ándere dárbênt.
Nû íst tiu stímma sólih scáz. táz sî állíu sáment in mánnoliches ôrôn íst. Áber íuuêr rîhtûom. ne íst ánderes uuîo
nieht keméine. ér ne uuérde zetéilôt. Sô er getéilet uuírt.
sô sínt tie dés te ármeren. dîe ín téilent. únde lâzent.
Uuóla grchto. uuîo gnôte. únde uuîo árm dér rîhtûom íst.
dén mánige hában ne múgen nóh cinemo zûo ne slínget.
ánderêr ne ármee.

DE GEMMIS. |

76.   Lústet íuuíh tie gímma ze séhenne? Íst íro glíz íuue-
rên óugôn líeb? Íst ín îeht ána tíurero glánzî. díu háftêt
ín. náls tien ménniskôn. Únde míh íst uuúnder. dáz síh
íro toman uuúnderôt. Uuáz íst lîbelôses. únde lídelôses. dáz

Atqui hae effundendo magis, quam coaceruando melius ni-
tent: siquidem auaritia semper odiosos, claros largitas facit.
Quod si manere apud quemquam non potest, quod transfertur
in álterum; tunc est pretiosa pecunia, cum translata in
alios largiendi usu desinit possideri.   At eadem si apud
unum, quanta est ubique gentium, congeratur, ceteros sui
inopes fecerit.   Et uox quidem tota pariter multorum replet
auditum: uestrae uero diuitiae, nisi comminutae, in plures
transire non possunt, quod cum factum est, pauperes necesse est faciant, quos relinquunt.   O igitur angustas in-
opesque diuitias, quas nec habere totas pluribus licet, et
ad quemlibet sine ceterorum paupertate non ueniunt. An
gemmarum fulgor oculos trahit?   Sed si quid est in hoc
splendore precipui, gemmarum est lux illa, non hominum:
quas quidem mirari homines uehementer admiror.   Quid
est enim carens animae motu atque membrorum compage,

ín sêlemo dínge. sô der ménnisko íst. únde rédoháfteme.
súle scône dúnchen? [Imo súl scône dúnchen. dáz ímo
gelîh íst.] Úbe sié óuh fóne gótes uuíllen. únde uóne íro
sélbero fébi. îeht tero hínderostûn scônî hábent. îo dóh·
fóne íuuerro búrlichi férro geskéidené. sóltôn sie íu ún-
uuúnderlîh kedúnchen.

DE MUNDI SPECIE.

Túnchet íu daz félt skône. Zíu ne sól? Íst. éin scône
téil dero scônûn uuérlte. Sô íst óuh ter mére mínnesám.
in ánasíhte. sô er stílle íst. Sô éigen uuír fúre uuúnder.
sélben den hímel. únde állíu gestírne. Ínno? trífet tíh téro
dehéinez ána. [kíbet iz tír îeht sînero scôni?] Ketárst tu
díh îeht rûomen íro scôni? Máht tû geuéhet uuérden. |
nâh tien blúomôn? Álde sólt tû ébenbírîg uuérden. dien. 77.
súmerlichên geuuáhstên. Uuáz lâzest tû díh ána. sô úpíga
méndi? Uuáz íst tír líebera ánder gûot. tánne daz tîu. Tír
ne mág tiu fortuna dáz nîeht kegében. tés tíh tiu natura
hábet keûzôt.

DE ALIMENTIS.

·Ter érduuôocher sól dien lébendên ze fûoro áne zuîuel.
Vuíle du áber dés keuágo sîn. dés tíu natura bedárf. sô·

---

quod animatae rationabilique naturae pulcrum esse iure
uideatur? Quae tametsi conditoris opera suique distinctione.
postremae aliquid pulcritudinis trahunt, infra uestram tamen.
excellentiam collocatae admirationem uestram nullo modo
merebantur. An uos agrorum pulcritudo delectat? Quid
ni? Est enim pulcerrimi operis pulcra portio. Sic quondam sereni maris facie gaudemus: sic caelum, sidera, solem,
lunamque miramur. Num te horum aliquid attingit? num
audes alicuius talium splendore gloriari? An uernis floribus ipse distingueris? aut tua in aestiuos fructus intumescit
ubertas? Quid inanibus gaudiis raperis? quid externa bona
pro tuis amplexaris? Numquam tua faciet esse fortuna,
quae a te natura rerum fecit aliena. Terrarum quidem
fructus animantium procul dubio debentur alimentis. Sed
si, quod naturae satis est, replere indigentiam uelis, nihil

ne fórderôst tû nehéin úrgúsc dero fortunę. [Uuánda démo
ist sámo uuóla. dér gnûoge hábet. sô démo. dér ze uîlo
hábet.] An únmánigên díngen. únde lúzzelên. hábet tiu
natura gnûog. Uuíle du íro îcht úber tûon. sô íst tír iz éin
uuédez. sô únuuv́nna. álde scádo.

DE INDUMENTIS.

Uuíle dû gân gezîeret mít mísselichero uuâte. Úbe sî
dien óugôn lîchêt. sô lóbon ih éinuuéder. sô dîa chléini
des vuúrchen. álde dén gezíug tes uuérches.

DE FAMULIS.

78. Máchôt tîh tíu mánigi dînero scálcho sâligen? | Tîe
úbe sie árg chústig sínt. zâla ín demo hûs sínt. únde búrdi.
únde úmhólde sélbemo demo hêrren. Sínt sie áber chústig.
uuîo múgen dánne ánderes mánnes chúste. dîn scáz sîn.
únde dîn ríhtûom?

ALIENA BONA ESSE QUAE NUMERAUIT.

Fóne démo állemo skînet. táz téro nehéin dîn gûot ne
íst. tíu dû fúre dáz áhtôst. Únde úbe án ín nehéin díu scôni
ne íst. téro dû gérôn súlist. uuáz íst tánne. dáz tíh súle uer-
lórnez ríuuen. álde gehábetez fréuuen? Úbe siu án ín sélbên
natûrlicho gûot sínt. uuáz háftêt tîh tíu scôni? Ne uuârin

---

est quod fortunae affluentiam petas. Paucis enim minj-
misque natura conteuta èst; cuius satietatem si superfluis
urgere uelis, aut iniucundum, quod infuderis, fiet aut no-
xium. Iam uero pulcrum uariis fulgere uestibus putas;
quarum si grata intuitu species est, aut materiae naturam
aut ingenium mirabor artificis. An uero longus ordo fa-
mulorum facit esse felicem? Qui si uitiosi moribus sunt,
pernitiosa domus sarcina, et ipsi domino uehementer inimica; sin uero probi, quonam modo in tuis opibus aliena
probitas numerabitur? Ex quibus omnibus nihil horum,
quae in tuis computas bonis, tuum esse bonum liquido
monstratur. Quibus si nihil inest appetendae pulcritudinis,
quid est, quod amissis doleas uel laeteris retentis? Quod
si natura pulcra sunt, quid id tua refert? Nam haec per

sie dîn nîeht. sô uuârin siu dóh scône. Nóh táz ne ñuret
siu nîeht. táz siu dîn sínt. Súnder dánnân gestîeze dù siu
hínder díh. uuánda siu dír .tíure dúnchent.

OPIBUS NON FUGARI INDIGENTIAM.

Uuáz uuéllent ír dóh nû getûon. mít sô míchelemo
óstôde íuuerro sáchôn? Ír uuéllent iz sô bríngen uuâno _
íh. táz íu nîehtes ne bréste. Tríuuo. dáz féret ál ánderes.
misse|lîh scáz tíurêr. bedárf óuh mícheles kezíuges. táz er 79.
beuuárôt uuérde. Únde íst uuârez pîuuúrte. dáz man chît.
tér fílo hábet. tér bedárf óuh filo. Áber dára gágene be-
dúrfen dîe lúzzel. Tîe dés séhent. táz sie íro gezíug ke-
scáffoên áfter natûrlichero nôte. náls áfter démo únméze
dero gíredo.

DE PROPRIO ET NATURALI BONO.

Prístet íu dánne án íu sélbên dáz ír éigen gûot ne
éigent. nóh natùrlicho íngetân iz. táz ír iz in ánderên sáchôn sûochent? Sól nû sô bestúrzet sîn. diu geskáft téro
díngo. táz ter ménnisko góte gelîchêr. án déro uuírde sînero rationis. ímo sélbemo ne súle dúnchen scône. âne
fóne únlébendes tínges hábede? Ír áber góte gelîche in
íuuermo sínne. ír uuéllent zîeredâ sûochen íuuerro frám-

se a tuis quoque opibus sequestrata placuissent. Neque
enim idcirco sunt pretiosa, quod in tuas uenere diuitias:
sed quoniam pretiosa uidebantur, tuis ea diuitiis anume-
rare maluisti. Quid autem tanto fortunae strepitu deside-
ratis? Fugare, credo, indigentiam copia quaeritis. Atqui
hoc uobis in contrarium cedit. Pluribus quippe adminiculis opus est ad tuendam pretiosae supellectilis uarietatem:
uerumque illud est, permultis indigere eos, qui permulta
possideant: contraque minimo, qui abundantiam suam naturae necessitate, non ambitus superfluitate metiantur.
Itane autem nullum est proprium uobis, atque insitum bonum, ut in externis ac sepositis rebus bona uestra quae-
ratis? Sic rerum uersa conditio est, ut diuinum merito
rationis animal, non aliter sibi splendere, nisi inanimatae
supellectilis possessione uideatur? Et alia quidem suis
contenta sunt: uos autem deo mente consimiles, ab rebus

barûn naturę. án dien hinderôstên dingen. Nôh ír ne uuízent nieht. uuîo míchela únera ír góte tûont. Ér uuólta
80. ménniskôn sláhta. álles írdiskes tínges hêros|tŷn uuésen.
ír tûont áber íuuera hêrscáft hínderorûn dien hínderôstên
dingen. Úbe állero díngolîches kûot tíurera íst. tánne iz
sélbez sî. únde ír áhtônt íuuêr gûot uuésen daz áfterôsta.
sô úndertûont ír íuuih témo. [dáz chît. sô bírnt ír hínderôren démo.] áfter íuuerro áhtúngo. [Táz héizet argumentum a maiore. Úbe diuitię sínt pretio maiores. sô sínt
diuites. pretio minores.] Táz keskihet ív mit réhte. Téro
ménniskôn natura íst sô getân. táz si échert tánne sô si
síh pechénnet. ánderên dingen fórderôra sî. Únde áber
dien tîeren hínderôra sî. úbe si síh ne bechénnet. Táz íst
fóne díu. uuánda iz án dien tîeren natura íst. táz siu síh
ne bechénnên. únde íz áber án dien ménniskôn fóne
âchústen ist.

DE EXTERIORI CULTU NEMINEM FIERI PULCHRUM.

Uuîo férro doh nû der írredo gât. únde uuîo mánige
doh íuuêr dâr ána betrógen sínt. táz ír uuânent. mít tero
ûzerûn zîerdo îomannen gezîeret uuérden. Nû ne mág áber
81. dés nîcht sîn. | Tréget îouuiht îeht scônes ána. sô lóbôt

---

ínfimis excellentis naturae ornamenta captatis; nec intelli-
gitis quantum conditori uestro faciatis iniuriam. Ille genus
humanum terrenis omnibus praestare uoluit; uos dignitatem uestram infra infima quaeque detruditis. Nam si omne
cuiusque bonum, eo cuius est, constat esse pretiosius, cum
uilissima rerum uestra bona esse iudicatis, eisdem uos-
metípsos uestra aestimatione summittitis: quod quidem
haud immerito cadit. Humanae quippe naturae haec conditio est, ut tum tantum ceteris rebus, cum se cognoscit,
excellat: eadem tamen infra bestias redigatur, si se nosse
desierit. Nam ceteris animantibus sese ignorare natura
est; hominibus uero uitio uenit. Quam uero late patet
uester hic error, qui ornari posse aliquid ornamentis exi-
stimatis alienis? At id fieri nequit. Nam si quid ex ap-
positis luceat, ipsa quidem, quae sunt apposita, laudantur:

man dáz iz ána tréget. Táz áber míte behéilet *(sic)* íst. táz fólle hábet sîna úbelo getâni. Íh uuíle chéden. dáz táz kûot ne sî. dáz tir tárôt temo hábenten. Líugo ih tánne? Táz ne tùost chîst tu. Ter rîhtûom scádôta ófto démo. dér in hábeta. Íh méino. sô ételih úbel uuíht. únde ánderro gùotes sô uilo fréchera. síh éinen áhtôt uuírdigen ze hábenne állen dén scáz. tér ionêr íst. Fóne díu ságo íh tír. dû nû sórgêst. táz man díh sláhe. uuállotîst tû bárêr in dísemo lîbe; ióh síngen máhtîst tu báldo fóre scácberen. Uuóla uuío tíure. dîa sâldâ dero ôtuuálôn sínt. Sîe sínt crébto sô tíure. sô dû sie guýnnest. táz tu fúrder síchúre ne uuírdest. [Táz héizet irrisio ironica.]

UETERES PARUO CONTENTOS ESSE.

Tiu êrera uuérlt uuás fílo sâlig. Sî uuás íro érdchúste geuágo. Nóh únmezes ferlórníu. nóh fóne démo eruuórteníu. Tíu dir sílig uuás spâto inbîzen mít sléhtero fûoro. Sî ne uuíssa uuáz púrgerisso uuas. sî hábeta úngelírnêt. ten uuîn | mískelôn mít séime. Nóh tîe scônen sîdâ dero 82.

---

illud uero his tectum atque uelatum in sua nihil minus feditate perduret. Ego uero nego illud esse bonum, quod noceat habenti. Num id mentior? Minime, inquies. Atqui diuitiae possidentibus persaepe nocuerunt, cum pessimus quisque eoque alieni magis auidus, quidquid usquam auri, gemmarum est, se solum, qui habeat, dignissimum putat. Tu igitur, qui nunc contum gladiumque solicitus pertimescis, si uitae huius callem uacuus uiator intrasses, coram latrone cantares. O praeclara opum mortalium beatitudo, quam cum adeptus fueris, securus esse desistis!

Felix nimium prior aetas,
Contenta fidelibus aruis,
Nec inerti perdita luxu;
Facili quae sera solebat
Ieiunia soluere glande.
Nec bacchica munera norat
Liquido confundere melle,
Nec lucida uellera serum

serum fáreuuen mít tîriskemo sóuue. [Seres sízzent bína
uérro óstert inében india. dîe stróufent ába íro bóumen
éina uuólla, dia uuír héizên sîdâ. dîa spínnet man ze gárne.
dáz kárn fáreuuet man mísselicho. únde máchòt tar ûz
féllôla. Sô man áber púrpurûn· máchôn uuile. sô sûochet
man díu animalia ín demo mére. díu latine conchilia héizent. tíu lígent petáníu in zuéin scálòn. Tîe scála blûotent.
sô man siu bríchet. mít témo blûote. fáreuuet man dia
púrpurûn. Vuánda diu édelesta uuírt ze tiro. únde sî óuh
târ ze êrest uuárd. pedíu chît er tirio.] Tîe líute slîfen
(sic) dô héilesamo án demo gráse. [sîe ne hábetôn féder-
bétte.] Taz uuázer gáb ín trínchen. Póuma scátotôn ín.
[sîe ne hábeton híuser.] Nóh tô ne uuállota nîoman úber
mére. Nóh mít kesámenôtemo mérze. ne stádeta er ûz an
ánchúndemo stáde. Tô ne uuúrten lût tíu záligen uuîghórn.
[mít tîen man sie nù uuîset ze uuîge.] Nóh táz plûot. táz
fóne· fientlichên uuúndôn châme. dáz ne blûotegôta dia
érda. Zíu sôlti fientscáft êrera uuérden. [dáz chît zíu sôl-
tîn dehéine dúrh fientscáft ze féhtenne. êreren uuérden.]
Tánne sie sábin uuúndâ. únde nehéinen lôn dero uuúndôn?
83. Uuólti got eruuíndin dîse únseren zîte. bína ze dîen | ál-

---

Tirio miscere ueneno.
Somnos dabat herba salubres:
Potum quoque lubricus amnis,
Umbras altissima pinus.
Non dum maris alta secabat,
Nec mercibus undique lectis
Noua litora uiderat hospes.
Tunc classica seua tacebant,
Odiis neque fusus acerbis
Cruor horrida tinxerat arma.
Quid enim furor hostibus ullâ
Uellet prior arma mouere,
Cum uulnera seua uideret,
Nec premia sanguinis ulla?
Utinam modo nostra redirent
In mores tempora priscos!

tên síten. [Nû ne ist tés nieht.] núbe fréchi ist nû inzun-
det. stréde uuálligora. dánne daz fiur in ęthna [Aethna
brinnet in sicilia. álso ueseuus tûot in campania. únde
clemax in cilicia.] Áh ze sére. uuér uuás io dáz. tér éristo
grûob ûzer érdo. góld. únôe gímmâ. fréisige tíureda. tie
nóh kérno ínne lâgin. úbe sie mûosîn.

[QUID SIT INTER RHETORICAM SUADELAM ET
PHILOSOPHICAM DISPUTATIONEM.

Uîer sólt tu chíesen. uuáz keskéidenes. únder rhetorica suadela. mít téro si ze êrest ánafîeng. únde únder
philosophica disputatione. dâr si nû ánna íst. Tô si ín
siechen fánt sînes mûotes. únde er dés fortunam scúldi-
gôta. sámo so er sîa in díuge mâloti. dáz si ín dára zû
brâht hábeti. tô sólta si ímo nôte. uuánda si medica íst.
mít tíu ze êrest héilen sîn mûot. dáz si is keántséidoti.
dîa ér is zêh. Táz téta si mít tîen defensionibus. dáz ze
íro bézeren uuân ne sî. nóh ze íro nîoman bezeren mûoten ne súle. úude si ánderíu uuérden ne múge. âne díu
si ío uuás. Únde úbe fortuna begínne uuésen stâte. dáz
si fortuna ne sî. únde uuémo si nóh stâte uuúrte. únde
er sîa lángôst mít ímo gehábeti. Vnde sîd si uuíder ín
báz hábe geuáren dánne uuíder ándere. zíu er sîa mâloe.
Únde si ímo óuh nóh zetâte gesuíchen ne hábe. únde
daz ímo liebesta múge sîn. dáz ímo dáz úninfáren sî.
Únde ze demo gnôtesten. dáz si ímo des sînes nieht ne
hábe infûoret. únde si íro gûotes mûosi ímo únnen. sô
lángo si uuólti. únde sî áber íro gûot zu íro zúcchen
mûosi. únde er mêr fóne sînen úngedúlten. dánne fóne
íro únréhte sîch sî. Vnde er sîh uuárnoc so uuélês | fó-

getis er uuélle. únde si sîh témo uuóla dínglicho eruuére.

Sed seuior ignibus aetnae
Feruens amor ardet habendi.
Heu, quis primus fuit ille,
Auri qui pondera tecti
Gemmasque laterc uolentes,
Pretiosa pericula fodit?

Uuér ne bechénnet tíz kechôse. únde dáz ze dísemo gecħôse háftêt. ál tréfen ze oratoris officio? Unde uuér ne uuéiz rhetoricę facundię díz uuésen éigen spíl? Uués sint únmûozîg iudices. únde iuris consulti. âne súsliches strîtodes? Tíz genus causę. Ħéizet forense. In foro skéllent tie sô getânen contrauersię. Án dísên íst suasio. únde dissuasio. Mít uuíu mág man in dínge suadere. álde dissuadere. âne mít iusto. únde iniusto? Mít uuív máhti sî ín nù stíllen. âne mít tíu dáz sî ín dûot pechénnen. dáz er án fórtuuam nehéin réht ne ħábe? Sô *) man dáz pegínnet óugen. uuîo réht. únde uuîo úorébt táz sî. dáz éiuêr den ánderen ána fórdcrôt. sô spûot tero suasionis. únde dero dissuasionis. Únde uuánda sî ímo nù hábet úbernómen sîn sêr. mít téro satisfactione. pedíu stépfet si nû ába dero suasione ze dero disputatione. dáz si ímo dâr míte fólle héile sîn mûot. Nû fernémên dáz uuóla. dáz man in sprâcho dâr man ín dero deliberatioue sízzet. úbe dáz únde dáz ze tûonne sî. álde ze lâzenne. mít utili únde mít inutili. suasionem tûon sól. únde dissuasionem. Álso liuius scrîbet. uuîo míchel strît tés ze romo uuás. nâh tíu galli dia búrg ferbrándôn. uuéder sie romam rûmen sóltîn. únde uáren in ueientanam ciuîtatem. tiu dô gánz in íro geuuálte uuás. únde dâr fúrder sízzen álde ne sóltîn. Uuér máhtî an démo strîte chéden. uuéder iz réht. álde únréht uuâre? Târ uuás ána ze chédenne. uuéder iz núzze uuâre. álde únnúzze. Únde állíu díu suasio. díu dâr ána uuás. díu îlta déro éinuuéderez kelóublîh túon. dáz iz utile. uuâre getân. álde ucrlâzen. Áber în demonstratiúo genere causę.

85. sô man | dâr úmbe in strîtîgemo râte sízzet. uuémo dés únde dés ze getrûenne sî. sô íst án dero suasione honcstas. ze némmenne. íh méinq dés. dén man dára zûo lóbôt. únde dissuadendo íst sîn turpitudo ze némmenne. úbe man ín ferchíuset. Álso iz umbe ciceronem fûor. dô man ín úmbe dia nòt ze consule sázta. dáz sie síh

---

*) Es steht sól.

mít nîomanne ándermo ne trûunetôn catiline eruuéren.
únde sînên gnôzen. âne mít ímo. Súme lóbelôn ín dúrh
sînen uuîstûom. súme châden. álso salústius ságet in
catilinario. consulatum uiolari. eo quod de equestri-or-
dine ortus sit. non de senatorio. Sús ketâne questiones.
uuánda sie inter ciues uuérdent. pedíu héizent sie ciuiles. táz chît púrgliche. álde gebûrliche. Án dísên íst álso
uuír geságet éigen. suasio únde dissuasio. Án díse tûot
síh ter orator. díe áber ciuiles ne sínt. díe sínt philóso-
phicę. téro uuírt disputando geántuuúrtet.

DE PARTIBUS PHILOSOPHIAE.

Philosophia téilet síh in diuina et humana. Diuina
lêrtôn. díe úns in bûochen gótes sélbes naturam. únde
dîa ueritatem trinitalis scríben. Díe héizent theologi.
Téro uuás iohannes euangelista ter fórderôsto. Humana
lêrent únsih physici únde ethici. táz chît de naturis et
moribus. Ter áltesto physicus uuas phitagoras. apud
grecos. tára nâh talês. únde sîne iúngeren. anaxagoras.
únde anaximander. únde anaximenes. Tîe béitôn sih errâten. uuánnân ûz tísiu uuérlt keskáfen sî. súm chád.
ûzer diuina mente. Tár mîte rátiskotôn sie uuánnân dá-
geliches geskéhe accessus maris. et recessus. uuánnân
uuîlon geskéhe eclipsis solis et lunę. uuánnân vuíntcres
chúrze tágâ sîn. únde súmeres | lánge. uuánnân álle 86.
fontes fluminum chómên. uuéder mêra sî sol álde luma.
uuîo míchel diu érda sî. uuâr ûfe si stánde. uuáz sîa
inthábee. Dáz únde álso getânez. scríben sîd keuuárôr
ambrosius in exameron. únde ándere. be dîen iz beda
lírneta. dér iz áber dára nâh scréib in sînemo bûoche
de natura rerum. Aethici sínt. tíe únsih lêrent háben
réhte síte. Téro uuás êristo apud grecos socrates. tára
nâh uuâren iz mánige socratici. Téro súmeliche scríben
dánnan bûoh. álso panethius téta apud grecos. et filius
eius. únde cicero téta apud latinos. án sînemo bûoche
de officiis. án démo er iíhet táz ér eruóllôn uuólle. dáz
panethius léibta. Tîe ságetôn. uuîolih tir uuéscn súle.

societas humanę uitę. tia uuír héizên máneħéit. Tés
pedêh óuh cato metrice ze scrîbenne. án sînemo libello.
dáz tir ána uáhet. Si deus est animus. nobis ut carmina
dicunt. Áber terentius comicus tér ne lêrta nîeht tie
mores. uuîolih sie uuésen. súlîn. núbe ér ánterôta. uuîo
corrupti sie sîn án dien ménniskôn. Pedíu chád er.
Descripsi mores hominum. Iuuenumque senumque. Táz
chît. íh ánterôta dero ménniskôn síte. Tára nâh ne uer-
liez óuh ambrosius nîeht. ér ne scríbe de officiis. dáz
chît. uuáz mánnoliches ámbáht sî ze tûonne. uuáz ín
ána gánge ze tûonne. Târ mág man ána lírnên. integri-
tatem uitę. díu den mán perfectum. únde sanctum getûot. Tára zûo tríffet tísiu disputatio. dáz diuitię den
mán ne múgen sâlîgen getûon. únde sie bedíu sîn ĉon-
temnendę.]

DIGNITATES ET POTENTIAS NON ESSE NATURA-
LIA BONA.

Uuáz mág íh ráchôn fóne hêrskéfte. únde fóne geuuálte? Fóne déro ír íuuih uuânent ében hôhe hímele.
uuánda ír nîeht ne bechénnent tero uuârûn hêrskefte. únde
dero uuárvn | máhtigi? [Uuélicha beatitudinem múgen sie
íu gében?] Uuáz ne tûont sie. sô sie úbelemo uuíhte ze
hánden chóment? Uuélih fiur ûzer ęthna fárentez. álde
uuélih sînflûot *(sic)*. tûot sólichen suîd. [táz chît sólicha suéndi
derô líuto.] Iâ uuóltôn íuuere fórderen. álso dû uuâno íh
kehúgest. uuîo dû lâse. úmbe dîa úbermûoti dero consulum.
tîligôn íro ámbáht. táz sélba ámbaht tóh fóre uuás. ánagénne dero libertatis. Táz uuóltôn sie tûon. álso sie óuh
íu êr chúninges keuuált tero búrg ába genâmen. [Liuius

Quid autem de dignitatibus potentiaque disseram, quas
uos uerae dignitatis ac potestatis inscii celo exaequatis?
Quae si in improbissimum quemque ceciderint, quae in-
cendia flammis aetnae eructantibus, quod diluuium tantas
strages dederit? Certe, uti meminisse te arbitror, consulare
imperium, quod libertatis principium fuerat, ob superbiam
consulum uestri ueteres abolere cupierunt; qui ob eandem
superbiam prius regium de ciuitate nomen abstulerant.

ságet. uuîo tarquinius superbus. tér ze romo uuás séptimus
rex a romulo. fertríben uuárd fóne bruto. únde collatino.
únde tricipitino. únde fóne ánderên coniuratis ciuibus. úmbe
sîna úbermûoti. fóne déro ér námen hábeta. únde uuîo sie
sih éinotôn. fúre die reges consules ze hábenne. dîe îarli-
ches keuuéhselôt uuúrtîn. nîo sîe lángo geuuáltig uuésendo.
ze úbermûote ne uuúrten. Sô óuh tîe be déro uuîlo begóndôn tyrannidem ûoben. dô uuóltôn sie óuh tén geuuált
ferzéren. únde níuuív ámbáht sképfen. díu man des fares.
mér dánne éinêst uuéhseloti. dáz tîe dîe dar ána uuârin.
in déro fríste ze nehéinero insolentia gefáhen ne máhtîn.
V́be potentia dúrh sih kûot uuâre. sô ne léideti si ín sô
nîeht. Libertas íst zuískíu. éiníu íst. tíu den mán des fríen
dûot. táz er nîomannes scálh neíst. ánderív íst. fóne déro
si nû chôsôt. tíu ín ióh chúningliches keuuáltes inbíndet.
únde ér áne geméine êa. nehéinen geduuíng ne hábet.] |
Chóment sie óuh ze hánden gûotên. dáz fílo sélten íst. 88.
uuáz mág án ín dánne lîchên. áne dero geuuáltigôn gûoti?
Sô máht tû chîesen. dáz tiu gûoti nîeht kezíeret ne uuírt.
mít temo ámbahte. núbe dáz ámbaht uuírt kezíeret. mít
tero gûoti. Uuáz íst nû der geuuált. náh témo ír sô gnôte
gân súlent. únde dér iú sô máre íst? Ne uuízent ir érdtíer. —
uuîo smáhe ír bírnt. únde dîe. déro ír uuânent uuáltên?
Inno? úbe dû únder mûosen (sic). éina sáhist sih ána
zócchôn geuuált. únde máhtigi. ze uuélemo húhe. ne uuâre
dír dáz? Uuártêst tû den lichámen ána. uuáz fîndest tû
dánne únmáhtigôren. dánne ménnisken sínt. Tîe ófto er-

At, si quando, quod perrarum, probis honores deferantur,
quid in eis aliud quam probitas utentium placet? Ita fit,
ut non uirtutibus ex dignitate, sed ex uirtute dignitatibus
honor accedat. Quae uero est ista uestra expetibilis ac
preclara potentia? Nonne o terrena animalia consideratis,
quibus presidere uideamini? Num si inter mures uideres
unum aliquem ius sibi ac potestatem prae ceteris uindi-
cantem, quanto mouereris cachinno! Quid uero, si corpus
spectes, imbecillius homine reperire queas, quos saepe

stérbet. ióh táz sie fliegá bîzent. ióh táz éteuuáz in sie uersliufet. Uuâr ána mág foman skéinen sînen geuuált. âne án demo lîchamen. únde dáz temo lîchámen bínderôra ist. Íh méino sîne sáchâ. Máht tu ieht ûz erdréuuen geuuáltîgsmo mûote? Uuânest tu dehéin mûot keuéstenôtez. mít rédo ába stéte eruuékkêst. únde iz príngêst ûzer sî89. nero stílli? [Ne uuéist tv | na?] Dô éinen gcuuáltigen mán sînes mûotes [anaxagoram] ter tyrannus uuânda genôten mít chéli. dáz er ímo méldeti. dîe dîa éinunga uuíssîn díu uuíder ímo getân uuás. táz ér béiz ímo sélbemo ába dia zúngûn. únde sia spêh temo tyranno. únder dio óugen? Ze déro uuîs uuâfenda síh ter uuîso mít tíu ze uuéri. mít tíu der tyrannus uuólta skéinen sîna grímmi. Úbe nû der ménnisko máhtîg íst. uuáz mág er nû ándermo getûon. ér ne múge dáz sélba lîden? Uuír geéiscolôn busiridem îo slân sîne géste. únde ópferôn sînên góten. pe déro uuîlo téta ímo dáz sélba sîn gást hercules. Mánige afros téta regulus in háft. únde in bánt. tîe er in uuîge gefîeng. dára nâh uuárd óuh ér geuángen. únde sámo fásto gebúnden. [Lís orosium.] Uuânest tû dén hában dehéina

máht.

---

muscarum quoque uel morsus, uel in secreta quaeque reptantium necat introitus? Quo uero quisquam ius aliquod in quempiam, nisi in solum corpus, et quod infra corpus est, fortunam loquor, possit exercere? Num quidquam umquam libero imperabis animo? num mentem firma sibi ratione coherentem de statu propriae quietis amouebis? Cum liberum quendam uirum suppliciis se tyrannus adacturum putaret, ut aduersùm se factae coniurationis conscios proderet, linguam ille momordit atque abscidit, et in os tyranni seuientis abiecit: ita cruciatus, quos putabat tyrannus materiam crudelitatis, uir sapiens fecit etiam uirtutis. Quid autem est, quod in alium quisquam facere possit, quod sustinere ab alio ipse non possit? Busiridem accepimus necare hospites solitum, ab hercule hospite fuisse mactatum. Regulus plures poenorum bello captos in uincula coniecerat: sed mox ipse uictorum catenis manus praebuit. Ullamne igitur eius hominis potentiam putas,

tas,

máht. tér dáz ketûon ne mág. ímb ne múge begágenen.
dáz sélba. dáz er ándermo tûot. Únde nóh tára zûo. uuáre
ieht natûrliches kûotes, an hêrskéfte. únde an geuuálte. só
ne bechâmîn sie nîo dien zágôstên. Uuánda uuíderuuartigív
ne béitent níeht zesámine. Natura ne hénget níeht. táz siu
síh márcuuên. | Álso skînet. sîd tie zágôsten ze ámbáhten 90.
rbómenť. táz tie sáchâ gùot ne sínt. tie dien uuírsestên
múgen háftèn. Táz man báldo spréchen mág fóne állemo
démo. dáz tiu fortuna gíbet. tés tien uuírsestên méist zûo
slínget. [A contrariis íst tísiu argumentatio genómen.]
Fóne dien díngen íst óuh táz ze chîesenne. dáz man dén
uuéiz stárchen. án démo man bechénnet tia stárchi. únde
dén snéllen. an démo man bechénnet tia snélli. únde musica tûot musicos. medicina medicos. rhetorica rhetores.
Állero díngoliches natura. uuúrchet táz íro gesláht íst ze
uuúrchenne. [Tíu argumenta sínt a causa. uuánda qualitates. só fortitudo íst. únde uelocitas. dîe sint causę. dáz
chît máchunga. únde uuírcheda (sic) dero qualium. só
fortes. unde ueloces sínt.] Nóh si ne mískelôt síh níeht
tien uuíderuuartigên uuúrchedôn. [só ignauia íst fortitudini.
únde tarditas uelocitaţi.] Unde gérno úuéret si síh tien.

---

tas, qui, quod ipse in alio potest, ne id in se alter ualeat,
efficere non possit? Ad haec, si ipsis dignitatibus ac po-
testatibus inesset aliquid naturalis ac proprii boni, numquam pessimis prouenirent. Neque enim sibi solent aduersa sociari. Natura respuit, ut contraria quaeque iun-
gantur. Ita cum pessimos plerumque dignitatibus fungi
dubium non sit, illud etiam liquet, natura sui bona non
esse, quae se pessimis haerere patiantur. Quod quidem
de cunctis fortunae muneribus dignius existimari potest,
quae ad improbissimum quemquam uberiora proueniunt.
De quibus etiam illud considerandum puto, quod nemo
dubitat esse fortem, cui fortitudinem inesse conspexerit:
et cuicumque uelocitas adest, manifestum est, esse uelocem.
Sic musica quidem musicos, medicina medicos, rhetorica
rhetores facit. Agit enim cuiusque rei natura, quod proprium est: nec contrarium rerum miscetur effectibus, et

díu íro uuídere sínt. Tríuuo. [ze déro uuís. sô fortitudo
mánne benímet ignauiam. sô] ne múgen nîeht opes mánne
benémen sîna míchelûn fréchi. Nóh keuuált ne tûot tén
sîn sélbes keuuáltîgen. tén sîne scádoháften gelúste bíndent.
91. mít stárchên chétennôn. | V́nde uuírde. die uuír héizên
hêrscáft. úbelên ze hánden brâhte. ne máchônt sie nîeht
uuírdige. núbe sîe méldent sie mêr. uuésen únuuírdige.
únde dáz óugent sie. Zíu féret táz sô? [táz sie gehéizent.
zíu ne gemúgen sie dáz? Táz íst fóne díu.] uuánda ír
uuéllent tiu díng ál ánderes némmen. dánne siu getân sîn.
Tîc míssenémmedâ uuérdent sâr geóffenôt. án déro tâte.
déro díngo [déro námen sie sínt.] Fóne díu ne mág íro
nehéin mit réhte sô héizen. sô man siu héizet. nóh táz ír
héizent uuírde. Ze demo gnôtesten uuíle íh táz sélba fésten-
nôn. fóne állero uuérlt sáldo. án déro níehtes néist ze gérônne. únde óffeno natûrliches kûotes nîeht néist. Tíu síh
nîcht îo ze gûoten ne ínnôt. nóh tie gûote ne máchôt. ze
dîen sî síh innôt.

[QUID SIT DISPUTATIO. ,

. Tíz sús ketâna getrâhtede. íst philosophorum. náls
rhetorum. Sús ne sól man nîeht tíngôn. nóh sprâchôn.
núbe uuíssprâchôn. Tíu uuîs sprâchunga héizet disputatio.
Tér námo íst tánnân chómenêr. dáz philosophi nâh an

---

ultro, quae sunt aduersa, depellit. Atqui nec opes inex-
pletam restinguere auaritiam queunt. nec potestas sui compotem fecerit, quem uitiosae libidines insolubilibus ad-
strictum retinent catenis. Et collata improbis dignitas non
modo non efficit dignos, sed prodit potius et ostentat indignos. Cur ita prouenit? Gaudetis enim sese res aliter
habentes falsis compellare nominibus, quae facile ipsarum
rerum redarguuntur effectu: itaque nec illae diuitiae, nec
illa potentia, nec haec dignitas iure appellari potest.
Postremo idem de tota fortuna concludere licet, in qua
nihil expetendum, nihil natiuae bonitatis inesse manifestum
est; quae nec se bonis semper adiungit, et bonos, quibus
fuerit adiuncta, non efficit.

állên questionibus zuînelotôn. álso sie dâr ána tâten.
uuáz summum bonum sî. únde súmelîh chád sapientia.
súmelîh uoluptas. únde fóne díu uuárd zeêrest kespróchen
disputare. diuerse putare. álso uuír áber nû chédên dis-
putare. quod in | dubio est. eum ratione affirmare. uel 9ĩ.
negare. Sîd tes sîechen mûot ze êrest in dîen geréchen
ne uuás. dáz sî mít ímo máhtî disputare. uuánda ío
disputatio subtilis îst. únde acuta. fóne díu sólta si ín
mít rhetorica suadela diu delectabilior. únde planior îst.
léiten ze dero disputatione. an déro sî nû ío ána îst.]

EXEMPLUM SUPERIORIS SENTENTIAE.

Vns íst uuóla chúnt. uuélên suîd nero téta. tér roma
ferbránda. únde daz hêrtûom slûog. sînen brûoder slûog.
únde síh tára nâh plûotegôta grímmelicho. mít sînero mûoter férhplûote. Únde er nîeht ne trânda. dâr er íro erstór-
chenêten bóteh állen eruuártêta. Núbe chóstâre uuésen
máhta. sînero erslágenôn mûoter lído. [Suetonius ságet.
táz er sînero mûoter díccho uergében uuólti. uuánda sî ín
sînero síto inchónda. Tô ímo dés ne spûota. únde sî dára
gágene uuás antidotis premunita. Dô hîez er sia gladio
sláhen. Târ míle uuás ín fúre uuízze. állero íro lído. pedíu
gîeng er úber sia tôta. únde ergréifôta sia álla. únde dúrh-
uuárteta sia álla. únde chád tô. dáz súmeliche iro
líde uuârîn uuóla gescáffen. súmeliche úbelo.] Tér
uuás keuuáltig. úber álle dîe líule. dîc díu súnna úber-
skînet. ôstenân chómentíu. únde uuéstert in sédel gândíu.

Nouimus quantas dederit ruinas,
Urbe flammata patribusque caesis,
Fratre qui quondam ferus interemto,
Matris effuso maduit cruore.
Corpus et uisu gelidum pererrans,
Ora non tinxit lacrimis, sed esse
Censor exstincti potuit decoris.
Hic tamen sceptro populos regebat;
Quos uidet condens radios sub undas
Phoebus, extremo ueniens ab ortu:

Vnde úber álle nordlíute. únde dîen der héizo súntuuínt.
hízza tûot. térrendo daz crîzlánt. Máhta dér hóhŏ geuuált
93. neronem îeht uuénden sîncro úbeli? | Áh táz árbéitsámo
geuállena lôz. sôse suérhéitere gespírre uuírt. [táz chît. sô
úbel uuíht keuuáltíg uuírdet.]

CONFESSIO BOETII.

Tû uuéist uuóla chád íh tô. mír nîo nehéina uuérlt-
kíreda ánalígen. Núbe míh lústa státo. táz ze getûonne. dár
mîn túged ánaskîne. únde sî úngeuuáhtlicho ne erálteti.
Tríuuo chád si. uuóla uuéiz ih. táz íst táz éina díng. táz
tíu búrlichen mûot ferspánen mág. Púrlichíu chído íh. náls
nîcht práhtiu. mít túrnohti. állero túgedo ze dero iúngestûn
slíhti. [Táz íst metonimia. dáz er agentem spríchet. súre
sîna actionem. Táz íst tero uuérhmánno síto. sô sie íro
uuérh fólle tûont. táz sie siu ze iúngest slíhtent. Tîe óuh
íro túgede dúrlınóhte sínt. tîe súlen sia slíhten mít íro
déumûoti.] Táz sie gûollichi lústet. táz ferlúcchet siu ze
dien ámbáhten. Vnde der líument míchelero uuólatáto.
dáz tîe in urôno skînên. Uuîo éccherôde díu fama sî. únde
uuîo únuuâge. dáz chíus tir sús.

Quos premunt septem gelidi triònes:
Quos notus sicco uiolentus aestu
Torret, ardentes recoquens arenas.
Celsa num tandem ualuit potestas
Uertere insani rabiem neronis?
Heu grauem sortem, quoties iniquus
Additur seuo gladius ueneno!

Tum egò, scis, inquam, ipsa minimum nobis ambitio-
nem mortalium rerum fuisse dominatam: sed materiam
gerendis rebus optauimus, quo ne uirtus tacita consenesce-
ret. Et illa: Atqui hoc unum est, quod praestantes quidem
natura mentes sed non dum ad extremam manum uirtutum perfectione perductas allicere possit, gloriae scilicet
cupido, et optimorum in republicam fama meritorum; quae
quam sit exilis et totius ponderis uacua, sic considera.

QUAM UANA SIT TERRENA GLORIA. QUIA TERRA NIHIL EST. IN COMPARATIONE CAELI.

Tír ist uuóla chúnt chád si. álla dia érda síh kezíhen uuíder demo hímele. gágen démo méze éines stúpfes. álso du lírnetôst in astronomia. | Íh méino. dáz sî mícheli 94. nîeht ne hábet. uuíder déro mícheli des hímeles. [Aristotiles lêret in. cathegoriis. dáz punctum sî ánauáng lineę. únde ûz lâz. únde íro partes mít puncto únderskídôt uuérdên. únde, dóh punctum fóre lúzzeli nebéin déil ne sî dero lineę. Uuáz mág mínneren sîn. dánne dáz ne uuéder ne hábet. léngi nóh préiti? Sîd iz an linea déro terminus iz íst. nehéinen téil ne hábet. sô neíst iz óuh nehéin téil dés circuli. dés medietas iz íst. Ze déro sélbûn uuîs, ne hábet óuh tiu érda nehéina mícheli. uuíder demo hímele. dés punctum sî íst.] Téro sélbûn érdo álso lúzzelero. uuíder demo hímele. íst échert ter fierdo téil besézen. fóne úns chúndên ménniskôn. [Táz sî chîd nobis cognitis. táz chît si ex persona hominum. úmbe die antipodas. uuánda úns tîe únchúnt sínt. Uuír uuízen dáz tia érda daz uuázer úmbe gât. únde der fíerdo téil nábôr óbenân erbárôt íst. án démo sízzent tie ménnisken. Ter hímel lêret únsíh. táz iz ter fierdo téil íst. Álle dîe astronomiam chúnnen. dîe bechénnent táz ęquinoctialis zona den hímel réhto in zuéi téilet. únde fóne íro ze dien ûzerostên polis îouuéder hálb ében fílo íst. íh méino ze demo septemtrionali. únde ze demo australi. Sô íst tiu érda sínuuelbíu. únde íst úns únchúnt. úbe si. úndenân erbárôt sî. óbenân dâr sî erbárôt íst. târ sízzent tie líute. ab ęthiopico oceano. usque ad scithicum oceanum. Tîe férrôst sízzent ad austrum. dîe sízzent in ęthiopicis in-

---

Omnem terrae ambitum, sicuti astrologicis demonstrationibus accepisti, ad celi spatium puncti constat obtinere rationem: id est, ut si ad celestis globi magnitudinem conferatur, nihil spatii prorsus habere iudicetur. Huius igitur tam exiguae in mundo regionis quarta fere portio est, sicut ptolemeo probante didicisti, quae a nobis coguitis animantibus incolatur.

86

sulis. tîen íst tíu súnna óbe hóubete. sô si gât ûzer
ariete in uerno tempore. únde sô si begínnet kân in
libram in autumno. Tîe hára báz sízzent in litore ęthio-
pico. tîen íst si óbe hóubete. sô si gât in tâuro. únde
in uirgine. Tîe óuh hára báz sízzent in meroe. tîen íst
si. óbe hóubete. sô si | gât in geminis. únde in leone.
Tîe óuh hára báz sízzent tár siene íst cîuitas ęgypti.
tîen íst si óbe hóubete. in solstitio. sô si gât in cancrum.
Tánnân gât nórdert humana habitatio. únz ze tile insula.
díu férrôst íst. in scithico mari. Tîe dâr sízzent. tîe sízzent únder demo septentrionali polo. Dáz skînet tánnân.
uuánda sô súmeliche cosmographi scríbent. târ íst átaháfto tág per sex menses. fóne uernali ęquinoctio. únz
ze autumnali. únde átaháfto náht per allos sex menses.
fóne autumnali ęquinoctio. únz ze uernali. Táz keskíbet
fóne díu. uuánda ín sínt ferbórgenív únder érdo sex
signa omni tempore. pedju íst in náht. sô diu súnna
in dîen gât. ánderíu sex síut in óbe érdo semper. pedíu
íst in dág. sô diu súnna in dîen gât. Uuanda septentrionalia sex signa. in échert ze óugôn sínt. tánnân skînet.
táz in der polus septentrionalis óbe hóubete íst. únde
ín dér állero hôhesto íst. Táz mág man uuóla séhen.
án déro spera. díu in cella Scī Galli nouiter gemáchôt
íst. sub PURCHARDO ABBATE. Sî hábet állero gentium gestélle. únde fóne díu. sô man sia sô stéllet. táz
ter polus septentrionalis ûf in ríhte síhet. sô sínt sex
signa zodiaci ze óugôn. septentrionalia. sex australia
sínt kebórgen. Táunân uuizen uuír uuóla. dâr sie begínnent sízzen férrôst in austro. únz tára tàr sie férrôst
sízzent in septentrione. úbe iz maria. únde paludes ne
úndernâmîn. dáz iz uuóla uuéscn máhti. quarta pars terrae.]
Ténchest tu dánne. uuîo filo uuázer. únde fenne. únde éi-
note skértent tés sélben fierden téiles. sô íst tes ánderes

Huic quartae, si quantum maria paludesque premunt,
quantumque siti uasta regio distenditur, cogitatione sub-

échert éin énge bóuestát. | tero ménniskôn. Kedénchent 96.
ir nû in sô smáles téiles. smálemo téile beslózene únde
behálbôte. íuueren líument únde íuueren námen ze bréi-
tenne? Álde uuáz mág tíu gûollichí geuuáltiges. únde máhtiges háben. díu mít sô gnôtên márchôn beduúngen ıst?
[Álde dénche dés táta zûo.] Dáz in démo sélben smálen
ánasídele. mânige (sic) díete bûent. úngeliche éin ánderên. in
sprâcho. únde in síten. únde in álles íro libes sképfedo.
Ze dien nôh súmelichero búrgo líument chómen ne mág.
mêr áber súmelichero ménniskôn. súm fóne inblándeni dero
férto. súm fóne únchúndero sprâcho. súm fóne úngeuuóne-
héite chóufes. únde állero uuándelúngo. Cicero ságet. táz
nóh sâr dô be sînên zîten. der rûmisko geuuált chúnt
uuórten ne uuâre. énnònt caucaso monte. Únde uuás tóh tò
sô geuuáhsen. dáz ín ióh parthi. únde ándere díete dâr iu
déro slíhti entsâzen. Ne síhest tu nû na. uuîo énge. únde
uuîo gnôte díu gûollichí sî. dîa ír bréiten. únde férro ge-
flánzôn uuéllent. Sól dárá chómen dehéines rûmiskes máŋ-
nes keuuáht. târ sélbero romo nehéin geuuáht ne íst. [Táz
íst argumentum a toto ad partem.] | Uuáz chíst tu dés. 97.

---

traxeris, uix angustissima inhabitandi hominibus area
relinquetur. In hoc igitur minimo puncti quodam puncto
circumsepti atque conclusi, de peruulganda fama, de
proferendo nomine cogitatis? At quid habet amplum
magnificumque glöria tam angustis exiguisque limiti-
bus arctata? Adde quod hoc ipsum breuis habitaculi
septum plures incolunt nationes, lingua, moribus, totius
uitae ratione distantes; ad quas tum difficultate itinerum,
tum loquendi diuersitate, tum commercii insolentia, non
modo fama hominum singulorum, sed ne urbium quidem
peruenire queat. Aetate denique marci tullii, sicut ipse
quodam loco significat, non dum caucasum montem roma-
nae reipublicae fama transcenderat, et erat tunc adulta,
parthis etiam ceterisque id locorum gentibus formidolosa.
Uidesne igitur quam sit angusta, quam compressa gloria,
quam propagare ac dilatare laboratis? An ubi romani nominis transire fama nequit, romani hominis gloria progre-
dietur? Quid, quod diuersarum gentium mores inter se

táz nísselichero líuto sitc. únde êa níssehéllent. éin ánderên? [Ne mág iuuih óuh táz írron na?] Sô harto. dáz
éinên lóbesám dúnchet. dáz ánderên dáz túnche búozuuír-
dig? Tánnâu geskíhet îo. Dáz témo nîeht ne gespûe sînen
námen únder 'mánigên líuten ze gebréitenne. dén. dero
líument háftigi lústet. Sô mûoz îo mánnolih' keuágo sîn
déro gûollichi. dîa er únder dicn sînên hábén mág. Unde
díu hárto héuiga húmendigi. sámo so êuuigíu. díu uuírt
peduúngen ínléndes. Uuîo mánogero námen. díe in íro sî-
ten mâre uuâren. ne sínt fóre úngehúbte dero scriptorum
fertíligôt. [Tóh íh uuízen ne múge. so uuîo íh iz chôsoe.]
uuáz sélben die scrífto dára zûo uerfáhên. tîe mít scríbôu
mit állo diu álti genímet.

QUOD NULLA SIT TEMPORIS AD AETERNITATEM
COMPARATIO,

Ir súlent tánne guuínnen. sámo so úndôdigi dúnchet
iú. sô ír íuuih ketûont tomêr geuuáhtliche. Kedénest tu
dáz. únde gebíutest tu dáz. íh méino propagatam famam
futuri temporis. ze déro uuîti dero êuuighéite. uuâr íst
tánne díu lánguuírigi dînes námen. déro dû díh fréuuest?
Vbe éin stúnda gebóten uuírt. ze zên dûsent iâren. sô
98. hábet sî án ín ételichen | téil. dóh er lúzzelêr sî. uuánda

---

atque instituta discordant, ut quod apud alios laude, apud
alios supplicio dignum iudicetur. Quo fit, ut si quem
famae predicatio delectat. huic in plurimos populos nomen
proferre nullo modo conducat. Erit igitur peruagata inter
suos gloria quisque contentus, et intra unius gentis terminos preclara illa famac immortalitas coartabitur. Sed
quam multos clarissimos suis temporibus uiros scriptorum
inops deleuit obliuio! Quamquam quid ipsa scripta pro-
ficiunt, quae cum suis auctoribus premit longior atque
obscura uetustas? Uos autem immortalitatem uobis propagare uidemini, cum futuri famam temporis cogitatis.
Quod si ad aeternitatis infinita spatia pertractes, quid
habes, quod de tui nominis diuturnitate laeteris? Unius
enim mora momenti, si decem millibus conferatur annis,
quoniam utrumque spatium definitum est, minimam licet,

io uuéderiu mícheli guís mezôt. únde 'gnôt mézôt ist.
Áber zên dûsent iâro. únde ófto sámo filo. ne hábent sár
nehéina uuídermezunga. ze déro lángséini. díu énde ne
hábet. Tíu ételih énde hábent. tíu niúgen éteuuio gemézen
uuérden ze éin ánderên. siu ne hábent áber nehéina mâza
ze dien. díu âne énde sínt. Tánnân ist táz. úbe lángêr
líument kemézen uuírt gágen êuuighéite. uuíder íro 'nîeht
lúzzelêr ne si. súnder nehéinêr. Ír ne uuéllent áber nîeht
réhto fáren. âne úmbe líuto lób. únde úmbe úppigen líument. Únde nehéina uuára tûondo dero stíuri. déro geuuîz-
zedo. álde déro túgede. uuéllent ir déro uuórto dáng háben. tíu fóne ánderên châmen. [Tér ne síbet nîeht sínero
geuuízedo. dér sih ánazócchôt fóne ímo sélbemo. dáz sûn-
den hábet. dáz ánderêr fánt. únde síh tûomet mít tíu. Dér
féret mít lótere. náls mít túgede.] Kehôre uuío gámmen-
sámo éinêr des ánderes húhota. dér álso ferrûomet únde
álso liehte *(sic)* uuás. Sô éteuuenné gescáh. táz tén dér sih óuh
álso ána zócchôta úmbe lóter. náls úmbe uuára túged. táz
er philosophus | ne uuâre. éin ánderêr mít úbele grûozta 99.
sîn chórondo. tér síh táz chád uuóla besûochen. úbe er
sô uuâre. mít tíu. úbe er uuídermûotis kedúltig uuâre.

---

habet tamen aliquam portionem. At hic ipse numerus
annorum, eiusque quantumlibet multiplex, ad interminabilem diuturnitatem ne comparari quidem potest. Etenim
finitis ad se inuicem fuerit quaedam, infiniti uero atque
finiti nulla umquam poterit esse collatio. Ita fit, ut
quamlibet prolixi temporis fama, si cum inexhausta aeter-
nitate cogitetur, non parua, sed plane nulla esse uideatur.
Uos autem nisi ad populares auras inanesque rumores recte
facere nescitis, et relicta conscientiae uirtutisque praestan-
tia, de alienis premia sermunculis postulatis. Accipe in
huiusmodi arrogantiae leuitate quam festiue aliquis inlu-
serit. Nam cum quidam adortus esset hominem contumé-
liis, qui non ad uerae uirtutis usum, sed ad superbam
gloriam falsum sibi philosophi nomen inducrat, adie-
cissetque iam se sciturum, an ille philosophus esset,
siquidem illatas iniurias leniter patienterque tolerasset.

Tô trûog ér iz éteuuáz kedúltigo. únde spráh áber sâr náh. sámo so ín ze spótte hábendo. án stéte bechénnest tu míh to dóh philosophum. Sô er dáz kespráh. tô ántuuúrta er ímo. lâ gót chád ér filo gebízeno. sô bechándi. úbe du suigetîst.

QUI CLARI SUNT UIRTUTE. MERITO ILLOS FAMAM SPERNERE.

Áber uuáz háftèt ze dîen mâristên mánnen. íh méino díe. díe mít túgede síh uuéllen fúre némen. [náls mít lóttere.] uuáz háftèt ze ín. uuáz tóug ín dehéin líument. náh temo tôde? Irstírbet ter ménnisko mit állo. in sélo. únde în. lîchámen. táz mîne rationes fersagent. uuâr íst tánne sîn gûollichi. sô er sélbo ne íst? [Sámo so sî châde. uuâr íst taz accidens. sô diu substantia ne íst? Táz íst argumentum a coniunctis.] Ube áber síchuríu sêla *). ûzer démo chárchare dês *(sic)* lîchamen. ferlâzeníu ze bímele féret. uuáz sól íro dánne daz írdiska díng. sîd si in hímele méndet. táz si fóne érdo erlôset íst. [uuáz sól íro der írdisko líument? Táz íst argumentum a dissimili.]

---

*) Es steht sêlda.

Ille patientiam paullisper assumsit, acceptaque contumelia uelut insultans, iam tandem, inquit, intelligis me esse philosophum? Tum ille nimium mordaciter, intellexeram, inquit, si tacuisses. Quid autem est, quod ad precipuos uiros de his enim sermo est, qui uirtute gloriam petunt, quid, inquam, est, quod ad hos de fama post resolutum morte suprema corpus attineat? Nam sit, quod nostrae rationes credi uctant, toti moriuntur homines, nulla est omnino gloria: cum is, cuius ea esse dicitur, non exstet omnino. Sin uero sibi mens bene conscia, terreno carcere resoluta, celum libera petit, nonne omne terrenum negotium spernet, quae se, celo fruens, terrenis gaudet exemtam?

NIHÍL ÉSSE FAMAM. QUAMUIS DILATA|TAM. QUAM. 100. UIS DIURNAM.

Tér nâh tero gûollichi strîtigo féhte. únde si ímo dúnche díngo héuigôsta. tér séhe ûf án dia uuîti des hímeles. únde níder án dia smáli dero érdo. Tánne mîdet er síh sînes liumendigen námen. nóh sâr ze énde dero smálun érdo. geréichóntes. [díu éin stúpf ist uuíder demo hímcle.] Uuáz lêuues ist tien úbermûotên gedâht. zíu béitent sie síh ingeméitûn íro hálsa irlôsen. ûzer des tôdes ióche? Tóh ter líument uuállôndo síh kebréite. hína únder férre líufe. únde óuh ándere sprâchâ erfúlle. Úndè dóh ín demo hûs skînên manige fánen féhtendo guúnnenne. tîe den mán mâren dûont. téro gûollichi állero ne síhet îo der tôd nícht. Únde ér brínget taz óberôsta. inében demo níderôsten. Uuâr ist sâr nû dáz kráb. dés keîrven fabricii? [Uuér uuéiz uuâr iz sî? Tíz ist tér dîen bótôn ántuuúrta dero samnitum. dô sie íro gólt púten. únde síh mít tíu lôsen uuóltôn. Ér chád romanos aurum non habere uelle. sed aurum habentibus imperare.] Uuâr ist nû brutus. álde der éinrihtigo cato? [Brutus kumán dia libertatem. populo romano. álso dâr fóre stât. Rigidus cato uuás sáment pom-

---

Quicumque solam mente praecipiti petit,
Summumque credit gloriam,
Late patentes aetheris cernat plagas,
Arctumque terrarum situm:
Breuem replere non ualentis ambitum
Pudebit aucti nominis.
Quid o superbi colla mortali iugo
Frustra leuare gestiunt?
Licet remotos fama per populos means
Diffusa linguas explicet,
Et magna titulis fulgeat claris domus,
Mors spernit altam gloriam,
Inuoluit humile pariter, et celsum caput,
Aequatque summis infima.
Ubi nunc fidelis ossa fabricii iacent?
Quid brutus, aut rigidus cato?

peio in defensione libertatis. uuider iulio cęsare. Vnde dô
iulius sígo genám. únde pompeius llibentêr. in egypto er-
101. slágen uuárd. tô léita cato fóne | egypto daz hęre. fo cę-
sare náb fárentemo. állen dén fréisigen uuég. tér dánnán
gât ze utica ciuitatę. Târ erslûog sih sélben cato. dáz ín cęsar
ne gefienge. dánnán héizet er uticensis.] Tér chûmo zę léibo
uuórteno líument zéichenet íro námen échert. mít únmanigên
bûohstáben. Ínno. dúrh táz uuír die námen uuízen. mµgen
uuír dánnân síe sélben iú zegángene uuízen? Ír lígent créhto
sô. dáz íuuih nîoman neuuéiz. Nóh ter líument ne getûot
íuuih chúnde. [Íuuih ne bechénnet nîoman. dóh ír nóh sînt
líumendîg.] Uuánen ir óuh. íuueren lîb kelénget uuérden fóne
des námen uuírigi. uuáz tánne? Sô iú der iúngesto tág tero
uuérlte. óuh tén genímet. tára náh líget iµ ána der êuuîgo tôd.

[ITEM STILUM CONUERTI A DISPUTANDO AD
SUADENDUM...

Nû cruuíndet si áber fóne fortuitis rebus zę sélbero
dero fortuna. Ál dáz si fóne dîen rebüs ságet. dîe fortuna
gelâzet. sô opes sínt. únde dignitates. únde potentie.
uuîo múrgfâre dîe sîn. únde uuîo sie dúrh táz fersíhtig
sîn. dáz íst ál disputatio. Táz sô getâna getráhtede.
triffet állez ad compositionem morum. et ad correctio-
nem uitę. án démo parte philosophię. sô óuh târ fóre
geságet íst. táz ęthica héizet. Uuîolih áber sélbív fortuna
sî. álso sî nû ságen uuíle. únde óuh târ fóre ságeta, táz
íst ciuile. únde triffet ad rhetoricam suadelam. in démo
genere causę. dáz demonstratiuum héizet. Tô sî sîa dés

Signat superstes fama tenuis pauculis
Inane nomen litteris.
Sed quod decora nouimus uocabula,
Num scire consumtos datur?
Iacetis ergo prorsus ignorabiles,
Nec fama notos efficit.
Quod si putatis longius uitam trahi
Mortalis aura nominis,
Cum sera uobis rapiet hoc etiam dies,
Iam uos secunda mors manet.

ferspráh. tés si bemâlôt uuás fóne boetio. díu defensio uuás
iuditialis. náls demonstratiua. Álso man dâr in iuditiali sé-
ben sólta. equitatis ún|de iniquitatis. sô sól man áber nû 102.
bîer in demonstratiuo séhen. laudis unde uituperationis.
Tánne díu controuersia gât. án dehéine guísse personas.
tánne íst si ciuilis. án dîa tûot síh rhe-torica. dîa gesézzet sí
in énde. suadendo. únde, dissuadendo. Dánne sî áber íst de
rebus, dánne íst sî philosophica. dánne sól man óuh philo-
sophice sîa in énde gesézzen. Tén únderskéit lêret únsih
cicero. íh méino uuîo uuír bechénnen súlîn. uuélez ciuiles
questiones sîn. álde philosophicę. mít tísên diffinitionibus.
Ipothesis est controuersia in dicendo posita. cum certarum
personarum interpositione. Thesis autem est controuersia
in dicendo posita sine certarum personarum interpositione.
Ipothesis chît subpositum. thesis chît pro positum. Sô man
dingoe. sô man in râte sízze. sô man in chúre sízze. dáz
kât ío suppositas personas ána. i. certas. Sô man áber getráhtede tûot de moribus. et de institutione uitę álde óuh
de occultis rerum naturis. dáz íst de propositis. dáz chît
longe ab oculis positis. Táz ne gât tie personas nîeht ána.
dîe oculis múgen uuérden subpositę. Fóne díu uuízîst. ál
dáz sî nû spréchen uuíle in laude álde in uituperatione
fortunę. uuánda sî certa persona íst. et quasi dea. táz si
dáz rhetorice tûon sól. Suadendo únde disputando mág
man den mán állero díngoliches errîhten. pedíu ist phî-
losophia hértôn in béidên. pedíu chît lucas in actibus apo-
stolorum. fóne paulo. disputans et suadens de regno dî.
Ér uuás disputans. sô ér is álles káb rationem dés er
lêrta. únde áber dánne suadens. sô er ságeta. uuîo gûot.
uuîo réht. uuîo sáliglîh táz uuâre ze tûonne. dáz er lêrta.]

QUANTUM MELIOR SIT ADUERSA QUAM PROSPERA
FORTUNA.

Táz tû dóh ne uuânêst táz íh trîben uuélle. sámo so
geéinôten | uuîg sáment fortuna. sî lúkka. sî íst ióh uuî- 103.

Sed ne me inexorabile contra fortunam gerere bellum
putes, est aliquando, cum de hominibus illa fallax non

lôn gûot mánne. [ih méino sô si lúkke ne ist.] Tánne
ist si gûot. sô si síh óuget. sô si iro ánasíune erbárôt.
únde iro síte nieht ne bílet. Tû ne uuéist nóh mág keske-
hen. uuáz ih ságen uuíle. Íz ist uuúnderlíh. tés míh lángêt
ze sagénne. pedíu ne mág íh iz óuh nieht spûotigo geságen. Íh áhtôn gréhto únsálda uuîlôn bézerûn uuésen. dien
ménniskôn. dánne sálda. Sô diu prospera síh tríutet mít
iro mánmentsami *(sic)*. únde sî mánne gûot túnchet. sô
tríuget si ín mít téro gelîchi dero sâldôn. Tiu aduersa ist
áber geuuâre. sô si síh uuéhselôndo óuget. uuîo únstâte
sî ist. Énia tríuget ten mán. dísíu uuárnôt ín. únde lêret
ín. Éniv behéftet téro mùot tîe sîa núzzônt. mít kûotlichi.
tísíu enthéftet síe. mít téro gníssun bechénnedo. múrgfâres
kûotes. Tû máht éna séhen síh úberhéuenda. únbeduún-
gena. síh ne bechénnenta. tísa áber mézîga. beduúngena.
únde gefrûotta. fóne déro émizîgi. dero árbéito. Tánne ze
lézest ketûot tiu sáliga mít iro mánmentsámi. die ménnisken âuuekkôn fóne demo uuâren gûote. tíu inblándena
ríhtet si áber ze uuége. únde ze demo uuâren gûote. sámo
104. so mít | chrâphen sie uuídere zíhendo *(sic)*. Áhtôst tu
dáz fúre lúzzel. dáz tír díu sárfa. únde díu grîsenlicha fortuna dîne nôt fríunt kezéigôt hábet? tîe dír fóne réhtên

---

nihil bene mereatur, tum scilicet, cum se aperit, cum frontem detegit moresque profitetur.   Non dum forte quid
loquar, intelligis.   Mirum est, quod dicere gestio, eoque
sententiam uerbis explicare uix queo.   Etenim plus hominibus reor aduersam quam prosperam prodesse fortunam.
Illa enim semper specie felicitatis, cum uidetur blanda,
mentitur; haec semper uera est, cum se instabilem mutatione demonstrat; illa fallit, haec instruit; illa mendacium
specie bonorum, mentes fruentium ligat, haec cognitione
fragilis felicitatis absoluit; itaque illam uideas uentosam,
fluentem, suique semper ignaram, hanc sobriam succinctam-
que et ipsius aduersitatis exercitatione prudentem. Postremo
felix, a uero bono deuios blanditiis trahit: aduersa plerumque ad uera bona reducens unco retrahit.   An hoc inter
minima aestimandum putas, quod amicorum tibi fidelium

tríuuôn hólt_sínt? Sî hábet tír geskídôt kuíssero únde un-
guíssero fríundo uultus. [táz chît. uuîo éne. ióh tíse getân
sîn.] Rûmendo nám si ze síh. tie íro. tie dîne líez si dír.
Uuîo tíure ne uuâre dír dáz. dô du in gréchen uuâre. únde
sâlig.·sô dír dùghta? Fertrôste dih ánderes kûotes ferlórnes.
dù hábest fúnden dîne fríunt. tie der tíuresto scáz sínt.

[DE OFFICIO ORATORIS.

Hîer máht tu gehôren. uuîo man sól suadere. Ze
démo úns léido ist. únde dén uuír fóne díu skíhên. álso
álle die líute tûont. aduersam fortunam. ze démo mág
man únsih lúcchen. úbe man úns sô mánige túgede begínnet fóne ímo ságen. únde sô mánigíu lîeb kehéizen.
sô nù philosophia tûot. fóne déro sélbûn aduersa fortuna.
Sî líubet úns sia ze zuéin uuîson. ióh sîa lóbondo. ióh
prosperam skéltendo. Uuér máhti aduersę fortunę gûotes
ketrûên? Sélbêr dér námo dero aduersitatis. tér léidet
sia. Tára gágene trívtet sih áber dér námo prosperitatis.
tér fóne démo nâhkânden uuínde sô gespróchen íst. táz
chît. a porro spirando. Sîd áber nù mít prospera nîeht
stâtes ne íst. sô sî sia zíhet. nób nîeht kuísses. únde sî
die líute zóhet. únde íro mûotes pehéftet. únde sî filo
gûotlicho tûondo. sih líchesôt táz uuésen. dázʼ si ne íst.
únde sô man állero uuíllôn ze íro uuânet. táz si dánne
álles káhes sih uuéhselôndo. dén mán erstúzzet. uuémo
sól si dánne gûot túnchen? Úbe áber aduersa uirtutis
magistra íst. únde sî | ze góte léitet. únde perfectos 105.
máchôt. únde cęlo dignos. álso sî sia gelóbot hábet. ne
sól úns tánne mit réhte tíu gûot túnchen na? Uuáz mág
stárcheren sîn ad persuadendum. dánne daz lób íst?

---

mentes haec aspera, haec horribilis fortuna detexit: haec
tibi certos sodalium uultus ambiguosque secreuit; discedens
suos abstulit, tuos reliquit? Quanti hoc integer, et, ut
uidebaris tibi, fortunatus emisses? Desine nunc amissas
opes querere, quod pretiosissimum genus diuitiarum est,
amicos inuenisti.

Rhetorica chît. táz officium oratoris sî. apposite dicere ad persuadendum. táz chît spénstigo chôsôn. Ne íst táz spénstigo gechôsôt na? Uuér chán dáz só uuóla só philosophia? Pedíu súlen uuír íro glóuben. dáz aduersa fortuna bézera sî. dánne prospera.]

DE AMORE QUI AMICITIAS FIRMAT ET OMNIÁ LIGAT.

Suspensio. Táz tiu uuérlt kemísselichôt mít féstên tríuuôn díe gehéllen hérta. [quatuor temporum. Súmer únde uuínter. lénzo únde hérbest sínt fóne díu mísselih. uuánda iro nehéin ándermo gelîh ne íst. Únde sínt tóh kelih. uuánda íro nehéin daz ánder írret.] *Et hic.* Táz tiu missehéllen quatuor elementa. díu állero corporum sâmo sínt. êuuiga gezumft hábent. [Síu sínt uuíderuuártig. únde sínt tóh sáment in állên corporibus.] *Et hic.* Táz tiu súnna ûfen scônero réito. rêitendív den dág récchet. *Et hic.* Táz áber sîn suéster luna uuálte déro náht. tia der âbentstérno récchet. Táz óuh ter mére. dér gérno ûzkîenge. eruuénde ze guíssero márcho. sîne únstâten uuéllâ. nóh ín. [íh méino dîen sélbên uuéllôn] ne hénge férrôr stádôn ûz. án daz lánt. *Depositio.* Súslicha ordinem dero díngo. féstenôt tíu mínna. díu dia érda. únde den mére rihtendo.

duuín-

Quod mundus stabili fide
Concordes uariat uices,
Quod pugnantia semina
Foedus perpetuum tenent,
Quod phoebus roseum diem
Curru prouehit aureo,
Ut quas duxerit hesperus
Phoebe noctibus imperet,
Ut fluctus auidum mare
Certo sine coerceat,
Ne terris liceat uagis
Latos tundere terminos,
Hanc rerum seriem ligat,
Terras, ac pelagus regens,

Et

dnuínget. únde in hímele uuáltesôt. [Uuélín íst tíu? Táz | 106.
íst sélbêr gót.] Intlâzet sî den zùol. so uuáz nû gemínne
íst. táz pegínnet sâr féhten. Únde díz uuérltlicha gerúste.
dáz siu nû gemein mûoto tûont háben scôno sîna fárt. dáz
ílent siu zebréchen. Tíu sélba mínna hábet óuh tie ménnisken zesámine. mít héilîgero gezúmfte. Sî féstenôt óuh
ten êoháften gehîleih. mít réinên mínnôn. Ióh tîen geséllôn
die réhte gemínne síut. scáffôt si êa. Uuóla gréhto dû
ménniskîna sláhta. uuîo sâlig tû bíst. úbe dîn mûot ríhtet.
tíu mínna. díu den hímel ríhtet.

Explicit liber secundus Boetii.

INCIPIT LIBER TERTIUS. |

Sî lîe daz sàng ùz. Nóh tô téta míh tára lósên. díu 107.
sûozi des sánges. sólih nîet. únde sólih uuúnder uuás míh
is. Tára nâh úber éina uuîla châd íh. Súnderîg trôst tero

Et caelo imperitans amor.
Hic si frena remiserit,
Quidquid nunc amat inuicem,
Bellum continuo geret:
Et quam nunc socia fide
Pulcris motibus incitant,
Certent soluere machinam.
Hic sancto populos quoque
Iunctos foedere continet;
Hic et coniugii sacrum
Castis nectit amoribus;
Hic fidis etiam sua
Dictat iura sodalibus.
O felix hominum genus,
Si uestros animos amor,
Quo celum regitur, regat!

LIBER TERTIUS.

Iam cantum illa finierat, cum me audiendi auîdum
stupentemque arrectis adhuc auribus carminis mulcedo
defixerat. Itaque paullo post, o, inquam, summum lasso-

trûregôn. Uuîo fílo du mîh ketân hábest pázmágenden.
mít téro uuâgi dînero réda. ióh mít téro lústsámi dînes
sánges. Dáz hábest tu sô fílo. dáz ih míh sâr ánauuértes
ne uuélle uuânen íeht intuuîchen. dien slégen dero fortunę.
ih enthábe sie uuóla. Únde díu stréngeren láchen. dînero
rédo. ne skího ih níeht. únde gérno gehôro íh síu. únde
éiscôn siu. Uuóla chád si. uuárd íh tés tô geuuár. dô dû
suîgendo gnôto lóselôst mînero nuórto. Únde dés péit íh.
únz tîn mûot sólih uuúrte. álde dáz uuârera íst. sólez máchôta íh iz. Tíu nób fóre sínt.' tíu sínt sólih. táz siu zén-
dent. sô du íro chórôst. únde áber ínuerslúndeníu. sûoze
gedúnchent. Aber dáz tû chîst kérno gehôrtist. aü *(sic)*. uuîo érnest tír is uuâre. uuîo dû brúnnîst. úbe du uuíssîst. uuára
íh tíh pegúnnen hábo ze léitenne. Uuára dóh chád íh? Ze
dero uuârûn sálighéite chád si. Tánnân óub tír tróumet.
in dînemo mûote. | Aber an dáz pílde uuártendo. ne mág
iz sîa sélbûn níeht keséhen. [Únz tû dénchest án dia
uuérltsâlda. únz ténchest tu án dáz pílde. dero uuârûn sâldo.
náls an sîa sélbûn.] In gótes êra chád ih. tûo dáz. únde
oúge mír dîa uuârvn âne tuuâla. Nù tûon íh táz chád si.
gérno úmbe dîna mínna. Íh uuíle dír áber êr fóre gemâlên.

---

rum solamen animorum, quantum me uel sententiarum
pondere, uel canendi etiam iucunditate refouisti! adeo ut
iam me posthac imparem fortunae ictibus non arbitrer.
Itaque remedia, quae paullo ante acriora esse dicebas, non
modo non perhorresco, sed audiendi auidus uehementer
efflagito. Tum illa, sensi, inquit, cum uerba nostra tacitus attentusque rapiebas, cumque tuae mentis habitum uel
exspectaui, uel, quod est uerius, ipsa perfeci. Talia sunt
quippe quae restant, ut degustata quidem mordeant, interius autem recepta dulcescant. Sed quod tu te audiendi
cupidum dicis, quanto ardore flagrares, si, quonam te ducere aggrediamur, agnosceres? Quonam? inquam. Ad
ueram, inquit, felicitatem, quam tuus quoque somniat animus; sed occupato ad imagines uisu ipsam illam non
potes intueri. Tum ego: fac obsecro, et, quae illa uera
sit, sine cunctatione demonstra. Faciam, inquit illa, tui
causa libenter: sed quae tibi causa notior est, eam prius

dia uuérltsâlda. díu dír chúndera íst. Táz tu dára nâh sô
du dísa dúrhchîesêst. hína uuártêndo. éna déste báz pechén·
nêst. únde dû geséhêst. uuáz tar ána geskéidenes íst.

CUR MORAM FACIAT. RATIONEM REDDITURA EST.

Tér gûoten ácher sáhen uuíle. dér errûmet ín ér des
únchrûtes. Fárn únde hîefeltrâ nímet er dána. mít tero –
ríute ségenso. dáz ímo dés te bézera chórn uuáhse án demo
níuríute. Taz hónang íst óuh tés te sûozera. úbe der múnt
pe fóre íeht pítteres kechórota. Únde glátôr skînent tie
stérnen dánne. sô die régenuuínda gelígent. únde sô der
tágostérno dia náht hína uertríbet. sô óuget tiu súnna íro
rôten rós. sô chúmet sî rítendo dar ûfe. Sô tûo óuh tû.
lúkke sâldâ | ze êrest chîesendo. chóro díh téro inthéften. 109.
sô chóment tie uuâren dír in mûot. [ánderes uuío ne
spûot is tír.]

OMNES AD BEATITUDINEM TENDERE. QUAMUIS
NON RECTO TRAMITE.

Sî dô lúzzel ze érdo séhendíu. únde sámo so in íro mûote
demo chéiserlîchen gestátondíu. fîeng si sús ána. Mísselichen

---

designare uerbis atque informare conabor; ut ea perspecta,
cum in contrariam partem flexeris oculos, uerac beatitudinis specimen possis agnoscere.

> Qui serere ingenuum uolet agrum,
> Liberat arua prius fruticibus,
> Falce rubos, filicemque resecat,
> Ut noua fruge grauis ceres eat.
> Dulcior est apium mage labor,
> Si malus ora prius sapor edat.
> Gratius astra nitent, ubi nothus
> Desinit imbriferos dare sonos.
> Lucifer ut tenebras pepulerit,
> Pulcra dies roseos agit equos.
> Tu quoque falsa tuens bona prius,
> Incipe colla iugo retrahere,
> Uera dehinc animum subierint.

Tum defixo paullulum uisu et uelut in angustam
suae mentis sedem recepta sic cocpit. Omnis mortalium

uuég hábent keuángen állero ménniskôn sórgâ. díe sórgâ
ín récchet. unde reizet. mánigfaltíu ríngâ. únde mánigfáltêr
flîz. Sîe râmênt tóh álle ze éinero stéte. uuánda sie álle
râmènt ze dero sâlighéite. Únde dáz íst táz kûot. úbe iz
îoman guúnnet. sô er iz kuuínnet. táz er nîehtes fúrder
gegérôn ne mág. Táz íst álles kûotes taz fórderôsto. únde
ál gûot hínder ímo behábende. Prâste ímo îebt. sô ne
uuâre iz fól nîebt. Uuánda âne dâz. nóh tánne uuâre. dés
man gérôn máhti. [Táz íst argumentum a parte. Târ éines
téiles prístet. târ ne íst iz állez nîeht.]

DIFFINITIO.

Pedíu íst óffen. sâldâ uuésen álles kûotes fóllûn. [Uuíle du
chéden álles kûotes fóllûn státa. dáz íst taz sélba.] Tîa
sâlighéit álso íh chád. îlent álle ménnisken guúnnen. [Ze
déro îlent sie álle.] áfter mísselichên uuégen. Táz íst fóne
110. díu. uuánda ménniskôn mûot íst natûrlicho | des uuâren
gûotes kér. Áber díu míssenómeni des uuéges. ferléitet sie
ze demo lúkken.

Diuitię. Téro súmeliche ríngent. táz sie rîche uuérdên.
uuánda sie dáz áhtônt állero bézesta. dáz ín nîehtes túrft
ne sî.

Honores. Súmeliche uuânende dáz êruuirdigi gûot

---

cura, quam multiplicium studiorum labor exercet, diuerso
quidem calle procedit, sed ad unum tamen beatitudinis
finem nititur peruenire. Id autem est bonum, quo quis
adepto nibil ulterius desiderare queat. Quod quidem est
omnium summum bonorum cunctaque intra se bona con-
tinens, cui si quid abforet, summum esse non posset,
quoniam relinquerelur extrinsecus, quod posset optari.
Liquet igitur, beatitudinem esse statum bonorum omnium
congregatione perfectum. Hunc, uti diximus, diuerso tramite mortales omnes conantur adipisci. Est enim mentibus
hominum ueri boni naturaliter inserta cupiditas, sed ad
falsa deuius error abducit. Quorum quidem alii summum
esse bonum nihilo indigere credentes, ut diuitiis affluant,
elaborant: alii uero bonum, quod sit dignissimum uenera-

sî. îlent sie êra guúnnen. dáz sie ántsâzig sîn íro
gebûren.

Potentia. Sô sínt tîe. dîe máhtigi uuânent uuésen bé-
zestûn. Tîe uuéllen sélben uuérden geuuáltîg. álde geuuál-
tigèn îo míte sîn.

Claritas. Tîen mâri bézest lîchet. tîe uuéllen íro námen
gegûollichôn. mít ételichên dîen lîsten. déro man héime
bedárf. álde in hérige.

Uoluptas. Súmeliche áhtònt ten bézesten uuûocher stân.
án méndi. únde an fréuui. Tîe áhtònt sáliglîh.. mít uuúnnôn
ze lébenne. únde dâr ínne ze suuúmmenne.

Unum propter aliud. Sô sínt óuh tîe. dîe díz úmbe
énez. únde áber ándere. dîe énez úmbe díz mínnônt. únde
sô geuuéhselôt hábent. Álso iz tánne | uéret. sô ételiche 111.
fórderônt rihtûom. úmbe geuuált. únde úmbe uuúnna. únde
ándere dára gágene fórderônt keuuált. úmbe rihtûom. únde
úmbe mâri. [Mít tîu ér fúrder uuíle dáz íst causa. dára er
uuile. dáz íst finis. Álso mág man óuh chéden. mít tíu
er îeht méinet. dáz íst causa. dáz er áber méinet. táz
íst finis.]

QUAE HIS ACCEDUNT.

Ze dísên. únde ze sámelichên. râmêt tero ménniskôn
tât. únde íro uuíllo. Álso geédele tûot. únde déro líuto —

---

tione, iudicantes, adeptis honoribus reuerendi ciuibus suis
esse nituntur. Sunt qui summum bonum in summa potentia esse constituant: hi uel regnare ipsi uolunt, uel
regnantibus adhaerere conantur. At quibus optimum quiddam claritas uidetur, hi uel belli uel pacis artibus gloriosum nomen propagare festinant. Plurimi uero boni fructum
gaudio laetitiaque metiuntur; hi felicissimum putant uoluptate diffluere. Sunt etiam, qui horum fines causasque
alterutro permutant, ut, qui diuitias ob potentiam uoluptatesque desiderant, uel qui potentiam seu pecuniae causa
seu proferendi nominis petunt. In his igitur ceterisque
talibus humanorum actuum uotorumque uersatur intentio,
ucluti nobilitas, fauorque popularis, quae uidentur quan-

lób. díu ze mári tréffent. Únde álso chéna. únde chint
íñont. Tíu man úmbe uuánna fórderôt. Uuîo íst tíu uuúnna
dero fríundo? Tíu né íst téro sláhto nîeht. sî íst héilig.
pedíu ne tríffet sî nîeht ze lúkken sâldôn. núbe ze uuârên.
dára íñgedhéit tríffet. Táz íh ánderro sláhto námda. dáz
uuírt ál guúnnen. úmbe geuuáltes mínna. únde úmbe lústsámi. Nú íst óuh táz óffen. dáz tes líchamen bíderbî. ze
dîen sélbên tríffet sînuen. Uuánda stárchi. únde mícheli.
kébent máhte. Scôni únde snélli. gébent mâri. Kesúndeda
gíbet uuúnna. Téro állero uuírt kegérôt úmbe éina dia
sáligbéit.

Propositio. Tés logelichêr gnôtôst kérôt. táz áhtôt er
uuésen daz pézesta. |

 Assumtio. Uuír éigen áber geságet. táz sálighéit sî daz
pézesta.

Conclusio. Fóne díu áhtôt logelichêr dîa státa sáliga.
dîa er gnôtôst fórderôt.

[QUANTA SIT UIS SYLLOGISMI.

Sillogismus ne tríuget. úbe er legitime getân íst.
Sô íst er legitime getân. uuánda er in dialectica tría
membra hában sól. táz tero zuéi sô geuuâríu sîn. dáz
íro mánnolíh léhen múge. únde siu éin ánderên sô háf-
tcên. dáz siu daz trítta geuuârên. iôh âne geiíht. Sô dáz
nû íst. Iacob uuas filius isaac. únde isaac filius abrahæ.
Táz sínt duo membra. Vbe man déro iíhet. sô iíhet man
nôte des trítten. dáz abraham uuás paternus auus iacob.

---

dam claritudinem comparare, uxor, ac liberi, qui iucunditatis
gratia petuntur. Amicorum uero, quod sanctissimum quidem
genus est, non in fortuna sed in uirtute numeratur. Reliquum
uero uel potentiae causa uel delectationis assumitur. Iam uero
corporis bona promtum est, ut ad superiora referantur. Robur
enim magnitudoque uidentur praestare ualentiam; pulcritudo atque uelocitas celebritatem, salubritas uoluptatem. Quibus omnibus solam beatitudinem desiderari liquet. Nam quod
quisque prae ceteris petit, id summum iudicat bonum. Sed
summum bonum beatitudinem esse definimus. Quare beatum
esse iudicat statum, quem prae ceteris quisquam desiderat.

: Fóne díu ist óuh tíz óffen ratio syllogismi. díu úns híer
begágenet íst. Táz íogelichêr gérnôst guúnnet. táz áhtôt
ér summum bonum. Sô íst summum bonum beatitudo.
Táz sínt zuéi membra. tér déro iíhet. tér iíhet sînes úndánches tes trítten. táz tir chît. Táz íogelichêr gérnôst
kuúnnet. táz áhtôt er beatitudinem. Târ míte uuízîn.
dáz argumentum bestât. fóne éineino membro. álde fóne
zuéin. Fóne éinemo. sô dáz íst. Vbe iacob uuás filius
filii abrahę. sô uuás er nepos abrahę. Táz éina mem-
brum héizet propositio. Fóne zuéin bestât iz. sô dáz íst.
Vbe iacob uuas filius filii abrahę. sô uuás er nepos eius,
Ér uuás óuh kuísso sô. Táz íst propositio. únde assumtio. Chît iz áber. iacob uuas filius filii abrahę. únde bedíu uuás er nepos eius. táz ist tánne propositio unde
conclusio. Fóne díu íst argumentum inperfectus syllogismus. Fólle rúcchest tu iz ad tria membra. sô ist iz
fóllêr syllogismus.]

Nv hábo | ih tír geóuget fílo nâh. táz pílde dero mén- 113.
niskôn sâldôn. Ih méino rihtûom. êra. geuuált. kûollichi.
uuúnna. Epicurus [tér éinêr uuás tero philosophorum. únde
dér mít ín gieng sûochendo summum bonum. tér gót ne
uuíssa. nóh spiritalia bona.] échert án dísiu [quinque] dénchendo. uuólta er geslágo. uoluptatem hában ze summo
bono. [Fóne díu geslágo.] uuánda éniu fieríu. sô ímo
dûohta. uuúnna tûont temo niûote. [álso uoluptas corpori
tûot. Pedíu uuânda er. dáz éníu fieríu. nít tirro éinûn begríffen uuúrtîn. únde er an íro éinûn hábeti fúnden. dáz
er sûohta. Epicuros grece chit latine super porcos. Tén
námen gâben ímo die ándere philosophi. uuánda ér
uoluptati fólgêndo. mít sînên sectatoribus porcis. kelicho
lébeta.]

Habes igitur ante oculos propositam fere formam felicitatis humanae, opes, honores, potentiam, gloriam, uoluptates. Quae quidem sola considerans epicurus conse-
quenter sibi summum bonum uoluptatem esse constituit,
quod cetera omnia iucunditatem animo uideantur afferre.

NON IN FINE HOMINES ERRARE SED IN UIA ET SUMMO BONO. NULLUM EX SUPRA SCRIPTIS QUINQUE DEESSE.

Nù uuíle íh áber chád si ságen. uués díe líute flîzîg sint. téro mûot îo nâh íro gûote sínnet. tóh iz' óuh úngehúhtîgo dara nâh sínne. Únde iz áber nè uuéiz sámo so iz trúnchen sî. uuéles síndes iz héim eruuínden súle. [Iz sûochet táz tir ze sûochenne ist. íz ne gât tir áber réhto nâh nîeht.]

Opes. Uuânest tu díe írrôn in íro mûote. díe gérno úndúrftig uuárin álles kûotes? [Néin sie] Ze uuâre, nîeht ne mág sô uuóla día sâlighéit erfóllôn. sô álles kûotes knúhtsám státa. Tíu frémedes íst úndúrftîg. únde fóne íro selbero gnûoge hábet.

114. *Honor.* | Írrônt tîe uuânest. tîe daz pézesta áhtônt eruuírdigosta? Néin sie. Táz ne máhti nîeht smáhe sîn. dára álle ménnisken zûo îlent. [Sîe îlent ad summum bonum. dâr sie dáz fîndent târ hábent sie óuh fúnden. dáz reuerentissimum íst.]

Potentia. Ne sól man máhte gûot áhtôn na? [Dáz chît. ne sól man guîs sîn máhte mít summo bono na?] Úuîo dúnchet tír? Táz állero díngo forderôsta ist [i. summum bonum]. uuîo sól dáz chráftelôs sîn?

Claritas. Sól mâri mánne lúzzel gedúnchen? Áber

Sed ad hominum studia reuertor, quorum animus et si caligante memoria tamen bonum summum repetit, sed uelut ebrius, domum quo tramite reuertatur, ignorat. Num enim uidentur errare hi, qui nihilo indigere nituntur? Atqui non est aliud, quod aeque perficere beatitudinem possit, quam copiosus bonorum omnium status, nec alieni egens, sed sibi ipse sufficiens. Num uero labuntur hi, qui, quod sit optimum, id etiam reuerentiae cultu dignissimum putánt? minime. Neque enim uile quiddam contemnendumque est, quod adipisci omnium fere mortalium laborat intentio. An in bonis non est numeranda potentia? Quid igitur? Num imbecillum ac sine uiribus aestimandum est, quod omnibus rebus constat esse praestantius? An claritudo nihili pendenda est? Sed sequestrari nequit, quin omne

uuîo mág. sîd táz nôte daz mârista íst. táz óuh taz fórderôsta íst?

Uoluptas. Uuáz túrft íst sâr. dáz íh summum bonum.
únde beatitudinem ze dîen sie sínnent. álles úngemáches
ferságe. sîd sie ióh smáhes tínges kérônt túrh lústsami?
[An summo bono ne íst nehéinez fólleglichôr. dánne lústsámi.] Âne zuîuel sínt tíz tíu. déro ménnisken gérônt.
Únde fóne díu uuéllen sie rîhtûom. hêri. geuuált. kûollichi.
lústsámi. uuánda sie mít téro uuânent háben. fóllûn. êra.
máhtigi. geuuáhtlichi. fréuui. [Uuáz sólti ín rîhtûom. sîe
ne hábetîn fóllûn? Uuáz sólti ín hêrscáft. sî ne gâbe ín
êra? Uuáz sólti ín gcuuált. | ér ne tâte sie máhtîg. Uuáz 115.
sólti ín gûollichi. âne úmbe geuuáhtlichi? Uuáz sólti ín
óuh uuúnnâ. sîe ne fréutîn den mán.] Táz íst îo [éin díng].
éin gûot. tára nâh ménnisken in sús mániga uuîs ríngent.
Tàr ána mág man sámfto chîesen. uuîo stárh tíu natura \
sî. tánne sô míssehélle uuîsâ. án demo ûzláze gehéllent-
tes kûotes. tára sje îlent.

DE NATURAE UI.

Uuîo geuuáltigo diu natura íro zóum chêre. mít uuélero êo sî beuuárôe dísa uuérlt. únde uuîo si díngolîh pínde

---

quod excellentissimum sit, id etiam uideatur esse clarissimum. Nam non esse anxiam tristemque beatitudinem
nec doloribus molestiisque subiectam quid altinet dicere,
quando in minimis quoque rebus id appetitur, quod habere
fruique delectet? Atqui haec sunt, quae adipisci homines
nolunt, eaque de causa diuitias, dignitates, regna, gloriam
uoluptatesque desiderant, quod per haec sibi sufficientiam,
reuerentiam, potentiam, celebritatem, laetitiam credunt
esse uenturam. Bonum est igitur, quod tam diuersis studiis homines petunt: in quo quanta sit naturae uis, facile
monstratur. cum licet uariae dissidentesque sententiae tamen in deligendo boni fine consentiunt.

> Quantas rerum flectat habenas
> Natura potens, quibus immensum
> Legibus orbem prouida seruet,

mít féstemo bánde. dáz uuíle íh lûto síngen. an lído quéi-
chên séitôn. Tóh tîe chûnen *(sic)* léuuen án ín chétennâ
trágên. únde dóh man sie âzze ába hénde. [ſóre mánlâmi.]
únde dóh sie fóne geuuónên slégen íro méister ſúrhtên.
kechórônt sie des plûotes. sô uuírt ín sâr ûf. íro érera
grímmi. únde sâr behúgent sie sih. üuáz sie sínt. críscra-
môndo in íro uuîs. Tés mézes préchent *) sie die chétennâ.
únde gânt ten méister ze êrest ána. [dér uuírt ter êresto
frísking.] únde ín zánôndo. uuáhset ín diu râzi. *Item.* |
116. Vnde dér fógel. dér dar féret fóne bóume ze bóume sín-
gendo. dér uuírt keſángen. únde in chéuia getän. Tóh man
démo dára uâh tînoe *(sic).* mít kehónagôtên sáchôn. únde
mít állero ſóllûn. sô gnûoge tûont. ze tágalti. únde ze spíle.
Úbe er îo dóh ûzer dero chéuio ze hólz indrínnen múoz,
târ er sînen lîeben scáto síhet. sô íst ímo díu fûora **) vordara ún-

---

*) b íst in p verbessert.
**) Hinter fûora steht fóre, aber unterstrichen.

Stringatque ligans irresoluto
Singula nexu, placet arguto
Fidibus lentis premere cantu.
Quamuis poeni pulcra leones
Uincula gestent, manibusque datas
Captent escas, metuantque trucem
Soliti uerbera ferre magistrum:
Si cruor horrida tinxerit ora,
Resides olim redeunt animi,
Fremituque graui meminere sui,
Laxant nodis colla solutis,
Primusque laeer dente cruento
Domitor rabidas imbuit iras.
Quae canit altis garrula ramis
Ales, caueae clauditur antro:
Huic licet illita pocula melle,
Largasque dapes dulci studio
Ludens hominum cura ministret,
Si tamen arto saliens tecto,
Nemorum gratas uiderit umbras,
Sparsas pedibus proterit escas,

mâre. in ûuálde uuíle er échert uuónên. in uuálde uuíle er
zuîzerôn. *Item.* Tes iúngen bóumes óbenahtigi. uuírt oúh
uuílôn mit nôt níder gezógen. Uuírt er ferlâzen. ér ríhtet
síh áber ûf ze hímele. *Item.* Tiu súnna gât óuh âbendûn
uuéstert in sédel. si chúmet áber mórgenôn tóugenero férte
uuídere ze íro ortu. Állero díngolîh hábet sîna uuíderuárt.
únde sínnet îo dára. dára ímo gesláht ist. Nóh nehéin ánder díng ne ⸗bestât in sînero natûrlichûn órdeno. âne⸗dáz
sîn énde gerértet ze sînero úrrúnste. únde síh in rínges
uuîs ketûot sláta hában. [Fóne díu háltet táz ménnisken
an sînero natura. úbe er ze góte fóne démo er chám.
uuídere fúnden chán.]

QUOD ERROR INDE RETRAHIT. | QUO NATURA 117. TENDIT.

Sô tûont oúh ír ménnisken. an so uuîo écherôdemo
bílde iz sî. dób keséhent ir io. sámo so dúrh tróum. iuuêr
ánagénne. [Prima preuaricatio hábet ménniskôn dáz penó-
men. tóh sie sûochên íro principium. dáz sie iz uuóla bechénnen ne múgen.] Únde uuártênt ír ála rehto fúre ze

---

Siluas tantum mesta requirit,
Siluas dulci uoce susurrat.
Ualidis quondam uiribus acta
Pronum flectit uirga cacumen:
Hanc si curuans dextra remisit,
Recto spectat uertice celum.
Cadit hesperias phebus in undas:
Sed secreto tramite rursus
Currum solitos uertit ad ortus.
Repetunt proprios quaeque recursus
Redituque suo singula gaudent.
Nec manet ulli traditus ordo,
Nisi quod fini iunxerit ortum,
Stabilemque sui fecerit orbem.

Uos quoque terrena animalia, tenui licet imagine;
uestrum tamen principium somniatis, uetumque illum beatitudinis finem, licet minime perspicaci, qualicumque tamen

demo sâligen ûzlâze. so uuîo ír iz mít úndúrhsibtigemo mûote tùênt. Fóne díu [s. uuánda diu natura stárh íst. sô] léitet si íuuih ála réhto râmendo ad summum bonum. únde [uuánda sî geâuuártôt íst. pedíu] mísseléitet íuuih áber der írredo.

PROBANDUM DICIT ARGUMENTIS. AN PER HAEC QUINQUE. QUOD DESIDERATUR UALEAT AD·IPISCI.

Nû chíus tír. úbe sie mít tíen [fínuen]. mít, tíen sie trûuuênt sâldâ guuínnen. dára chómen múgin. dára sie râmênt. Múgen díu sô getânen. sô scáz íst. únde êra. íomanne dés kehélfen. dáz ímo nehéines kûotes ne bréste. sô îebên dîen dero sâlighéite. dîe déro dehéin guuínnên. Ne múgen siu áber geléisten dáz siu gehéizent. únde bristet ín mániges kûotes. sô sínt siu óffeno lúkkez pílde dero sâlighéite.

118. **PRIMA PROBATIO IN DIUITIIS. |**

Nù ze êrest ságe dû mír. dû míttúndes ríche uuâre. Tô du ríchesto uuâre. geskáh tír îeht ángestliches. fóne íomannes scúlden. dáz tín mûot írti? Ze uuâre chád ib. íh ne uuárt nio dés íh kehîge. sô inbúnden mînes mûotes. ih ne ángesti úmbe éteuuáz. Ne uuás táz pedíu chád si. ·dáz tír éte-

---

cogitatione perspicitis, eoque uos et ad uerum bonum naturalis ducit intentio et ab eodem multiplex error abducit. Considera namque, an per ea, quibus se homines adepturos beatitudinem putant, ad destinatum finem ualeant peruenire. Si enim uel pecunia, uel honores, ceteraque tale quid afferunt, cui nihil bonorum abesse uideatur, nos quoque fateamur fieri aliquos horum adeptione felices. Quod si neque id ualent efficere, quod promittunt, :bonisque pluribus carent, nonne liquido falsa in eis beatudinis species deprehenditur? Primum igitur te ipsum, qui paullo ante diuitiis affluebas, interrogo. Inter illas abundantissimas opes numquamne animum tuum concepta ex qualibet iniuria confudit anxietas? Atqui, inquam, tam libero me fuisse animo, quin aliquíd semper angeret, reminisci nequeo. Nonne quia uel aberat, quod abesse non uelles,

liches liebes mángta. tés du dír ne uuóltist méngen. álde
dír léid hábetôst. táz tu háben ne uuóltist? Táz ist álso
chád ih. Tô géretôst tû chád si. énes kágenuuérti. dísses
ábuuérti. Tés jîho ih chád ih. Sô ist mán áber dúrftig chád
si. dés er gérôt. Túrftig chád ih. Tér iehtes túrftig ist
chád si. tér ne ist álles tínges nîeht cnúhtig. Sô ne ist chád
ih. [Táz ist argumentùm a parte. Quasi diceret. Non habet
totum. cui partes desunt.] Líte dù chád si. díse dúrfte. tô
du hárto rîche uuâre? Uuîo ánderes chád ih. Úbe díz sús
ist chád si. sô ne múgen ôtuuálâ nîomêr úndúrftigen getûon. nóh cnúhtigen. Únde dés kelih tâten sîe dóh. *Item.*
Táz ist óuh cnôto ze bedénchénne. táz ter scáz téro tú-|
gede án ímo sélbemo nîeht ne hábet. ín ne múge man 119.
úndánches némen dîen. déro er ist. Tés iîho ih chád ih.
Zíu ne sólti| tû is iéhen chád si? Tánne ín tágoli-
ches. îo dér báz mág. ándermo úndanches néme? Uuánnân
chóment ánderes. dîe dínglichen chlágâ. únde dîe dínglichen
rûoftâ? Áne dáz tîe mít nôte. álde mít úodríuuôn genóme-
nen scázzâ ne uuéllentên. uuídere geéiscôt uuérdent? Táz
ist sô chád ih. Fóne díu ist chád si. mánnolîh túrftig ánderes
mánnes hélfo. sînen scáz ze gehéienne. únde ze iruuérenne.

---

uel aderat, quod adesse noluisses? Ita est, inquam. Illius
igitur praesentiam, huius absentiam desiderabas. Confiteor,
inquam. Eget uero, inquit, eo, quod quisque desiderat?
Eget, inquam. Qui uero eget aliquo, num est usque
quaque sibi ipse sufficiens? Minime, inquam. Tu itaque
hanc insufficientiam plenus, inquit, opibus sustinebas?
Quid ni? inquam. Opes igitur nihilo indigentem suffi-
cientemque sibi facere nequeunt, et hoc erat, quod pro-
mittere uidebantur. Atqui hoc quoque maxime considerandum puto, quod nihil habeat suapte natura pecunia, ut
his, a quibus possidetur, inuitis nequeat auferri. Fateor,
inquam. Quidni fateare, cum eam quotidie ualentior aliquis eripiat inuito? Unde enim forenses querimoniae, nisi
quod uel ui uel fraude a nolentibus pecuniae repetuntur
ereptae? Ita est, inquam. Egebit igitur, inquit, extrinsecus petito praesidio, quo suam pecuniam quisque tueatur.

Uuér chád íh mág tés kelóugenen? Nû ne uuâre
ímo déro hélfo nehéin dúrft chád si. úbe er dén
scáz ne hábeti. dén er fúrhtet ferlíesen. Nehéin zufuel ne
íst tés chád ih. Úbe díz sús íst chád si. sô íst taz tínn *g*
uuíderuuártîgo bechêret. Íh méino dàr ána. uuánda der
ríhtûom dér sie gnúhtîge tûon sólta. íro sélbero hálb. tér
tûot sie dúrftîge ánderro hélfo. [Táz íst argumentum ab
euentu. Sámo so sî châde. Quia diuites euenit egere. ideo
diuitiẹ sunt causa egestatis.] *Item*. Ze uuélero uuîs múgen
dánne dúrftẹ úberuuúnden uuérden mít rîhtûome. Ne mág
120. tie ríchen nîeht húngerên | nóh túrsten na? Ne infindent
tero ríchôn líde des fróstes nîeht na? Sô hábent sîe gezíug
chîst tu. mít tíu sie gebûozên den húnger. únde den dúrst.
iôh ten fróst. Ze déro uuîs chído áber ih. mág téro dúrfto
ételih trôst uuérden. mít rîhtûome. nâh fúrenomes lába
uuérden. Úbe indigentia îo giêt. únde îo gérôt. únde mit
sáchôn erscóben uuírt. sô uuérêt sî nôte îo ze dero fúlli.
[Sîd tiu fúlli sîa ne tîligôt. sô uuâzer fiur tûot. únde sî
échert stíllêt. sô íst si îo. sô ne zegât si. Uuúrte si mít
opibus fertîligôt. sô ne uuâre si. Argumentum a minore
ad maius. Minus est enim reprimere. quam extinguere.]
Item. Íh uuíle dés fersuîgên. dáz tero naturẹ lúzzel gnûoget. únde dero fréchi nîonêr ána gnûoge neíst. [Fames
únde sitis. únde nuditas. máchônt mánnolichen egenum.

Quis id, inquam, neget? Atqui non egeret eo, nisi possi-
deret pecuniam, quam possit amittere. Dubitari, inquam,
nequit. In contrarium igitur relapsa res est: nam quae
sufficientes sibi facere putabantur opes, alieno potius praesidio faciunt indigentes. Quis autem modus est, quo pellatur
diuitiis indigentia? Num enim diuites esurire nequeunt? num
sitire non possunt? num frigus hibernum pecuniorum membra non sentiunt? Sèd adest, inquies, opulentis, quo famem
satient; quo sitim frigusque depellant. Sed hoc modo conso-
lari quidem diuitiis indigentia potest, auferri penitus non potest. Nam si haec hians semper atque aliquid poscens opibus expletur, maneat necesse est, quae possit expleri. Taceo,
quod naturae minimum, quod auaritiae nihil satis est.

Tia indigentiam mûgen opes kebûozen. án dien únfréchen.
Tîe áber fréh sínt. uuánda ín níehtes fóllûn ne dúnchet.
pedíu sínt sie îo árm. únde îo dúrftig.] Fóne díu ságe dû
mír chád si. úbe rihtûom dúrfte fertîligôn ne mág. únde
er ióh túrfte máchôt. uuélicha gnúht mág er dánne gében.
uuânent ír? [Argumentum a contrariis. Quasi diceret.
Opes quę indigentiam gignunt. quomodo sufficientiam quę
eis contraria est | gignant?]

AUARO INUTILES ESSE DIUITIAS.

Tóh ter frécho mán. sámo ríche uuórtenêr. sámo so
ímo zúo rínne daz cóld. sînen scáz tés ímo níomêr fóllûn
ne dúnchet. kehûfoe. Vnde er geláde sînen háls mít tíen
gímmôn des rôten méres. Únde er mít cênzeg flûogen ze
áchere gánge. in birîgemo lande. Ûmbe dáz ne gebrístet
ímo nio sórgûn lébendemo. Nóh úmbe dáz ne fólgênt ímo
níeht tôtemo. sîne líehtlichen *(sic)* sáchâ.

SECUNDA IN DIGNITATIBUS.

Témo áber die hêrskéfte zùo geslíngent. máchônt tîe
dén êrháften. únde ántsazîgen? Íst tánne díu chráft án dien
ámbáhten. dáz sie dien ámbahtmánnen túgede gébên.
âchúste némên? Tríuuo. síu ne sínt níeht sítig tes mánnes

Quare si opes nec summouere indigentiam possunt et
ipsae suam faciunt, quid est quod eas sufficientiam praé-
stare credatis?

Quamuis fluente diues auri gurgite
Non expleturas cogat auarus opes,
Ornetque baccis colla rubri litoris,
Ruraque centeno scindat opima boue:
Nec cura mordax deserit superstitem,
Defunctumque leues non comitantur opes.

Sed dignitatis honorabilem reuerendumque, cui pro-
uenerint, reddunt. Num uis ea est magistratibus, ut utentium mentibus uirtutes inserant, uitia depellant? Atqui
non fugare, sed illustrare potius nequitiam solent, quo fit,

úbeli ze tíligônne. núbe ze óffenônne. Tánnân geskihet
ticcho. dáz uuír siu zúrnên. ze hánden chómen uuésen
dien zágostên. Fóne díu uuárd táz catullus nonium gútter
híez. dóh er án demo hêrstûole sâze. [Catullus uuás ueronensis poeta nobilis. pedíu uuás ímo´nonius únuuérd. tér
122. fóne gallia ze roma chómenêr. mít gothorum suffragio | ze
consulatu gestéig.] Ne síhest tu dâr ána na. uuáz únerôn
ámbaht únde uuírde gébên dien úbelên. Ze tríuuôn íro
únuuírde skînent tés tóh mínnera. úbe sie nehéin ámbaht
êra ne mâret. *Item*. Máhtôn sâr díh ánabríngen dehéine
fréisâ. dáz tû consulatum mít decorato hínderstân uuóltîst.
tén du uuíssôst skírnen. únde méldare? [Tísêr decoratus
uuas fautor gothorum. pedíu uuás er méldâre dero ciuium.
Uuánda er óuh târ míte spílománnes kebârda hábeta. fóne
díu ne uuólta er sîn collega nîeht uuérden in consulatu.
tóh iz ter chúning uuóltî. Táz uuás ímo fréisa uuíder den
chúning.] Uuír ne múgen dîe nîebt áhtôn êrbafti uuírdîge.
úmbe íro ámbaht. dîe uuír sélbes tes ámbahtes áhtoên
únuuírdige. Tén du áber sáhîst uuîsen. mábtîst tû dén
áhtôn únuuírdîgen êrháfti. únde sélbes sînes uuîstûomes?
Néin du. Túged hábet an íro sélbûn éigene uuírde. Tîe
si sâr dîen gíbet. tîen si gelâzen íst. Uuánda dáz tiu uuérît.
123. êrâ nîeht ketûen ne múgen. pedíu skînet. táz | sie nehéina
scôni

---

ut indignemur eas saepe nequissimis hominibus contigisse,
unde catullus licet in curuli nonium sedentem strumam
appellat. Uidesne quantum. dedecus malis adiiciant dignitates? Atqui minus eorum patebit indignitas, si nullis honoribus inclarescant. Tu quoque num tandem tot periculis
adduci potuisti, ut cum decorato gerere magistratum putares, cum in eo mentem nequissimi scurrae delatorisque
respiceres? Non enim possumus ob honores reuerentia
dignos iudicare, quos ipsis honoribus iudicamus indignos.
At si quem sapientia praeditum uideres, num posses eum
uel reuerentia, uel ea, qua praeditus est, sapientia non
dignum putare? Minime. Inest enim dignitas propria uirtuti,
quam protinus in eos, quibus fuerit adiuncta, transfundit.
Quod quia populares nequeunt facere honores, liquet eos
pro-

scôni ne hábent, éigenero. uuírde. [Án demo fine skînet
tiu causa. Úbe popularis; dignitas uuâre causa reuerentie.
so uuér dánne dignitatem hábeti. démo ne brâste nieht
reuerentie. Pedíu héizet táz argumentum a fine.] Tár án
déro stéte uuírt. tés cnôto uuára ze tûonne. [s. uués causa
dero úbelôn dignitas sî. sîd sî reuerentie causa ne íst.]
Propositio. Úbe mánnolih sô ueruuórfenero íst. sô er io
fóne mánigorên ferchóreu uuírt. *Assumptio.* Sô láng taz
ámbáht êrháfte getûon ne mág. tie úbelen. tóh iz sie tûe
chúnde. *Conclusio.* Táz iz sîe óuget. án díu tûot iz sie
fúre êrháfte uersíhtige. [Târ skînet. táz tien úbelên íro
dignitas íst causa despectionis.] Náls áber ingníuz. [Is
uuírt íro gedánchôt.] Uuánda sámolicha únêra tûont. sie
dára gágene dien ámbáhten. tíu sie besmîzent mít íro úbeli.
Item. Unde lâ míh. tír mêr ságen. dáz tu bechénnêst. nehéina uuâra êrháftî chómen fóne dísên lúkkên hêrskeften.
Tér ióh ticcho consul uuírdet. feruuállôt tér ódeuuemo fêrro
únder énderske líute. tûot ín dánne dâr êrháftên sîn héi-
miska êra? Uuâre díu êrháfti ánabúrtîg tien ámbahten. sô
ne gesuíche si ín | nîonêr. Álso daz fiur nîonêr âne sîna 124.
hízza ne íst. Uuánda áber ín dîa êra nieht ne gíbet íro
sélbero túged. núbe lúkkêr uuán dero ménniskôn. die sie
êrôn uuírdige áhtônt. fóne díu ingánt sie ín sâr. sô sie ze

propriam dignitatis pulcritudinem non habere. In quo illud
est animaduertendum magis: nam si eo abiectior est, quo
magis a pluribus quisque contemnitur, cum reuerendos facere nequeant. quos pluribus ostentat despectiores, potius
dignitas improbos facit. Uerum non impune; reddunt
namque improbi parem dignitatibus uicem, quas sua contagione conmaculant. Atque ut agnoscas ueram illam reuerentiam per has umbratiles dignitates non posse contingere, sic collige. Si quis multiplici consulatu functus in
barbaras nationes forte deuenerit, uenerandum ne barbaris
honor faciet? Atqui si hoc naturale munus dignitatibus
foret, ab officio suo quoque gentium nullo modo cessarent,
sicut ignis ubique terrarum numquam tamen calere desistit. Sed quoniam id eis non propria uis sed hominum
fallax annectit opinio, uanescunt illico, cum ad eos uene-

den chóment. tie tie era fáre nieht ne habent. Nu geskihet táz ánder fremeden. Item. Under tien sie ióh fóne erost uuúrten. sint sie mit tien state? [Táz chúnne dár ána. dáz] prætura íu uuás ein michel geuualt. únde iz nú ist echert úpig námo. Unde heuig árbeit. tero hérron scázzes. [Sub augusto uuás tero senatorum numerus mille. únde iro census. ten sie iárlichen infáhen sóltón. tér uuás só suetonius ságet octingentorum milium summa. Vbe prætores ten scáz recchen sóltón. dáz ne máhta áne árbeite nieht sín.] Tér óuh tes purgliutes frúondo íu flégen sólta. tér uuás máhtig. uuellih ámbaht ist áber nú smáhera.

[Unz án augustum só gnúogta romanis tero frúondo ze demo fare. diu áfter italia únde sicilia gesámenot uuárd. só fóne imo egyptus uuárd redacta in prouinciam. dáz chit in flihtláht. dô gesázta er ín dánnán abundantiam. ad septem menses. Tér uuás nóte máhtig. tér só micheles dinges flág.

DE COMITIIS.

Fóne liuio. únde fóne ánderén historicis uuizen uuír. dáz tie ámbaht sézzeda ze romo hiezen ze romo | comitia. a comendo. únde sélben diu ámbaht hiezen magistratus. únde dignitates. Téro ámbahto uuás náh tien expulsis regibus consulatus taz hérósta. témo fólgeta legataria dignitas. uuánda dáz ten consulem ánagieng ze ituónne. táz frúmeta sín legatus. Álso reges trúogen in capite coronam. álde diadema. só trúogen consules tár iure fasces in capite. dáz uuáren insignia maiestatis. dáz chit. zierda. únde bechénneda dero mágenchréfte. Álso uuír in demo hús héizen mágensúl. dia méistún

---

rint, qui dignitates eas esse non aestimant. Sed hoc apud exteras nationes. Inter eos uero, apud quos ortae sunt, num perpetuo perdurant? Atqui praefectura magna olim potestas nunc inane nomen est, et senatorii census grauis sarcina. Si quis quondam populi curasset annonam, magnus habebatur. Nunc ea praefectura quid abiectius?

sûl. íh méino. díu den fírst tréget. sô híez tiu chráft tero
consulum. álde dero regum. álde dero dictatorum. má-
genchráft. uuánda sî diu méista uuás. Tîe déro maiestati
regum. álde consulum uuîderbórig uuáren. únde sie dâr
úmbe fóre ín ubertéilet uuúrten. díe hábetôn flúht ze
dien líuten áfter dero rûmiskûn êo. dáz sie ín dero fréisôn húlfin. Díu flúht hîez prouocatio. Sô áber dánnân
díccho eruuûohsen maxime dissensiones. díe dissensiones
ze uerзérenne. sáztôn sie dictatorem. tés maiestas sólih
uuâre. dáz nîoman dés ne hábeti prouocationem ad po-
pulum. dáz ímo fóne démo ertéilet uuúrte. Témo fólgeta
îo magister militum. únde dén uuéleta ér ímo sélbo.
álso der consul téta sînen legatum. Náh ín uuâren tri-
bnni. plebis keuuáltigôsten. téro uuâren uuilôn zuêne.
uuilôn ióh zêne. únde díccho uuúrten díe sô creati. dáz
sie hábetîn consularem potestatem. dáz chît similem
consulibus. Tîe hîezen fóne díu tribuni plebis. uuánda
sie iudicia plebis úber síh nâmen. Tára náh uuâren
pretores. únde censores. únde questores. Pretores fúre
fûoren den consulem. in exercitu. únde ríhtôn ímo sîn
pretorium. íh méino sîn tentorium. târ ér ínne sáz ad
iudicandum et contionandum. táz chît ze ríhtenne. únde
ze sprâchônne. Tánnân hîez er pretor a preeundo. quasi
preitor. Censores uuíelten fiônoscázzes. ter in erario
gehálten uuás. fóne dív | hîezen sie a censu censores. 126.
Questores uuâren des scázzes fórderâra. dicti tamquam
quesitores. Tára náh uuâren prefecti. dáz chît flégara.
díe úber misselichíu negotia uuâren. Sô uuâren ediles.
tie dero edium hûtôn. únde díe besáhen. Duumuiri únde
triumuiri hîezen díe úber fráuali díngotôn. Fóne díu
zíhet suetonius augustum. dáz er acerrimus uuâre in suo tri-
umuiratu. Fúre duumuiros únde triumuiros. uuúrten síd pre-
sides. Decemuiratus uuárd échert éinêst kesézzet. tô romani fúre duos consules decemuiros chúren. dáz sie éinzên
fasces trûogin. únde éinzên áfter hérto dero reipublicę flâgin.
Proconsules uuâren in loco consulum. Pontifices flâgen
dero religionis. Imperatores. duces. comites. sínt chúnt.

DE ORDINE CIUIUM ROMANORUM.

Tár míte tóug ze bechénnenne. dáz romani ciues
keskéiden uuâren. în patres. únde in plebem. Téro pa-
trum uuâren tres ordines. Tér hérôsto ordo uuás claris-
simorum. Fóne díu lésên uuir ih passione Sebastiani scī.
Clarissimis cottîdie uiris marcelliano et marco suadebat
seculi blandimenta respuere. Ánderíu uuás illustrium.
Án déro uuás boetius. Pédíu chît tér titulus tísses púo-
ches. Anicii. manlii. seuerini illustris uíri. Tíu dritta
uuás exspectabilium. Also beata agatha fóne íro sélbûn
chád. Ingenua sum. et exspectabilis genere. Plebis
uuâren zuô ordines. equestris únde pedestris. Tér uuás
eques. tér decem milia máhta geziugôn déro sûarôn fén-
dingó. die sestertia hiezen. Tíe mínnera hábetôn. díe
mûosôn gân. So zît uuás ámbaht ze sézzenne. sô sáztôn
siu die patres. per suffragia plebis. Íro gelúbeda. únde
íro béta. dáz uuâren suffragia. Tíe fóne ánderên búrgen
dára chómene uuâren. tíe hábetôn día sélbûn êa. âne
dáz sie nieht ne máhtôn ferre suffragia. Tánnân skînet
táz tíe dár hiezen patres. únde senatores. íóh âne ám-
baht michela dignitatem | hábetôn.] *Item.* Álso ih
târ fóre grébto chád. dignitas tíu nîeht éigenero zíerden
ne hábet. tíu guuínnet sia. únde ferlíuset sia. sô díe
uuânent. téro si ist. *Conclusio.* Úbe hérskéfte ér-
háfte getûon ne múgen. úbe sie íóh hônet téro gûote-
lôson úbeli. únde úbe sie fóre álti ferblîchent. [táz chît
slingen gestânt.] únde úbe sie fóne férrên líuten fer-
smâhet uuérdent. uuáz hábent sie dánne án in lústsámero
scôni? ih ne dárf chéden. uuáz sie íro ánderên gében.

Ut enim paullo ante diximus, quod nihil habet proprii decoris, opinione utentium nunc splendorem accipit, nunc
amittit. Si igitur reuerendos facere nequeunt dignitates,
si ultro improborum contagione sordescunt, si mutatione
temporum splendere desinunt, si gentium aestimatione
uilescunt, quid est, quod in se expetendae pulcritudinis
habeant, ne dum aliis praestent?

Item. Tòh ter grímmo únde der zúrlústigo nero síh úber
múotlicho gáreti. mít tero tíurestûn purpurûn. únde mít
scônén gímmôn. Ér uuás io dóh tien sînèn állèn léidsám.
náls éruuírdig. Ér spéndôta io dóh álso úbelêr dien éruuîr-
digèn hêrrôn únzímige hêrskéfte. [Vnzímige. uuánda sie
fóne úbelero héndo chámen.] Uuér sól dánne uuânen. díe
êrâ uuésen sâlige. tie die uuênegen gébent? [Argumentum
a contrariis. ut sunt beatitudo et miseriẹ.]

TERTIA IN POTESTATIBUS.

Mág chúningo geuuált. únde dáz man ze in hábet
kesuásheit máhtige getûon? Ziu ne mág chîst: | tu? Sid 128.
tie chúninga nîoman ába ne stôzet. únde in íro sáligheit
fólle gât? Uuír éigen dés mánigiu bílde. fóne áltên. ióh
fóne níuuên zîtén *(sic).* uuîo mánige chúninga náh sáldon
ze bárme châmen. Ein mâre geuuált íst réhto dér nû. dér
nôh síh sélben hálten ne mág. Úbe chúninges keuuált
sáligheit máchôt. uuâr íst si dánne nû. síd tés nôt íst. so
uuâr íro bréste. dáz tér brésto mínneroe dia sáligheit. únde
înfûore dia uuêneghéit. Préitên sih óuh férro diu irdisken ríche.

Quamuis se tyrio superbus ostro
Comeret et niueis lapillis,
Inuisus tamen omnibus uigebat
Luxuriae nero seuientis.
Sed quondam dabat improbus uerendis
Patribus indecores curules.
Quis illos igitur putat beatos,
Quos miseri, tribuunt honores?

An uero regna regumque familiaritas efficere potentem ualent? Quid ni, quando eorum felicitas perpetuo
perdurat? Atqui plena est exemplorum uetustas, plena
etiam praesens aetas, qui reges felicitatem calamitate mu-
tauerint. O praeclara potentia, quae nec ad conser-
uationem quidem sui satis efficax inuenitur! Quod
si haec regnorum potestas beatitudinis auctor est, nonne,
si qua parte defuerit, felicitatem minuat, miseriam in-
portet? Sed quamuis late humana tendantur imperia,

nóh. tánne sint to mánige dietc, déro éin chúning sò
uuélêr geuuáltigôsto ist. nieht ne uuáltet. Târ díu máht
ába. gât tíu 'sâlige tûot. târ gât tíu únmáht zû. diu uuénege
tûot. [Táz ist argumentum a contrariis.] In dísa uuîs ist
nôt. [táz chíl, hínnán ist nôt] tien chúningen mêr ánalígen
uuêneghéite. dánne sâligbéite. Dionisius. dér [pínumſtlicho
(sic) uuîelt sicilie, únde bedíu] sînes keuuáltes fréisâ be-
chánda. dér máz tia fórhtûn. die ér úmbe sîn rîche dóleta.
ze dien fórhtôn. dés óbe hóubete hángênten suértes. [Ér
199. háncta iz | témo úber hóubet pe éinemo smálemo fádeme.
tér zé ímo chád. táz er sâlig unâre. únde frâgeta ín. uuîo
sâlig pist tu nû? Uuîo sâlig mág ih sîn chád ér. únz ih
tiz auért fúrhto? Álso sâlig pín ih chád dionisius. tés sél-
bén fúrhtendo.] Uuáz keuuálto mág táz sîn. díu mánne
nieht penémen ne mág. ín ne bîzên sórgûn. únde ín ne
géltên fórhtûn? Nû uuóltin sie dóh kérno lében síchûro.
síe ne múgen áber. Únde rûoment sie síh tóh íro geuuáltes. Ábtôst tû dén geuuáltigen. dér dáz ketûon ne mág.
táh er uuîle? Ábtôst tû sâligen, dér îo dia sîtţûn (sic)
úmbestéllet. mít tien chnéhten? Tér die intsízzet. tíen er
égôt? In dés mánno bánden dáz stât. táz er geuuáltig sî?
Uuáz tárf ih ságen fóne dien gesuâsôn dero chúningo. uuîo

---

plures necesse est gentes relinqui, quibus regum quisque non
imperet. Qua uero parte beatos faciens desinit potestas, hac
impotentia subintrat, quae miseros facit: hoc igitur modo ma-
iorem regibus inesse necesse est miseriae portionem.
Expertus sortis suae periculorum tyrannus · regni metus
pendentis supra uerticem gladii terrore simulauit. Quae
est igitur haec potestas, quae sollicitudinum morsus ex-
pellere, quae formidinum aculeos uitare nequit? Atqui
uellent ipsi uixisse securi, sed nequeunt; dehinc de potestate gloriantur. An tu potentem censes, quem uideas
uelle, quod non possit efficere? potentem censes, qui
satellite latus ambit, qui, quos terret, ipse plus metuit,
qui, ut potens esse uideatur, in seruientium manu situm
est? Nam quid ego de regum familiaribus disseram, cum

uuéib tie sîn. sîd íh sélben die chúninga geóuget hábo sô
uuéiche? Tie chúningo geuuált intsézzet. uuîlôn únz er
grébt íst. uuîlôn sô er beuállet. [Sô der chúning peuállet.
sô beuállent sîne gesuâsen. ófto beuéllet óuh ér sie sélbo.
Sô uílo sínt óuh sîe uuéicheren.] Álso dâr áua skînet. táz
nero sînen gesuâsen. únde sînen méister senecam. genôtta
ze déro uuéli des tôdes. [Tô ín sînes tôdes lústa. dô téta
er ímo dáz sámo so ze êron. dáz ér ín líez uuéllen dén
tôd. Tára náh kuán er dén medicum. dér ímo blûot líez
in demo báde. únz ímo sô] úpmáhta. dáz er dés kendôta.] 130.
Álso gebôt antoninus. [cognomento pius duodecimus ab
augusto.] daz papinianum dâr in hóue lángo geuuáltigen.
sîne hérechnébta slûogen. Tie béide uuóltôn síh kérno
ûzôn íro geuuáltes. únz sie gesúnde uuâren. Seneca uuólta
ióh sîn gûot ál gében neroni. únde héime sízzen múozíg.
Áber sô iz ío féret. táz tie sîgenten íro suâri níderzíhet.
pedíu ne iruuánt iro ncuuéderêr. nóh in ne spûota. dés,
sie uuóltôn. [Sîe uuâren úberláden. dáz erfálta sie.] Uuîolih íst tánne dér geuuált: dén die fúrhtent téro ér íst? Tén
dû hábendo únsíchure bíst. úbe dû ín háben uuîle. únde
úbe dû ne uuîle. fóne ímo ne máht? Uuérdent tír is tie
fríunt ze gûote. dû ne sîst únsíchure. die állero dícchôst
fóne túgede ne chóment. núbe fóne sáldôn? Súnder [dés
ne trûe dû. uuánda] den diu sâlda máchôta fríunt. tén

---

regna ipsa tantae imbecillitatis plena demonstrem? quos
quidem regia potestas saepe incolumis saepe autem lapsa
prosternit? Nero senecam familiarem praeceptoremque
suum ad eligendae mortis coegit arbitrium. Papinianum
diu inter aulicos potentem militum gladiis antoninus ob-
iecit. Atqui uterque potentiae suae renuntiare uoluerunt,
quorum seneca opes etiam suas tradere neroni, seque in
otium conferre conatus est, sed dum ruituros moles ipsa
trahit, neuter, quod uoluit, effecit. Quae est igitur ista
potentia, quam pertimescunt habentes, quam, nec, cum
habere uelis, tutus sis, et, cum deponere cupias, uitare non
possis? An praesidio sunt amici, quos non uirtus sed
fortuna conciliat? Sed quem felicitas amicum fecit, infor-

máchôt sâr únsâlda fîent. Uuélîh sâht íst tánne scádohás-
tera. dánne der gesnáso fîent?

QUAE SIT UERA POTENTIA.

Tér̃ geuuáltig unélle sîn. dér duuínge sîn gẽilla můot.
nóh ne lâze nîeht sînen hâls úberuuúnden uuérden fóne
gelúste. úndertânen sînemo scámelîchemo brídele. [Táz
chít. ér ne bénge sinén gelústen.] | Uuánda dóh tînen geuuált
tîu ùzeròsten lánt fúrhtèn. sô india ist [òstert]. únde tíle [nór-
dert]. Táz tú io nîeht úberuuínden ne máht scádoháfte gí-
redà. únde uuèneglīche chlágā. [táz chít tîe súndā díe ze chlá-
gònne sínt.] táz sint únmáhte. dáz tůot tíh úngeuuállîgen.

QUARTA IN GLORIA.

Áber díu gůollichi. uuîo lúkke díu ófto ist. únde
uuîo scántlîh. [Scántlîh pedíu. uuánda si lúkke íst.] Fóne
díu mág páldo rûofen der tragicus poeta apud grecos.

<pre>
gloria gloria milibus mortalium nihil aliud facta nisi aurium
o doxa doxa miriis idebroton   u den gagosen ei   oton
                        inflatio   magna
                   oggosas megan *)
</pre>

Já gůollichi gůollichi dûsent ménniskôn nîeht ánderes uuór-
temíu. âne míchel hèni dero ôrôn. [Taz léb kehòrent tîu

*) Cf. ὦ δόξα δόξα μυρίοισι δὴ βροτῶν
δυᵈὲν γεγῶσι βίοτον ὄγκωσας μέγαν. Eurip. Androm.

---

tunium faciet inimicum. Quae uero pestis efficacior ad
nocendum, quam familiaris inimicus?

Qui se uolet esse potentem,
Animos domet ille feroces,
Nec uicta libidine colla
Foedis submittat habenis.
Etenim licet indica longe
Tellus tua iura tremiscat,
Et seruiat ultima tule;
Tamen atras pellere curas
Miserasque fugare querelas
Non posse, potentia non est.

Gloria uero quam fallax saepe, quam turpis est! Unde
non iniuria tragicus exclamat: o gloria, gloria, in millibus
mortalium nihil aliud facta, nisi aurium inflatio magna.

ôten gérno. bedíu indûont siu síh tara gágene.] Mánige
guúnnen ófto míchelen námen fóne lúkkemo líumende des
líutes. Uuáz mág tánne lôsera sîn. álde erdénchet ouérden.
Tie man lóbot mit únréhte. tie scámênt síh nôte íro lóbes.
Vbe óuh líumenda mit rehte guúnnen uuérdent. uuáz uuéiz
tánne der nuîso mán. dés tóh mêr túgede hínder ímo?
Tet síhe frêhte nîeht ne áhtôt áfter líumende. núbe áfter —
geuuízenero uuârhéite. Túnchet óuh mánne scône geuuît
préitôn sînen pámen. sô gezímet uuóla. dáz er ménniskôn
ne dúnche hônen námen bréiten. núbe. uuârháfto gûolli-
chen | Tánne áber nôt. sî. sô íh fóre ságeta. mánige líute 132.
uuêsen. ze dîen éines mánnes. líument fólle chómen. ne
mág tánnân geskíhet. ten dû áhtôst kûollichen. táz tér sî
úmbehúget in ándermo lánde. Târ míte ne áhtôn íh sâr
nîeht téro líuto lób tes uuérdez. táz íh is keuuâne. Táz
fóne chîesenne sâr ne chúmet. nóh sih fásto ne fólle habet.
Item. Áber dér námo des keédeles. tés síh cnûoge gûolli-
chônt. uuîo úppig únde uuîo fersihtig ne íst tér? [Futile
héizet táz úngehába fáz. táz ze léchen. álde eruuórten íst. —
Témo íst kelih. tér ze ímo sélbemo lôs íst. únde dóh uuíle
héizen édeling.] Tér námo dés hálb nîeht keméinet ne —

Plures enim magnum saepe nomen falsis uulgi opinionibus
abstulerunt, quo quid turpius excogitari potest? Nam qui
falso praedicantur, suis ipsi necesse est laudibus erubescant.
Quae si etiam meritis conquisitae sint, quid tamen sapien-
tis adiecerint conscientiae, qui bonum suum non populari
rumore sed conscientiae ueritate metitur? Quod si hoc
ipsum propagasse nomen pulcrum uidetur, consequens est,
ut foedum non extendisse iudicetur. Sed cum, uti paullo
ante disserui, plures gentes esse necesse sit, ad quas unius
fama hominis nequeat peruenire, fit, ut quem tu aestimas
gloriosum, proxima parte terrarum uideatur inglorius.
Inter haec uero popularem gratiam ne commemoratione
quidem dignam puto, quae nec iudicio prouenit, nec umquam firma perdurat. Iam uero quam sit inane, quam

dárf uuérden ze mâri. uuánda er ze éinemo ándermo triffet. Also an dírro diffinitione skînet, táz nobilitas íst chómen lób. fóne dero fórderôn uuírden. Sid taz lób mâri
tûot. sô sínt tîe fórderen mâre. déro daz lób ist. Pedíu ne
máchôt tíh skînbâren. ánderro mâri. úbe du dîna ne ha-
best. Táz éina áhtôn íh échert kûot. uuésen án demo
édele. úbe js ieht kûot íst. táz tien édelíngen dés nót
túnche. nâh tien fórderôn ze sláhenne án iro túgede.

UNAM CUNCTIS ORIGINEM ESSE.

Fóne gelîchemo úrspringe. châmen álle ménnisken
133. in érdo. Állero creaturarum íst éin fáter. | éiner fliget iro
állero. Ér téta skînen dîa súnnûn. hórnên den mânen.
Ér scûof tie ménnisken in érdo. stérnen in hímele. Ér
betéta dia sêla ín dien líden. fóne hímele hára níder ge-
frúmeta. Pedíu hábet álle ménnisken gerécchet édelêr chîmo.

----

futile nobilitatis nomen, quis non uideat? quae si ad claritudinem refertur, aliena est. Uidetur namque esse nobilitas, quaedam de meritis ueniens laus parentum. Quod
si claritudinem praedicatio facit, illi sint clari necesse est,
qui praedicantur. Quare splendidum te, si tuam non habes, aliena claritudo non efficit. Quod si quid est in
nobilitare bonum, id esse arbitror solum, ut imposita no-
bilibus necessitudo uideatur, ne a maiorum uirtute de-
generent.

> Omne humanum genus in terris
> Simili surgit ab ortu:
> Unus enim rerum pater est,
> Unus cuncta ministrat.
> Ille dedit phoebo radios,
> Dedit et cornua lunae.
> Ille homines etiam terris
> Dedit, et sidera caelo.
> Hic clausit membris animos
> Celsa sede petitos.
> Mortales igitur cunctos
> Edit, nobile germen.

[uuánda sie fóne hímele búrtig sint.] Uuáz rùoment ir
dánne iuuèr chúnne. únde iuuere ältförderèn. Úbe dû án
daz ánagénne uuártêst. únde an gót órtfrúmen. sô ne ist
nioman únédele. Ér ne uuélle síh súndóndo gelóuben sínes
úrspringes. [Ferlázet er sínen sképfen. sô indédelet er.]

QUINTA IN UOLUPTATE.

Uuáz mág íh chôsòn fóne des líchamen lústsami?
Tér (sic) demo mán fîlo nòt íst. kérôndo, únde déro er
sámo léideg uuírdet fólletânero. Uuîo mánige súhte. uuîo
chréftige suérden si gibet tien íro spúlgentên. sámo ze
nûochere derò úbeli. [Fóne díu chád éin poeta. Uno
namque modo uina uenusque nocent.] Uuáz an íro gíredo
uuúnnôn si. dáz ne uuéiz ih. [Uuîo mág iz uuúnna sín.
sô iz anxietas íst?] Áber uuîo léidsám der ûzlâz si. dáz
pechénnet tér. dér síh pehúgen uuíle sínero zùordôn. Mú-
gen sie | ménnisken sálige tûon. sô ne ménget óuh nîeht 134.
temo uébe. núbe iz sálig si. Tés sín állér íst ten bádeming
ze érfúllenne. *Item.* Íh châde chíuske uuúnna uuârín
chéna. únde chint. âne dáz man ságet. táz térro ûzer dero

Quid genus et proauos strepitis?
Si primordia uestra
Auctoremque deum spectes,
Nullus degener exstat,
Ni uitiis peiora fouens
Proprium deserat órtum.

Quid autem de corporis uoluptatibus loquar, quarum
appetentia quidem plena est anxietatis, satietas uero poeni-
tentiae? Quantos illae morbos, quam intolerabiles dolores,
quasi quendam fructum nequitiae fruentium solent referre
corporibus! quarum motus, quid habeat iucunditatis, ignoro.
Tristes uero esse uoluptatum. exitus, quisquis reminisci
libidinum suarum uolet, intelliget. Quae si beatos explicare possunt, nihil causae est, quin pecudes quoque beatae
esse dicantur, quarum omnis ad explendam corporalem
lacunam festinat intentio. Honestissima quidem coniugis
foret liberorumque iucunditas; sed nimis e natura dictum

natura íst. ne uuéiz uuéliu chint chólen íro fáter. So uuîo
chúnske íra geskáft sî. nóh tánne uuîo sórgsám si sî. dés
ne dárf ih tîh mánôn. ánderes nuâr erchúnnêt hábenten.
únde io ána umbe díu sélbes chíat ángestenden. An díu ih
mînes hólden euripidis réda. lóbôn. [greci poetę et philo-
sophij] dér den chîndelôsen chád. fóne únsaldôn sîn sáligen.
Item. Álle gelúste hábent táz keméine. dáz sie die niete-
gen gérténdo. iágônt ze dero tàte. Únde sie gelíh sínt tien
bînen. Sô uóluplas tia tât getûot. sô léidezet si sia. Únde
bîzet tánne dez keléidegôta hérza mit fásthábîgemo bízze.
[Álso démo bíne geskihet. sô iz síh récchendo. den ángeh
ferlíuset. únde dánne fóre fórhtôn flihet. uuánda iz uuéri
ne hábet. únde áfter dés héizet fucus. i. fauum comedens.
non faciens.]

REPLICAT SUPERIORA QUINQUE. |

135. Uuánda iz sús íst. pedíu néist nehéin zuíuel. díse fínf
uuégá ne sîn áuuekke ze dero sálighéite. Nóh sie níomannen ne múgin dára fólle léiten. dára sie gehéizent. Uuîo
mánigíu úbel án ín sîn. [díu beatitudinem némment.] dáz
ságeta ih fóne lángséimo. nû uuíle íh iz pegrífen chúrzlicho.

---

est, nescio quem filios inuenisse tortores: quorum quam
sit mordax quaecumque conditio, neque alias expertum te,
neque nunc anxium necesse est admonere. In quo euripidis mei sententiam probo, qui carentem liberis infortunio
dixit esse felicem.

> Habet omnis hoc uoluptas,
> Stimulis agit fruentes,
> Apiumque par uolantum,
> Ubi grata mella fudit,
> Fugit, et nimis tenaci
> Ferit icta corda morsu.

Nihil igitur dubium est, quin hae ad beatitudinem
uiae deuia quaedam sint, nec perducere eo quemquam ualeant, ad quod se perducturas esse promittunt.
Quantis uero implicitae malis sint, breuissime monstrabo.

Diuitiae. Uués lústet tíh? Lústet tíh scáz ze sámenônne? Sô nímest tu ín andermo. *Honores.* Uuíle du in ámbahte skînen? Sô mûost tu fléhôn den gébenten. Únde uuírdest tu bitendo smáhera. dien ánderên. dien dû gérôst fórderôra uuérden. *Potestas.* Uuíle dû geuuáltig uuérden? Sô uârênt tír die dîne. únde bíst tés in fréisôn. *Claritas.* Lústet tíh kûollichi? Sô mûost tû sórgende sîn. peháftêr inbládenên dángen. mít tien du díh tûômen uuíle. *Uoluptas.* Uuíle du lústsámo lében? Uuémo ne sól áber úauuért sîn. des líchámen scálh? tes feruuórfenôsten dínges. únde des pródesten? [Tîe uoluptati dienônt. tie sínt tes líchamen scálchâ. Tîe spiritui dienônt. die sínt spíritales. únde góte gelíh. tér spiritus íst. únde bedíu sínt tie frî.]

BONIS CORPORIS. HOMINES NON AEQUARI BESTIIS. [

Tîe des líchamen fróma fúre sézzent tîen frómôn dero 136. sêlo. ze uuîo lúzzelmo dínge. síh tîe hábent. [Fóne dîen simiis. tîe uuír béizên áffen. íst táz kespróchen pre se ferunt. Ter áffo guuinnet îo zuéi uuélfer. únde déro zuéio. íst ímo daz éina lîebera. dánne daz ánder. Taz lîebera chêret îo fúre síh. daz ánder fólgêt ímo. Só man ín iagôn gestât. sô héuet er daz lîebera ûf zû ze sînên brústen. daz léidera sprínget ûf án ín. únde hábet síh. ze sînemo hâre. Sô ímo dára nâh nôten gestât. sô uerlâzet er daz lîebera. únde indrínnet mít témo. dáz ímo léidera uuás.] Múgent ír uuérden mêrôren dánne hélfendâ. stárche-

---

Quid enim? pecuniamne congregare conaberis? sed eripies habenti. Dignitatibus fulgere uelis? danti supplicabis et, qui praeire ceteros honore cupis, poscendi humilitate uilesces. Potentiamne desideras? subiectorum insidiis obnoxius periculis subiacebis. Gloriam petis? sed per aspera quaeque distractus securus esse desistis. Uoluptariam uitam degas, sed quis non spernat atque abiiciat uilissimae fragilissimaeque rei corporis seruitium? Iam uero qui bona prae se corporis ferunt, quam exigua, quam fragili possessione nituntur! Num enim elephantes mole, tauros robore su-

ren dánne fárre. Alde snélleren. dánne tigres? [Tigres chit
sagitta. Tén námen hábet iz fóne dero snélli. uuánda ímo
niòman indrínnen ne mág. Fóne díu scribet sãs ambrosius
in exameron. dér imo sîn uuélf ferstílet. únz er in uuéido
íst. dér ne trûet imo nieht enfáren. únde bediu hábet er
síh keuuárnôt sínero glésinôn bállôn. únde dár er in er-
lóufet. tár uoíffet er imo éina. sámo so ér imo ergébe daz
uuélf. In déro ersíhet er síh. únde uuânet táz pílde uuésén
sîn uuélf. únde bêitet síb táz sóugen. Sô ímo dés ne spûot.
únde er imo áber nâh lóufet. sô tríuget er in mít tero
ánderro. únde mít tero dríttûn. únde io sô. únz er síh ke-
néret.] Uuártênt uuío michel der hímel sî. [uuíder dien
elephantis.] uuío féste únde stárh [uuíder dien fárren.]
uuío snél [uuíder dien tigribus.] únde ne sî íuuih uuúnder
dero smáhôn díngo. [Sîd tiu érda michel íst. únde dôh ne-
137. heina comparationem ne há|bet ze demo hímele. uuér mág
tánne sîna uuíti uuízen. únde sîna mícheli? Sîd er dóh
álsô uuîtêr síh úmbe uuérbet in uiginti quatuor horis. uuáz
mág tánne sô snélles sîn. únde sô drâtes? Sîd in óuh tiu
úṇmézíga drâti ne uerbríchet. uuáz íst tánne sô féstes?]
Aber dero genámdôn drîo. neist er nieht sô uuúnderlîh.
sô déro rédo. díu in tríbet. [Tíu réda íst kótes uuîstûom.]
Uuártênt óuh uuío gáhe. únde uuío spûotîg tir íst tiu scôni
des mánnes ketâte. [íh méino sínes píldes.] únde uuébse-
lígôra dánne dero blûomôn scôni. Úbe die ménnisken hábetîn sô aristotiles chit lúhsiníu óugen. [Íh méino] dáz
siu den mán dúrhséhen máhtîn. Sô siu ínnenân gesáhin.
ne dûohti in dánne íoh ter alcibiadis lichámo úbelo getân

---

perare poteritis? num tigres uelocitate praeibitis? Respicite
caeli spatium, firmitudinem, celeritatem, et aliquando de-
sinite nilia mirari. Quod quidem caelum non his potius
est, quam sua, qua regitur. ratione, mirandum. Formae
uero nitor ut rapidus est, ut uelox, et uernalium florum
mutabilitate fugacior! Quod sit, ut aristoteles ait, linceis
oculis homines uterentur, ut eorum uisus obstantia pene-
traret, nonne introspectis uisceribus illud alcibiadis super-

na? Dér ûzenân âllero lichamon scónesto uuás. [Uuír ne tuuízen uuér diu scóna alcibias (!) uuás. tôh cnûoge rátiscôen dáz si herculis mûoter uuâre. (!) uuánda er alcides hîez.] Táz tu scône dûnchest mânne. dáz ne tûot tín natura niebt. [uuánda dû mist ínnenân bíst.] núbe dero óugôn únmágen. Nû tíuret ten líchamen so uuîo so ir uuéllênt. dánne ír dóh uuízînt. tér íu sô uuûnder tíure íst. táz tér mit tritegigeimo ríten mág erstórbet uuérden. | Fóne 138. dien rédôn âllên. uuíle íh íz ze demo gnôtesten bríngen. Dáz tíe finuia dia dáz prîngen ne mûgen. dáz sîu gehéizent. nóh fóne álles kûotes sámohâfti dúrhnôhte ne sint. ze sâligheite uuéga ne sint. nóh sâlige ne tûont. [Omnium bonórum perfecta congregatio. dáz ist beatitudo. Dár dés prîstet. tár ne íst beatitudo nieht. Fóne díu íst taz argumentum. gehéizen a causa. i. ab efficientia. Uuío sól dâr sîn daz effectum. dár (sic) diu efficientia ne íst? Éina uuîla lêret si in irrâten causam a fine. ándera uuîla finem a causa. Álso causa únde efficientia éin sint. sô sint finis. únde effectum. únde euentus ál éin. Mít tisên zuéin locis argumentorum. únde dâra zûo mit óffenên exemplis. hábet si únsih irrîhtet sáment boetio. daz beatitudo an dien finuen fúnden ne uuírt. Álle disputationes. hábent íro fésti. in argumentis. únde in syllogismis. únde in diffinitionibus. únde nóh tánne in exemplis maiorum et in auctoritate diuina. Uuáz íst taz man ánderes uuío stérchen múge? Nóh tánne íst kuíssera. dáz úns ratio syllogismorum óuget. tánne argumentorum. uuánda súmelíchiu argumenta sint

---

ficie pulcerrimum corpus turpissimum uideretur? Igitur te pulcrum uideri, non tua natura sed oculorum spectantium reddit infirmitas, Sed aestimate quam uultis nimio corporis bona, dum sciatis hoc, quodcumque miramini, triduanae febris igniculo posse dissolui. Ex quibus omnibus illud in summam redigere licet: quod haec, quae nec praestare, quae pollicentur, bona possunt, nec omnium bonorum congregatione perfecta sunt, ea nec ad beatitudinem, quasi quidam calles, ferunt, nec beatos ipsa perficiunt.

probabilia. dáz chît klóublichíu. díu múgen uuílôn uuáríu
sîn. uuílôn lúkkíu. ánderíu sint necessaria. táz chît penôte
uuáríu. áber syllogismi. díe ne triegent nehéinêst. úbe síe
legitime geuuórht sínt. pedíu hábet si díe nóh náh kespá-
rêt. ad nalidiorem disputationem.]

DEPLORATIO HUMANAE CAECITATIS.

Áh ze sêre. uuéliche únuuízze misséléitent íuuih
139. uuênegen. únde fûorent íuuih sô ába uuége? | Já ne ge-
dénchent. ír góld ûfen dien bóumen ze súochenne. nóh
kimmâ ába rébôn ze bréchenne. Já ne ríhtent ír nîeht
íuueríu nézze. ûfen dien bérgen ze fiscônne. Nóh tára gágene. úbe ír íagôn uuéllent. ne úmbesézzent ir nîeht tea
mére uuâg. Sîe uuízéh íóh uuóla díe gesuâsen stéte des
méres. uuéle gíbedíg sîn dero uuízôn unionum. [díe uuír
héizên bérlâ.] uuéle dero purpurûn. [táz chît tero coclea-
rum blûotes.] Únde uuéle stádâ gíbedíg sîn múreuuero
fisco. álde dero rúhôn echinorum. [Echinus íst éin suôze
fisg lúzzelêr. sámo rûoch (sic) sô éin ígel. Tés natura íst
sólih. úbe er chlében begínnet. án demo skéffe. dáz nehéin
dúnst sô míchel ne chúmet. tíu iz eruuékken múge.]
Unér

Eheu, quam miseros tramite denio
Abducit ignorantia!
Non aurum in uiridi quaeritis arbore,
Nec uite gemmas carpitis,
Non altis laqueos montibus abditis,
Ut pisce ditetis dapes,
Nec uobis capreas si libeat sequi,
Tirrena captatis uada.
Ipsos quin etiam fluctibus abditos
Norunt recessus aequoris,
Quae gemmis niueis unda feracior,
Uel quae rubentis purpurae,
Nec non quae tenero pisce, uel asperis
Praestent echinis litora.

Sed

Uuâr áber dáz kûot sî. dáz sie gânt sûochende. dáz ne uuéllen sie uuízen. Únde dáz ten hímel úberfáren hábet. táz uuéllen sie eruuûollen ûzer dero érdo. Uués mág íh nû dígen mít réhte sô túmben mûoten? [Táz uuíle ih tés _ tûon. Sîd sie iruuínden ne uuéllên. sô] gángên nâh êrôn. únde nâh rîhtûome. | dáz lúkkiu gûot sínt. únde sô sie 140. síh téro búrdi geuuárnoên. sô gébe ín gót târ mîte. táz sie diu uuâren bechénnên. [Tés uuúnsco íh ín. tés bíto íh ín.]

QUID SEDUCAT FALSAE FELICITATIS SECTA- TORES.

Nû lâ dír gnûoge geóuget sîn lúkkero sáldôn bílde. Úbe dû sia uuóla bechénnêst. sô hábo íh zît. tír dia uuârûn ze óugenne. Íh kesího uuóla chád ih. nóh mít rîhtûome mán gnúnnen gnúht. nóh keuuált mít chúnerîche (sic). nóh êrbâfti mít ámbâhte. nóh mâri mít kûollichi. nóh fróuui mít uuúnnolúste. Máht tû uuízen chád sî. uuáz táz méine? Mír dúnchet íh séhe chád ih. sámo dúrh éina énga nûot. Íh uuólti iz áber gérno fóne dir óffenôr bechénnen. Trîuuo chád sî. is íst óffen réda. [Hier ferním sia.] Dáz créhto éinfálte íst natûrlicho. únde úngeskéiden.

Sed quonam lateat, quod cupiunt bonum,
Nescire caeci sustinent,
Et quod stelliferum trans abiit polum,
Tellure demersi petunt.
Quid dignum stolidis mentibus imprecer?
Opes, honores ambiant,
Et cum falsa graui mole paraucrint,
Tum uera cognoscant bona.

Hactenus mendacis formam felicitatis ostendisse suffecerit; quam si perspicaciter intueris, ordo est deinceps, quae sit uera, monstrare. Atqui uideo, inquam, nec opibus sufficientiam, nec regnis potentiam, nec reuerentiam dignitatibus, nec celebritatem gloria, nec laetitiam uoluptatibus posse contingere. An etiam causas, cur id ita sit, deprehendisti? Tenui quidem ueluti rimula mihi uideor intueri; sed ex te cognoscere apertius malim. Atqui promptissima ratio est. Quod enim simplex est indiuisumque natura,

dáz péitet sih tero kuto írredo skéiden. únde ferfûoret iz
ába demo uuâren. únde démo dúrhnóhten. ze demo lúk‑
ken. únde demo úndúrnohten.

UBI UNUM EST. NULLUM EX HIS QUINQUE DE‑ ESSE.

141. Uuânest tû dáz nieh|tes túrftig ne íst. máhte dúrftig
sî? Néin chád ih. [Úbe iz niehtes túrftig ne íst. uuîo mág
iz tánne éines tínges túrftig sîn? Táz íst in periermeniis
keskriben. úbe uniuersalis abdicatiua uuâríu sî. dáz parti‑
cularis dedicatiua lúkke sî.] Târ ána hábest tu réht chád
si. So uuáz únmáhtîg íst lonêr ána. târ ána íst iz túrftig
ánderes hélfo. [Táz héizet argumentum ab adiunctis. Im‑
becillitas íst îo iuncta cum egestate presidii.] Táz íst sô
chád ih. Sîd iz sús íst chád si. sô íst éin natura gnúhte.
únde máhte. Sô íst nôt chád ih. [Táz íst óuh ab adiunctis.]
Item. An démo gnúht únde máht sint chád si. íst táz fer‑
síhtîg. álde állero êrôn uuírdîg? Tés ne mág óuh zuîuel
nehéin sîn chád ih. núbe énên zuéin daz tritta fólgee. Nû
stôzên zesámine chád si. cnúht únde máht. únde êruuír‑
digî. táz uuír díu dríu éigîn fúre éin. Táz tûên chád ih.
álso uuír tûon súlen. úbe uuír uuáres uuéllên iéhen. *Item.*
An démo éníu drîu sint chád si. uuânest tu dáz uuésen
únmâre. únde únédele? álde geuuáhtlichôsta állero díngo. |

id error humanus separat, et a uero atque perfecto ad
falsum imperfectumque traducit. An tu arbitraris, quod
nibilo indigeat, egere potentia? Minime, inquam. Recte
tu quidem: nam si quid est, quod in ulla re imbecillioris
ualentiae sit, in hac presidio necesse est egeat alieno. Ita est,
inquam. Igitur sufficientiae potentiaeque una est eademque
natura. Sic uidetur. Quod uero huiusmodi sit, spernendum
ne esse censes, an contra rerum omnium ueneratione dig‑
nissimum? At hoc, inquam, ne dubitari quidem potest. Ad‑
damus igitur sufficientiae potentiaeque reuerentiam, ut
haec tria unum esse iudicemus. Addamus, siquidem uera uo‑
lumus confiteri. Quid uero, inquit, obscurum ne hoc at‑
que ignobile censes esse, an omni celebritate clarissimum?

Târ chíus tir. dáz álles tínges úndurftíg íst. únde máhtíg. 142.
únde êrhafte íst. álso dû geiêgen hábest. táz témo úndúrft
íst. táz iz mâre ne sî? Únde iz târ úmbe îeht feruuórfe-
nôra sî. dánne diu ánderíu. Íh ne mág is ánderes keiéhen
nîeht chád íh. âne sô iz íst. táz iz nôte geuuâhtlíh íst.
Úbe dáz sús íst chád si. sô íst târ míte ze iéhenne. mâri
úngeskéidena sîn. fóne dien óberên drín. Úngeskéiden chád
íh. *Item.* Táz úndúrftíg íst ánderes chád si. táz síh fermág
sînero chréfte. táz mâre. únde êruuírdîg íst. neíst ôuh fáz
állero díngo húgelichôsta na? Íh ne máhti sâr nîo erdén-
chen chád íh. uuánuân démo sólichen trûregheit chómen
sólti. Fóne díu íst ze iéhenne. úbe diu êrera zála uuâr íst.
táz iz fróuui fól sî. Fóne díu íst nôt chád si. mísseliche
námen háben díu finuíu. únde síu dóh éin uuésen. Tríuuo
nôt chád íh. [Mít témo éinen argumento. sô si begónda.
hábet sî ín állên finuen fólle gángen. Táz íst ab adjiunctis. 143.
Uuánda íro fo gelíh temo ándermo íst adiunctum pedíu ne
mág siu nîoman geskéiden.]

DE UARIA ELECTIONE BONI.

Nû hábest tu fernómen. dáz ménniskôn únréht sih
táz péilet spálten. dáz natûrlicho éin íst. únde éinualte íst.

Considera uero, ne, quod nihilo indigere, quod potentissimum, quod honore dignissimum esse concessum est,
egere claritudine, quam sibi praestare non possit, atque
ob id aliqua ex parte uideatur abiectius. Non pos
sumus, inquam, quin hoc, uti est, ita etiam celeber-
rimum esse confitear. Consequens igitur est, ut claritudinem superioribus tribus nihil differre fateamur. Consequitur, inquam. Quod igitur nullius egeat alieni, quod
suis cuncta uiribus possit, quod sit clarum atque reuerendum, nonne hoc etiam constat esse laetissimum? Sed unde
huic, inquam, tali maeror ullus obrepat, ne cogitare quidem possum, quare plenum esse laetitiae, siquidem superiora manebunt, necesse est confiteri. Atqui illud quoque
per eadem necessarium est, sufficientiae, potentiae, clari-
tudinis, reuerentiae, iucunditatis, nomina quidem esse
diuersa, nullo uero modo discrepare substantiam. Necesse
est. inquam. Hoc igitur, quod est unum simplexque natura, prauitas humana dispertit, et, dum rei, quae partibus

Únde dés téil sûochendo. dáz úngetéilet ist. ingât ín sélbez táz tíng. táz sie sóltôn sûochen. únde áber ne sûochent. Ze uuélero uuîs chád íh. Tér rîhtùomes kérôt. zâdel
flîhendo *(sic)*. dér ne fórderôt keuuáltes nîeht. ímo íst
lîebera smáhe únde únmâre ze sînne. Únde nímet íino
sélbemo mánigíu sîníu gemáh. ióh natûrlichíu. sô der sláf
íst. táz er sînen guúnnenen scáz pehábe. Áber sô tûon-
temo. ingât imo. ióh tiu gnúht. sîd ímo ingât ióh tiu mábt.
únde ín stúnget úngemáh. únde ín smáh feruuórfenen tûot.
únde únmâri fertóchenen dûot. [Uuánda éin uuíle háben. âne
diu ánderíu. díu ímo sínt adiuncta. pedíu ingát ímo ióh táz.]
Item. Tér den geuuált éinen mínnôt. tér fertrîbet sîn gûot.
nóh ne rûochet uuúnnôn. nóh êrôn âne geuuált. nóh tero
144. gûolliehi. | Târ síhest tu óuh. uués témo brístet. Ímo ge-
skíhet tíccho. dáz er sînero nôttúrfto írroe. únde ín án-
geste gértên. Únde geskíhet ímo sô er síh tés [eruuéren
ne mág. táz ímo óuh tér geuuált tés er éines kérota. dâr
míte ingât. *Item.* Sámolîh mág ih ságen. fóne êron. gûollichi. uuúnnôn. Sîd siu éin sínt. tér íro éines âne diu ánderíu gérôt. témo ne uuírt nóh táz. *Item.* Uuîo áber chád ih.

---

caret, partem conatur adipisci, nec portionem, quae nulla
est, nec ipsam, quam minime affectat, assequitur. Quonam, inquam, modo? Qui diuitias, inquit, petit penuriae
fuga, de potentia nihil laborat; uilis obscurusque esse
mauult, multas etiam sibi naturales quoque subtrahit uoluptates, ne pecuniam, quam parauit, amittat. Sed hoc
modo ne sufficientia quidem contingit ei, quem ualentia
deserit, quem molestia pungit, quem uilitas abiicit, quem
recondit obscuritas. Qui uero solum posse desiderat,
profligat opes, despicit uoluptates, honoremque potentia
carentem, gloriam quoque nihili pendit. Sed huic quoque
quám multa deficiant uides. Fit enim ut aliquando necessariis egeat, ut anxietatibus mordeatur, cumque haec
depellere nequeat, etiam id quod maxime petebat, potens
esse desistat. Similiter ratiocinari de honoribus, gloria,
uoluptatibus licet. Nam cum unumquodque horum idem
quod cetera sit, quisquis horum aliquid sine ceteris petit, ne illud quidem, quod desiderat, apprehendit. Quid igitur? inquam.

tér siu álliu finuíu sáment kuûnnen uuíle? Táz ist tér chád
si. der dia áuauuálgi. dero sâlighéite guûnnen uuíle. Uuânest tu áber dáz ér sie finde an dîen. diu íh tir geóuget
hábo dáz ne gemúgen. dáz siu gehéizent? Néin chád ih.
Fóne díu chád si neíst tiu sâlighéit án dîen fínuen nîeht
ze sûochenne. déro fogelîh éteuuáz kében mág. tés man
gérôt. náls ál. Táz ist sô chád ih. Únde nîeht ne íst uuâ-
rera. álles tés man chéden mág. Nû chád si bábest | tu 145.
lúkkero sâldôn bílde. únde dâr míte. zíu siu lúkke sîn.
[Siu ne uuârîn lúkke. úbe man díu ne îlti skéiden. díu
úngeskéiden sínt.]

FALSAM FELICITATEM·IAM AUERSANTEM. AD UE-
RAM INTENDERE MONET.

Nû sib táz tára gágene déro uuíderuuártîg sî. Târ
sîhest tu sâr dîa uuârun. dîa ih tír gehîez ze zéigónne.
Tríuuo chád ih. iôh ter blíndo mág sia séhen. Únde dâr
fóre hábest tû sia geóuget. târ du óugtôst. uuánnân diu
lúkka irrínnet. Mîh ne trîege der uuân. díu íst tiu uuâra
sâlda. díu den mân dûot rîchen. mâhtîgen. êruuírdîgen.
geuuáhtlichen. fróuuen. Únde dáz tu uuízîst. mih is íunene
uuésen. so uuáz táz íst. táz éin déro fínuo uuârhâfto ge-

Si quis cuncta simul cupiat adipisci,—summam quidem ille beatitudinis uelit: sed num in his eam repe-
riet, quae demonstrauimus, id, quod pollicentur, non posse
conferre? Minime, inquam. — In his igitur, quae singula
quaeque expetendorum praestare creduntur, beatitudo nullo
modo inuestiganda est. Fateor, inquam, et hoc nihil dici
uerius potest. Habes igitur, inquit, et formam falsae felicitatis et causas: deflecte nunc in aduersum mentis intuitum; ibi enim ueram, quam promisimus, statim uidebis.
Atqui haec, inquam, uel caeco perspicua est, eamque tu
paullo ante monstrasti, dum falsas causas aperire conabaris.
Nam, ni fallor, ea uera est et perfecta felicitas, quae sufficientem, potentem, reuerendum, celebrem, laetumque perficiat. Atque ut me interius animaduertisse cognoscas,
quae unum horum, quoniam idem cuncta sunt, ueraciter

gében mág. síd siu ál éin sínt. táz pechénno íh uuésen
fólla sálighéit. Kesáh tíh kót trût mín dísses uuánes. chád
si. úbe dû dáz tára, zûo fólle légest. Uuélez chád íh? [Íh
príngo díh tára zûo chád si.] Uuánest tu in dísên múrg-
fârên uuérltsáchôn îeht uuésen. dáz mánne gében múge
dísa státa? [Táz uuólta íh tû dar míte chádîsl.] Néin ne
uuâno chád íh. tû hábest míh tés érríhtet. sô is mêr dúrft
146. ne íst. | Síu múgen chád si mánne gében. dáz kûote ge-
líh íst. álde dáz únfólleglîh kûot íst. Áber uuâre gûot.
únde fólleglîh ne múgen síu gében. Íh iího dés chád íh.
Uuánda dû nû erchénnest chád si dia uuârûn sálighéit.
únde díu síh sîa ánazócchônt. sô hábest tu nû ze bechénnenne. uuâr dû sîa hólôn súlîst. únde uuén du, íro bíten
súlîst. Tés chád ih lángêt míh íu fórn. Sîd áber platoni
dúnchet in sînemo bûoche timeo. dáz man ióh in lúzzelên
díngen súle gótes hélfo flêhôn. uuáz íst úns ze tûonne
dánne. uuânest tu. dáz uuír erfáren mûozîn dîa hóuestát-
tes fórderôsten gûotes? Íh áhtôn dén chád íh ána ze há-
renne. ána dén man nîehtes pedîen *(sic)* ne mág uuóla.
Réhto uuíle du chád si. únde dés mézes sáng si sús.

---

praestare potest, hanc esse plenam beatitudinem sine ambiguitate cognosco. O te alumne hac opinione felicem,
siquidem hoc, inquit, adieceris. Quid nam? inquam.
Essene aliquid in his mortalibus caducisque rebus putas,
quod huiusmodi statum possit afferre? Minime, inquam,
puto, idque a te, nihil ut amplius desideretur, ostensum est.
Haec igitur uel imagines ueri boni, uel imperfecta quaedam
dare bona mortalibus uidentur; uerum autem atque perfectum bonum conferre non possunt. Assentior, inquam.
Quoniam igitur agnouisti, quae uera illa sit, quae autem
beatitudinem mentiantur, nunc superest, ut, unde ueram
hanc petere possis, agnoscas. Id quidem, inquam, iam
dudum uehementer exspecto. Sed cum, uti in timaeo
platoni, inquit, nostro placet, in minimis quoque rebus
diuinum prasidium debeat implorari, quid nunc faciendum
censes. ut illius summi boni sedem reperire mereamur?
Inuocandum, inquam, rerum omnium patrem, quo praeter-
misso nullum rite fundatur exordium. Recte, inquit, ac
simul ita modulata est.

ORATIO PHILOSOPHIAE AD DEUM. UT SUMMUM BONUM IPSE DEMONSTRET.

Tû ské́pfo hímeles únde érdo. Tû dísa uuérlt órdenôst. únde scáffôst, únde ríhtest. mít tînemo êuuîgen uuîstûome. Tû die zîte bîeze íro férte be|gínnen. sáment tero uuérlte. 147. [uuánda ér ne uuârén zîte. núbe êuuigbéite.] Únde sélbo stâtêr. állíu díng uuérbest. únde uuéhselôst. [Uuánda der bímel uuárbelôt. únde álliu díng uuándônt.] Tíh nehéiniu – ánderíu díng ne scúntôn. daz scáffelôsa zímber ze máchônne. [ûzer démo dísíu uuérlt uuárd. Sî méinet tîa sámentháftigûn mássa. dîa er ze êrest téta an déro nîeht keskéidenes ne uuás.] Âne dîn sélbes ínniglicha gûoti. nîeht nîdes hábentíu. Tû in dînemo mûote íu trágende dísa scónûn uuérlt. scônero sélbo. Scûofe dû iz ál nâh téro uuîsûn. únde nâh témo êuuigen bílde dînes mûotes. Únde démo gelîh tâte dû iz. sô dír in mûote uuás. [Tír ne bíldôta nîoman fóre.] Vnde bîeze dû uuóla getânív stúcche máchôn uuóla getân uuérh. [Uuánda álso uuâlliche líde máchônt – uuâllichen mán. sô geskáh óuh táz. táz állero téilelîh tero uuérlte dúrhscáffenêr. sîa máchôta dúrhskáffena. Prâste íro téilen. sô brâste íro sélbûn.] Fîer elementa bíndest tu sô zesámine. Táz héiz únde chált. [sô fiur únde uuázer íst.] únde dúrre únde náz [sô érda únde lúft íst]. nîeht ne strîtên. Sô fásto. dáz fóre líehti hína ûf ne flîege daz líehtera fiur. [in démo ne|héin trûobi ne íst. uuánda iz ze 148.

O qui perpetua mundum ratione gubernas,
Terrarum caelique sator, qui tempus ab aeuo
Ire iubes stabilísque manens das cuncta moueri,
Quem non externae pepulerunt fingere causae
Materiae fluitantis opus; uerum insita summí
Forma boni, liuore carens, tu cuncta superno
Ducis ab exemplo; pulcrum pulcerrimus ipse
Mundum mente gerens, similique imaginu formans,
Perfectasque iubens perfectum absoluere partes.
Tu numeris elementa ligas, ut frigora flammís,
Arida conueniant liquidis; ne purior ignis

óberôst íst.] Nóh tiu suâri tía érda níder ne sénche. Tû gehéftest tia sêla zu dîen íro gemínnên líden. únde zetéilest *) sia áfter dîen. [íh méino dia súnnûn gânda an míttemo hímele. únde in míttomen gânda dero septem planetarum. Tía philosophi hîezen animam mundi. uuánda ál dáz tir grûet. únde uuáhset. táz túrhkât sí. álso diu sêla die lído tûot.] Tíu drískero nature íst. [uuánda si skînet. prûotet. únde brénnet. Anderíu fíur brénnent óuh, síu ne brûotent áber nîeht.] Álliu ding chícchenta. [álso únseren lîchamen diu sêla chícchet.] Únde sô sî gechrúmbet íro fárt. ketéilta in zûene bógen. [éinen óbe érdo. ánderen únder **) érdo.] sô gât si uuídersínnentíu. ze íro ortu. Únde [náhtes] erstríchet si día tóugenûn fárt. [únder dero érdo.] únde ze sámelichero uuîs. erstríchet sí [táges] ten hímel [óbe dero érdo.]. Úmbe gelîchíu ding scûofe du angelos. únde dîo in hínderôren ménnisken. [Uuáz uuás tíu causa? Táz sie díh íro sképfen bechénnên. únde êreên.] *Uel sic.* Mít kelîchên díngen hábest tu angelos únde homines fúre gezúcchet fúre ánderíu tîer. [íh méino, ratione' et intellectu.] Únde sîe hóho erhéuende in spûotîgên sínnen. Sézzest tu sie in hímele. únde in érdo. [Angelos | in hímele. homines in érdo.] Tîe tûost tû uuídersínnen ze dír. án díh keuuánte. mít tînero uuólauuílligi. Tù dáz tûost. kíb sí-

---

*) Es steht zetéilet.

**) Es steht obe.

Euolet, aut mersas deducant pondera terras.
Tu triplicis mediam naturae cuncta mouentem
Connectens animam per consona membra resoluis.
Quae cum secta duos motum glomerauit in orbes,
In semet reditura meat mentemque profundam
Circuit, et simili conuertit imagine caelum.
Tu causis animas paribus uitasque minores
Prouehis, et leuibus sublimes curribus aptans
In caelum terramque seris, quas lege benigna
Ad te conuersas reduci facis igne reuerti.

nemo múote. dáz iz bína úf kestígen múge. ze dínemo
chéiserlíchen stúole. [táz iz hímeliskíu díng fernémen múge.]
Ketúo sínen sín fínden gûotes úrspring. Únde sô er dáz
liebt fínde. Sô getúo ín fásto hában an dír. clátíu óugen
sínes sínnes. Zeirfúore día blíndi. únde díe súndâ des ír-
dísken líchámen. Únde skín ín ána mít tínemo skîmen.
Tû bíst tíu héiteri. Tû bíst ti *(sic)* kemáchíu râuua. dien
gûotuuílligên. Sô man díh kesíhet. táz íst[*]) énde. Tû bíst
taz ánagénne. tû bíst tér únsih fûoret. [s. ze demo énde.]
tû bíst uuégo uuîso. únde sélbêr der uuég. únde daz énde.
[ze démo uuír râmeên.]

UERENE SIT SUMMUM ALIQUOD BONUM.

Uuánda dû béidero bílde bescóuuôt hábest. tes
únfólleglíchen gûotes. ióh tes fólleglîchen. [álso dáz
íst forma imperfecti. díu éin gíbet téro fínuo. únde áber
díu perfecti. díu siu állíu sáment kíbet.] Pedíu íst nû
ze ságenne. uuâr díu fólleglícha sâlda gestátôt hábe.
[uuâr íro stûol sî.] An déro ságo ih tés áhtôn ze êrest
ze frâgennè. | Vbe dehéin sô getân gûot múge sîn ún-150.
der állên díngen. sô dû dâr fóre geóugtôst. [tô dû châde.
Nisi fallor. ea uera est et perfecta felicitas quę sufficientem potentem reuerendum celebrem lętumque perficiat.]

---

[*]) táz íst steht zweimal.

Da pater augustam menti conscendere sedem,
Da fontem lustrare boni, da luce reperta
In te conspicuos animi defigere uisus.
Disiice terrenae nebulas et pondera molis,
Atque tuo splendore mica, tu namque serenum,
Tu requies tranquilla piis; te cernere finis,
Principium, uector, dux, semita, terminus idem.

Quoniam igitur quae sit imperfecti, quae etiam perfecti boni forma uidisti, nunc demonstrandum reor, quonam haec felicitatis perfectio constituta sit. In quo illud
primum arbitror inquirendum, an aliquid huiusmodi bonum, quale paullo ante definisti, in rerum natura possit

Nío únsih ne trîege lúkkez pílde únseres kedénches. áne díu
uuârhéit tero substantię. [Álso die álten líute dáhtôn án die
manes et semideos. únde sie dér gedáng tróug.] Tés ne mág
áber nehéin lóugen uuésen. íz ne sî. únde íz ne sî úrspring
álles kûotes. Taz únfólla uuírt îo únfól gehéizen. fóne déro
uuáni dés fóllen. Tánnân íst nôt. úbe uuánez sî. dáz téro sélbûn sláhto óuh fóllez sî. [Táz íst argumentum a parte ad totum.] Tára gágene. úbe daz fólla ne íst. sô ne dárf nîe-
man des uuánen gedénchen. [Argumentum a toto ad partem.] Uuánda állero díngo natura. ne fîeng nîeht ána ze
uuánên. únde únfólletânên. Núbe fóne gánzên únde fóllên
begínnendíu. sléif si sîd. únz si chám ze dísên áfterostên.
únde zè dîsen ámáhtigên. [A deliciis paradisi. íst ter mán
chómen. ad erumnas huius seculi. Fóne immortalitate íst
er chómen ad mortalitatem. Fóne similitudine dei. íst er
151. uuórten similis iumentis insipientibus.] V́be | únfóllíu
sálda íst. sô ne íst zuîuel nehéin. núbe óuh fóllíu sî.
únde gánzíu. Tû hábest iz chád íh. fílo uásto. únde
fílo uuârháfto geféstenôt. [uuáz mág féstera sîn. álde uuârera. dánne úbe man totum mít parte. álde partem stérche
mít toto?]

---

existere, ne nos praeter rei subiectae ueritatem cassa co-
gitationis imago decipiat. Sed quin existat sitque hoc
ueluti quidam omnium fons bonorum, negari nequit. Omne
enim quod imperfectum esse dicitur, id inminutione perfecti imperfectum esse perhibetur. Quo fit, ut, si in quo-
libet genere imperfectum quid esse uideatur, in eo perfectum quoque aliquid esse necesse sit. Et enim perfectione sublata, unde illud, quod imperfectum perhi
betur, exstiterit, ne fingi quidem potest. Neque enim a
deminutis inconsummatisque natura rerum cepit exordium, sed ab integris absolutisque procedens in haec
extrema atque effeta dilabitur. Quod si, uti paullo
ante monstrauimus, est quaedam boni fragilis imperfecta
felicitas, esse aliquam solidam perfectamque non potest
dubitari. Firmissime, inquam, uerissimeque conclusum est.

UBI SIT SUMMUM BONUM.

Uuâr íz sî chád si. dáz chíus tír sús. Táz kót állero díngo hêrro gûot sî. dés iíhet mánnoliches sín. Sîd man nîeht pézeren erdénchen ne mág. tánne gót íst. sô íst táz nôte gûot. tés pézera nehéin ne íst. [Taz óberôsta íst nôte hôh. taz méista íst nôte míchel. taz pézesta íst nôte gûot. Táz íst argumentum a maiore ad minus.] Álso stérchet tísiu réda. gót uuésen gûot. táz an ímo sî fólleglîh kûot. [Sîd nehéin sîn bézero ne íst. sô íst er nîeht éin gûot. núbe ióh fólleglîh kûot.] Úbe ér fólleglih kûot neíst. sô neíst er díngo hêrosto nîeht. Uuánda sô íst éin ánderez hêrôra. fólleglîh kûot hábende. dáz gágen ímo daz fórderôra. únde daz uuírdigôra sî. Uuánda míttundes ságeta íh. állíu fólleglichíu. êreren uuésen dien uuánên. *Sumptum.* Fóne díu íst ze iéhenne. nîo díu réda ze láng ne uuérde. ten fúrsten gót. tes fúrsten gûotes. únde dúrnóhtes fól sîn. *Sumptum.* Nû íst táz kechôsôt. táz perfectum bonum uuáríu sáligéit sî. | *Illatio.* Fóne díu íst nôte in góte 15$\frac{2}{3}$. uuáríu sáligéit. [Ter syllogismus íst sús ketân. Ín góte íst summum bonum. Sô íst ál éin. summum bonum. únde beatitudo. Uuánda dáz sô íst. pedíu íst târ beatitudo. dâr summum bonum íst.] Uuóla fernímo íh iz chád ih. Nôh táz ne mág nîoman uuíderchôsôn.

Quo uero, inquit, habitet, ita considera. Deum rerum omnium principem bonum esse, communis humanorum conceptio probat animorum. Nam cum nihil deo melius excogitari queat, id, quo melius nihil est, bonum esse quis dubitet? ita uero bonum esse deum ratio demonstrat, ut perfectum quoque bonum in eo esse conuincat. Nam ni tale sit, rerum omnium princeps esse non poterit, erit enim eo praestantius aliquid, perfectum possidens bonum, quod hoc prius, atque antiquius esse uideatur, omnia namque perfecta minus integris priora esse claruerunt. quare, ne in infinitum ratio prodeat, confitendum esse summum deum summi perfectique boni esse plenissimum. Sed perfectum bonum ueram esse beatitudinem constituimus, ueram igitur beatitudinem in summo deo sitam esse necesse est. Accipio, inquam, nec est quod contradici ullo modo queat.

[DE PREDICATIUO ET CONDITIONALI SYLLO-
GISMO.

Duo súmpta máchônt éina illationem hîer. uuánda
iz predicatiuus syllogismus íst. álso óuh in conditionali syllogismo propositio únde assumptio conclusionem máchônt.
Uuáz sínt sumpta. âne concessa. dáz chît in únsera uuîs
keiühte. Sô man zuéio gejîhet. dien benôte daz trítta
fôlgêt. ióh âne gegíht. táz héizet mit réhte illatio. uuánda
iz duobus sumptis. álde úbe iz sô geskíhet. tribus
súmptis uuírt illatum. táz chît. úodánches míte geuuórfen. Uuáz íst áber propositio. âne prima et ultra tendens
templatio. mít tíu man ze êrest ten mán grùozet. únde
sîna gegíht férrolicho besûochet. álso óuh assumptio íst.
táz tara zûo uuírt assumptum. ánderêst sîna gegíht ze
besûochenne. Uuánda díu zuéi daz trítta uuúrchent. mít
tíu der mán sô gefángen uuírdet. táz er dána ne mág.
pedíu héizet táz conclusio. dáz chît slóz. Conditionalis
syllogismus íst lánnân genómen. uuánda er mít kedíngûn.
únde mít íbo chît. íst tíz. únde díz. sô íst táz. Pedíu
chît conditionalis. mít kedíngûn gespróchenêr. Aber predicatiuus chît sléhto gespróchenêr. uuánda er bárlicho
âne gedíngûn. únde âne íba chît. sús íst tíz. únde díz.
pedív íst táz sô. Íro béidero membra héizent communiter
predicationes. álde proloquia. álde propositiones. álde
enuntiationes. Tíu fier uuórt. múgen uuír gelîcho. únde
geméinlî|cho díuten sága. Sîd enuntiatio íst. sô aristoti-
les chît in periermeniis. oratio uera uel falsa. únde predicatio dáz sélba íst. únde propositio. únde proloquium.
uuáz sínt tánne lúgi. únde uúârhéite. âne sága? Áber
der syllogismus sól îo hában zuô sága. sólche. dáz sie
dia dríttûn stérchên. Táz ne mág ánderes sîn nîoht. die
êreren zùo ne sîn éin ánderên sô gebáft. táz tiu ánderíu
hábe den hálben téil dero êrerûn. éin uuéder subiectiuam.
álde declaratiuam. Únde uuánda diu ánderíu áberet. téu hálben téil dero êrerûn. dáz târ ze léibo uuírt úngeábertes. án
deuuéderro, dánne iz predicatiuus íst. táz máchôt tia drít-

tûn. Tér dáz pechénnen uuélle. an ánderên syllogismis
'tér lírnec iz hîer. Éin sága íst. summum bonum est in
deo. Summum bonum. dáz íst subiectiuum. in deo est.
táz íst declaratiuum. Ánderíu íst. summum bonum est
beatitudo. Târ íst tero êrerûn subiectiua pars keáberet.
Tiu drítta íst. beatitudo in deo est. Táz uuárd án dien
êrerên ze léibo. uuánda fóne dero éinûn chám beatitudo.
fóne dero ánderûn chám in deo est. Sô féret iz in predicatiuo. In conditionali féret iz nâh álso. Chédên uuír.
si sol super terram est. dies est. táz íst propositio. Tîa
nímet hálba assumptio. sô dáz íst. Dies autem est. Táz
nóh tánne ze léibo uuírt. úngeábertes. án dero propositione. táz máchôt tia conclusionem álsus. Igitur sol est
super terram. Subiectiuum íst táz án demo proloquio.
fóne démo ieht kespróchen uuírdet. dáz áber fóne ímo
gespróchen uuírdet. táz ist declaratiuum. Âne dísa legem
ne uuírt nehéin syllogismus. Únz sî in lêrta mít argumentis. únde mít exemplis. sô uuás tiu réda lîghtera.
uuánda si ímo nû gében uuíle ualidiora remedia. bedíu
hábet si in nû bestánden zûo dien argumentis mít syllogismis. tîe méist kemúgen. béidíu. ióh in disputando
dialectice. ióh in suadendo rhetorice.]

QUOD DEUS SUBSTANTIALITER SIT SUMMUM BO-NUM | ET BEATITUDO. EO QUOD NULLA EIS INEST DIUERSITAS.

Nâ bíto ih tíh chád si. sih uuío gótedéhtîgo. únde
uuírdeglîcho dû dáz áhtoêst. táz íh ten tûom gót. tes tûom-
lichôsten gûotes chád fól uuésen. Uuío méinest tû chád
íh. Nîo dû ne úuânêst. tén állero díngo hêrren. sô infángen háben dáz kûot. tés er fól íst. álde óuh sô fóne ímo

154.

Sed quaeso, inquit, te, uide quàm id sancte atque inuiolabi-
lìter probes, quod boni summi summum deum diximus esse
plenissimum. Quonam, inquam, modo? Ne hunc rerum omnium patrem illud summum bonum, quo plenus esse perhibetur, uel extrinsecus accepisse, uel ita naturaliter habere

sélbemo háben. sámo so éin substantia ne si. des hábenten gótes. únde dero beatitudinis tîa ér hábet. [Téro zuéio
íst neuuéder nóh ér ne hábet sîa enfángen. nóh sî ne
skéidet síh fóne sînero substantia.] Uuânest tu ín dáz sîn
summum bonum ánderes uuánnán infángen háben. sô máht
tu den gébenten áhtôn fórderôren. dánne dén. dér iz in-
fieng. Uuízîst áber. dáz uuír ín mít réhte iéhen. állero
díngo sîn hêrôsten. Nû ne hábet er iz infángen. hábet er
iz áber fóne ímo sélbemo. únde íst iz ímo îonêr ána úngelîh. sô chóroe dáz éteuuér irrâten. sîd uuír fóne góte
chôsoên díngo hêrosten. uuér síu. [íh méino gót. únde sîn
gûot.] zesámine fûogti. sô úngelichíu. Ze demo gnôtesten.
dáz ándermo úngelîh íst. táz íst óuh ánder. dánne énez.
témo iz úngelîh íst. [Táz ist argumentum a dissimili. Tíu
155. dissimília sínt. tîu ne mûgen éin sîn.] | Fóne díu íst tés
not. táz tér gót summum bonum ne sî. dér natûrlicho îeht
úngelîh íst. summo bono. Tés únmûoza íst fóne démo
góte ze dénchenne. démo nehéin díng fórderôra ne íst.
Nehéin natura ne mág pézera sîn. dánne íro ánagénne.
[Argumentum ab efficientia. Sólih íst nôte daz effectum.
sólih tiu efficientia íst. Fóne díu chît man in prouerbio.
Qualis radix tales et rami. Uuîo mág óuh tánne summum
bonum bézera sîh. tánne gót. tér is ánagénne íst? Ér íst
is ánagénne. îo dóh sô. dáz ér iz sélbo íst.] Pedíu mág
íh áfter uuârero rédo féstenôn. dáz kót tér ánagénne íst

presumas, quasi habentis dei habitaeque beatitudinis diuer-
sam cogites esse substantiam. Nam si extrinsecus acceptum
putes, praestantius id quod dederit, eo quod acceperit, existimare possis. Sed hunc esse rerum omnium praecellen-
tissimum dignissime confitemur. Quod si natura quidem inest, sed ratione diuersum, cum de rerum principe loquamur
deo, fingat qui potest, quis haec diuersa coniunxerit?
Postremo quod a qualibet re diuersum est, id non est illud,
a quo intelligitur esse diuersum. Quare quod a summo bono
diuersum est sui natura, id summum bonum non est: quod
nefas est de deo cogitare, quo nihil constat esse praestantius. Omnino enim nullius rei natura suo principio melior
poterit exsistere, quare quod omnium principium sit, id

allero bonorum. substantialiter íst summum bonum. Fílo réhto chád íh. hábest tû iz keféstenôt. [s. uuánda dîníu argumenta uuâríu sínt.] Sô íst târ fóre gechôsôt chád si. dáz summum bonum íst beatitudo. Sô íst chád ih. Sô íst óuh nôt chád si. gót uuésen nîeht éin summum bonum. núbe óuh beatitudinem. [Táz íst tiu gemácha conclusio.] Tien fórderên rédôn ne mág íh uuídere sîn. chád ih. únde dísa sîderûn sího íh ín nôte fólgên.

ITEM SUBTILIOR RATIO. QUAE DIUERSA SUNT. NON ESSE SUMMA BONA. ET QUAE SUMMA SUNT. NON ESSE DIUERSA.

Nŷ | chíus tir. úbe óuh fóne dísen rationibus. keuuâret uuérde. dáz zuéi úngelichíu gûot tiu fúrsten ne múgen sîn. *Sumptum.* Íh hábo dâr fóre geóuget. dáz dissimilia bona ne múgen éin sîn. *Sumptum.* Fóne díu neíst neuuéder fól gûot. sîd neuuéderêr mít ándermo neíst. *Illatio.* Táz únfól íst. táz ne mág nîeht taz fúrsta sîn. [Tér syllogismus íst sús ketân. Úngelichíu bona ne sínt éin. Tíu éin ne sínt. tíu sínt péidíu uuán. Taz uuána ne uuírt nîomêr daz fúrsta. Uuelíu sínt úngelichíu bona? Diuitię únde gloria. Uuîo sínt tíu uuán? Dáz îouuédermo íro ménget. tero ánderro fiero. Uuánda dáz sô íst. pedíu ne mág táz nîeht taz fúrsta sîn. démo îeht ménget.] *Item sumptum.* Tíu áber dára gágene diu fúrsten sínt. tíu ne sínt nîeht

---

etiam sui substantia summum esse bonum uerissima ratione concluserim. Rectissime, inquam. Sed summum bonum beatitudinem esse concessum est. Ita est, inquam. Igitur, inquit, deum esse ipsam beatitudinem necesse est confiteri. Nec propositis, inquam, prioribus refragari queo, et ab illis hoc illatum consequens esse perspicio. Respice, inquit, an hinc quoque idem firmius approbetur, quod duo summa bona, quae a se diuersa sunt, esse non possunt. Etenim quae discrepant bona, non esse alterum, quod sit alterum, liquet: quare neutrum poterit esse perfectum, cum alterutri alterum deest. Sed quod perfectum non sit, id summum non esse manifestum est; nullo modo igitur

úngelih. *Sumptum.* Nû hábo íh tár fóre geóuget. deum
únde beatitudinem diu fúrsten sín. *Illatio.* Fóne díu íst
nòt. táz diuinitas tíu állero díngo fúrsta íst. tíu fúrsta sâlighéit sî. [Sús ist óuh tisêr syllogismus ketân. Tíu fúrsten
gùot ne sínt úngelih. kót únde sâlighéit. tíu sínt tíu fúrsten. Uuánda déro iouuéderez íst. táz óuh taz ánder íst.
íh méino. uuánda iro iouuéder summum bonum íst. pedíu
sínt síu éin.] Nû chád. ne mág nieht táz uuârera sî. nóh
táz rédoháftera sî. nóh táz kóte geristlíchera sî. geféstenòt uuérden.

EXHIBITIO MUNERIS PRO BENE PERCEPTIS RA-
TIONIBUS.

157.   Sò íh íro sò geástuuúrta. dò chád si. | Geometrę
hábent ze síte. nàh kezéigòtên frâgòn. éteuuáz úngefrâgetes
íro iúngeròn zûo gében. dia zùogéba sie questum héizent.
álso gibo íh tír ze gesùoche. dáz íh tír nû úngefrâgêt ságo.
sámo so íh tír gébe corollarium. Uuánda fóne sâldôn
gúunne sâlige uuérdent. únde gót sâlighéit íst. tér gót
kuuionet. tér íst sâlig. [Argumentum ab efficientia. kót
únde sâlighéit uuánda síu éin sínt. pedíu máchònt síu sâlige. Táz sò getâna argumentum hábet zuíska causam sînes
effecti. in modum syllogismi. uuánda iz chît. úbe dáz únde
dáz íst. sò íst táz.] Nû áber. Álso fóne réhtes kuuinne réhte.
                                                                únde

---

quae summa sunt bona, ea possunt esse diuersa. Atqui
et beatitudinem, et deum, summum bonum esse collegimus, quare ipsam necesse est summam esse beatitudinem,
quae sit summa diuinitas. Nihil, inquam, nec re ipsa
uerius, nec ratiocinatione firmius, nec deo dignius concludi
potest. Super haec, inquit, igitur, ueluti geometrae solent,
demonstratis propositis, aliquid inferre, quae porismata
ipsi uocant, ita ego quoque tibi ueluti corollarium dabo.
Nam quoniam beatitudinis adeptione fiunt homines beati,
beatitudo uero est ipsa diuinitas, diuinitatis adeptione fieri
beatos manifestum est. Sed uti iustitiae adeptione iusti,
                                                             sapien-

únde fóne uuîstûomes quínne uuîse. só *(sic)* uuérdent óuh
nôte góta. ze sámolîchera uuîs fóne gótes kuuínne. [Argu-
mentum a simili. Álso éníu adeptio tûot. sô tûot óuh tísíu.
Táz íst similitudo.] Uuánda dáz sô íst. pedíu íst ter sâligo
gót. [Uuánda gót únde sâlighéit éin sínt. pedíu máchônt
síu óuh éin. Táz íst îo nóh argumentum ab efficientia.
hoc est a causa.] Aber [dén únderskéit ferním du uuóla.]
éin gót íst échert natûrlichêr. knûoge múgen uuérden per
gratiam, án ímo téil hábendo. [Mít tíu hábet si ímo gegé-
bôt.] Nû íst iz óuh filo scône chád íh. sô du iz porisma
héizêst. sô du iz corollarium héizêst. [Keméine sígeêra
uuâren. állero uictorum palmę in manibus. únde lauree
coronę in capite. Tîe áber éteuuaz filo tûomlîches ketáten
in bello. álde óuh in ludis. únde in spectaculis. dîen gáb
man éina tíura hóubet zîerda. díu fóne similitudine corollę
i. coronę. corolla|rium hîez. Fóne díu ságet suetonius. 158.
fóne déro mílti cęsaris augusti, his uerbis. itaque corollaria
et premia in alienis quoque muneribus. ac ludis. et crebra
et grandia de suo offerebat nullique greco certamini inter-
fuit. quo non pro merito quemque certantium honorarit.]

QUAE ACCEDUNT BEATUDINI. AN PARTES EIUS DICENDA SINT. AN AD UNUM EX EIS RELATA.

Nóh nîeht chád si ne íst scôneren. dánne dáz únsih
ratio lêret hára zûolégen. Uuáz íst táz chád ih? Dánne
mánigíu beatitudo begrîfet. só bonum íst. únde quinque
supera dicta. uuéder díu sîn téil dero beatitudinis. álso mís-

---

sapientiae sapientes fiunt, ita diuinitatem adeptos deos
fieri simili ratione necesse est. Omnis igitur beatus, deus;
sed natura quidem unus, participatione uero nihil prohibet
esse quam plurimos. Et pulcrum, inquam, hoc atqne
pretiosum, siue porisma siue corollarium uocari mauis.
[Atqui hoc quoque pulcrius nihil est, quod his annectendum
esse ratio persuadet. Quid, inquam? Cum multa, inquit,
beatitudo continere uideatur, utrumne haec omnia in unum
ueluti corpus beatitudinis quadam partium uarietate con-

selíche líde sínt tes líchamen. álde íro éinez sî beatitudo.
únde ánderíu ze démo séhên. [Táz hábet sî gnôto fóre
geságet. táz summum bonum beatitudo íst. nû uuíle sî ságen. dáz ze demo summo diu ánderíu fînuiu râmênt.] Míh
lústi chád ih. dáz tu mír dáz óffenolîst. sélbez taz tíng
ságendo.

BEATITUDINEM PARTES NON HABERE.

Ne súlen uuír chád si. sâligbéit kûot áhtôn? Ióh taz
fúrsta chád ib. Taz summum mûost tu légen chád si. ze
állên fînuen. Also beatitudo summum bonum íst. sô íst si
óuh summa sufficientia. únde summa potentia. sî íst óuh
summa reuerentia. únde claritas. únde uoluptas. Uuáz túnchet tír? Sínt tísíu állíu. ih méino bonum. únde sufficien-
159. tia. únde potentia. únde diu ánderíu. sámo so líde | dero
beatitudinis? Álde râmênt siu állíu ad bonum. sámo so
dáz íro hóubet sî? Íh fernímo uuóla chád ih. uuáz tu mír
gébêst ze irrâtenne. uuîo áber dû iz récchêst. tés lústet
míh ze hôrenne. Nû ferním chád si. íh lêro díh iz skéiden.
[ih lêro díh uuîo siu râmênt ad bonum. únde dáz sélba
bonum nîeht ne uuúrchent sámo so partes. Sús sólt tu
argumentando nâh stápfôn.] Úbe bonum únde diu ánderen
fînuíu. líde uuârîn dero beatitudinis. sô uuârîn siu éin ánderên úngelîh. [Táz íst argumentum ab adiunctis. Membris
íst îo dissimilitudo adiuncta.] Sólih íst îo dero partium na-

---

iungant, an sit eorum aliquid, quod beatitudinis substantiam
compleat, ad hoc uero cetera referantur? Uellem, inquam,
id ipsarum rerum commemoratione patefaceres. Nonne,
inquit, beatitudinem bonum esse censemus? Ac summum
quidem, inquam. Addas, inquit, hoc omnibus licet. Nam
eadem sufficientia summa est, eadem summa potentia,
reuerentia quoque, claritas, et uoluptas beatitudo esse iudicatur. Quid igitur? Haeccine omnia bona, sufficientia,
potentia ceteraque ueluti quaedam beatitudinis membra
sunt, an ad bonum ueluti ad uerticem cuncta referuntur?
Intelligo, inquam, quid inuestigandum proponas, sed, quid
constituas. audire desidero. Huius rei discretionem sic
accipe. Si haec omnia beatitudinis membra forent, a se
quoque inuicem discreparent. Haec est enim partium na-

tura dáz siu úngelichíu éin corpus máchoên. Nû sínt tisíu
geóuget éin uuésen. Pedíu ne sínt siu membra. [Uuánda
siu unum sínt. pedíu ne sínt siu diuersa. Táz íst argumentum a repugnantibus. Repugnat enim unum esse atque
diuersum. Uuánda siu óuh diuersa ne sínt. pedíu ne sínt
siu membra. Táz íst álso, íh nû chád. ab adiunctis.] Ánderes uuîo sól beatitudo sîn geuuórht. ûzer éinemo líde,
dés níeht sîn gemág. [Úzer éinemo ne mág nehéin compo-
sitio uuérden. Táz íst áber argumentum a repugnantibus.
Repugnat enim simplex esse et compositum.] Tés íst nehéin zuîuel chád íh. Tára náh pîto íh. tés nóh fóre íst.

AD UNUM REFERRI QUAE BEATITUDINIS SUNT.

Tiu ánderíu fînuíu. [díu éin sáment bono sínt.] díu
uuérdent keuuérbet án bonum. [uuánda man chómen uuíle
mít ín ad bonum.] Târ úmbe gérôt man gnúhte. uuánda
si gûot geáhtôt uuírdet. | Fóne díu íst óuh líeb potentia. 160.
uuánda si gûot mánne dúnchet. Táz sélba mág íh ságen
fóne dien ánderên drín. Fóne díu íst îo gûot. álles tés
man gérôt. hóubet. únde méinunga. Táz áber gûot neíst. nóh
kelîh temo gûoten. dés ne gérôt nîoman. Únde dára gágene.
díu sâr gûot ne sínt. échert siu démo gelîh sîn. íoh túrh
táz kérôt man íro. sámo so siu gûot sîn. Fóne díu sól man
gelóuben. dáz îo diu gûoti sî. der innerôsto ángo. únde

---

tura, ut unum corpus diuersa componant. Atqui haec
omnia idem esse monstrata sunt; minime igitur membra
sunt, alioquin ex uno membro beatitudo uidebitur esse
coniuncta, quod fieri nequit. Id quidem, inquam, dubium
non est, sed id, quod restat, exspecto. Ad bonum uero
cetera referri palam est. Iccirco enim sufficientia petitur,
quoniam bonum esse iudicatur; iccirco potentia, quoniam
id quoque esse creditur bonum. Idem de reuerentia,
claritudine, iucunditate, coniectare licet. Omnium igitur
expetendorum summa atque causa bonum est. Quod enim
neque re, neque similitudine ullum in se retinet bonum,
id expeti nullo modo potest. Contraque etiam, quae natura bona non sunt, tamen si esse uideantur, quasi uera
bona sint, appetuntur. Quo fit uti summa, cardo, atque

diu ́étchenôsta scúndeda álles kèrônnes. Târ úmbe díngoliches kegérôt uuírt. tés fârêt man dar ána in hóubet.
Álso der ne ́fârêt tér úmbe gesúndeda ŕiteĹ. unío er síh
ŕitendo eruuékke. núbe dáz er gesúndero uuérde. Fóne díu
skînet. so uués so îoman gérôt úmbe gûot. táz er sîn ne
gérôt. núbe gûotes. *Item.* Áber gûot. úmbe dáz tíngoliches
uuárt kegérôt. táz chád íh uuésen beatitudinem. Fóne díu
uuírt ióh ze déro uuîs. [íh′ méino éin gûot fórderôndo.]
éiníu beatitudo gefórderôt. Tánnân skînet óffeno éin díng
uuésen. gûot únde sâlighéit. Târ ne uuéiz ih nîcht. tés
îoman múge uuíderchósôn chád íh. *Item.* Nû hábo íh chǎd
si geóuget. kôt únde sâlighéit éin uuésen. Táz ist álso
161. chád íh. | Fóne díu chád si. mág íh páldo féstenôn. gótes
sélbes substantiam. án demo gûote stân.

INUITATIO AD BEATITUDINEM.

Hára zûo sínnent asáment*) álle nôtháfte. Íuuíh tir bíndent
úbele gelúste. díe íuuêr mûot pesízzent. mít stárchên chéten.

*) Lies sament oder alsament.

causa expetendorum omnium, bonitas esse iure credatur.
Cuius uero causa quid expetitur, id maxime uidetur optari.
Ueluti si salutis causa quispiam uelit eqüitare, non tam
equitandi motum desiderat, quam salutis effectum. Cum
igitur omnia boni gratia petantur, non illa potius, quam
bonum ipsum desideratur ab omnibus. Sed propter quod
cetera optantur, beatitudinem esse concessimus: quare sic
quoque sola quaeritur beatitudo. Ex quo′ liquido apparet
ipsius boni et beatitudinis unam atque eandem esse substantiam. Nihil uideo, cur dissentire quispiam possit. Sed
deum ueramque beatitudinem unum atque idem esse monstrauimus. Ita, inquam. Secure igitur concludere licet,
dei quoque in ipso bono, nec usquam alio, sitam esse
substantiam.

Huc omnes pariter uenite capti,
Quos fallax′ligat improbis catenis,
Terrenas hebetans libido mentes.

nôn. Hîer findent ír rûuna. tísiu stédi íst ío alílle. Táz íst échert taz scúldîga asilum. táz tîen uuônegên îo indân stât. [Tíz ist kuíssera tánne dáz ze athenis máchotôn nepotes herculis. tîe íro lîbes fórhtôn úmbe sîne scúlde. Álde dáz romulus ze romo máchota. fréidên ze gníste.] So uuáz tagus kíbet [fluuius hispaniê] an sînemo gúltcrîeze. únde hermus [fluuius minoris asiê] an sînemo gúltfáreuuen stáde. álde indus. tíu állero náhesta (sic) íst orienti soli. mískelôndíu grûone gímmâ [sô smaragdus íst]. zûo dien uuízên [sô uniones sînt]. tíu ne indûont mánne nîeht tíu óugen sînes sínnes. Núbe mêr stôzent siu blîodíu mûot in íro chúndûn fînstrî. So uuáz tés mánne lichet. álde sîn mûot crûozet. táz prûotet tiu érda in íro bárme. áber dér skîmo gótes uuîstûomes. tér den hímel rihtet. únde féstenôt. tér skîhet tîa tímberûn fînstri des mûotes. So uuér dáz lîeht chîesen gestât. tér ne gíhet. táz tiu súnna cláte skímen hábe.

UNUM ATQUE BONUM. IDEM ESSE.

Íh iího is chád íh. Állîu dînîu gechôse. sînt kuís. únde gestérchet | mít féstên redôn. [Mít argumentis. únde mít syllogismis sínt siu geféstenôt.] Jâ chád si dô. uuîo tíure dúnchet 162.

Hic erit uobis requies laborum,
Hic portus placida manens quiete,
Hoc patens unum miseris asilum,
Non quidquid tagus aureis arenis
Donat, aut hermus rutilante ripa,
Aut indus calido propinquus orbi,
Candidis miscens uirides lapillos,
Illustrant aciem magisque caecos
In suas condunt animos tenebras,
Hoc quidquid placet excitatque mentes,
Infimis tellus aluit cauernis,
Splendor, quo regitur uigetque caelum,
Uitat obscuras animae rninas,
Hanc quisquis poterit notare lucem,
Candidos phoebi radios negabit.

Assentior, inquam; cuncta enim firmissimis nexa rationibus constant. Tum illa, quanti, inquit, aestimabis, si

tír. úbe dû bedénchest. uuáz sélbez taz kûot sî? Unmez tíure chád ih. Úbe íh óuh târ míte mûoz pechénnen gót. tér gûot íst. Tríuuo chád si. íh keóffenôn dir iz mít filo uuârero rédo. Échert tíu sîn in dînero gebúhte. díu fóre geféstenôt sínt. Táz sínt siu chád ih. Ne hábo íh tír argumentando geóuget chád si. díu gûot. téro mánege gérônt? fóne díu ne nuésen uuáríu. nóh túrnohtíu. uuánda siu geskéiden sînt? Únde sô éin ándermo gebréste. dáz iz tánne dúrh síh ne núge gében fól gûot. nóh áneuuálg? Únde áber dánne uuérden uuâre gûot. sô siu síh kesámenoên. sámo so ze éinemo bílde. únde ze éinero uuúrchedo. únde dáz éin dero fínuo sî. ánderíu dáz sélba sîn. [Úbe fínf summa bona uuârîn. sô uuârîn óuh fínf beatitudines. sô uuârîn óuh tero uuúrchedôn fínue. uuánda iogelichíu dúrh síh beatam uuórhti.] Únde ne hábo íh tír dáz keóuget na. síu ne sîn éin. dáz síu nîeht tés ne hábent tés ze géronne sî. uuánda éin âne diu ánderíu nîeht ne gemág? Keóuget chád ih. Nóh zuîuel nehéiner ne íst ís. *Sumptum.* Tíu míssehéllendo chád si gûot ne sínt. únde áber geéinotíu gûot uuérdent. ne sínt tíu dánne. uuánda dara éin zûo chám. gûot uuórten na?

---

bonum ipsum quid sit agnoueris? Infiniti, inquam: siquidem mihi pariter deum quoque, qui bonum est, continget agnoscere. Atqui hoc uerissima, inquit, ratione patefaciam, maneant modo quae paullo ante conclusa sunt. Manebunt, inquam. Nonne, inquit, monstrauimus ea, quae appetuntur a pluribus, iccirco uera perfectaque bona non esse, quoniam a se inuicem discreparent, cumque alteri abesset alterum, plenum absolutumque bonum afferre non posse? Tum autem uerum bonum fieri, cum in unam ueluti formam atque efficientiam colliguntur, ut quae sufficientia est, eadem sit potentia, reuerentia, claritas atque iucunditas. Nisi uero unum atque idem omnia sint, nihil habere, quo inter expetenda numerentur. Demonstratum est, inquam, nec dubitari ullo modo potest. Quae igitur, cum discrepant, minime bona sunt, cum uero unum esse coeperint, bona fiunt; nonne haec ut bona sint unitatis fieri adeptione contingit?

Táz túnchet mír. chád ih. *Sumptum.* | Unde ál daz kûot ist 163. chád si. sô díu úngeéinotíu fínuíu sínt. gihest tu dáz kûot sin. fóne gûotes míteuuíste. sô unum íst. álde ne gíhest? Sô íst kûot chád ih. *Illatio.* Fóne sámolíchero rédo gíhest tu nôte chád si. éin únde gûot úngeskéiden sín. [Uuile du zuóio iéhen. sô gíhest tu nôle des trítten. Ter syllogismus íst sús ketân. Vngûot uuírt fóne éinemo gûot. Sô íst tánne gûot fónc gûotemo nuórten. ih méino fóne éinemo. Pedíu íst éia únde gûot úngeskéiden.] Téro substantia íst nôte úngeskéi-den. déro tât úngeskéiden íst. [Bonitas máchôt bonum. par-ticipatione sui. sô tûot óuh unum. Pedíu hábent siu éina tât.] Tés ne mág íh nio gelóugenen. chád íh.

UNUM OMNIBUS REBUS SUBSISTENTIAM DARE.

Ne uuéist tu chád si. állero díngolih sô lángo uuéren. únde bestân. únz íz éin íst. Únde zegân ióh zeuáren. sô iz éin ne íst. Álso du chîesen mâht chád si. an állên lé-bendên. Sô sêla únde lîchamo zesámine chóment. únde sáment uuónênt. táz héizet animal. Sô dísíu éinunga fóne béidero skídungo zegât. sô sól animal nôte zegân. únde fúrder ne uuésen. Jóh sélbêr únsêr lîchamo. únz er in sînero lído fûogi behábet sîna geskáft. sô íst er ménnisken gelîh. Úbe áber die líde geskéidene. únde zelégete demo

---

Ita, inquam, uidetur. Sed omne quod bonum est, boni participatione bonum esse concedis, an minime? Ita est. Oportet igitur idem esse unum atque bo-num simili ratione concedas. Eadem namque substan-tia est eorum, quorum naturaliter non est diuersus ef-fectus. Negare, inquam, nequeo. Nostine igitur, inquit, omne, quod est, tam diu manere atque subsistere, quam diu sit unum, sed interire atque dissolui pariter, atque unum esse destiterit? Quonam modo? Ut in animalibus, inquit, cum in unum coeunt ac permanent anima corpus-que, id animal uocatur. Cum uero haec unitas utriusque separatione dissoluitur, interire nec iam esse animal liquet. Ipsum quoque corpus, cum in una forma, membrorum coniunctione, permanet, humana uisitur species. At si distributae segregataeque partes corporis distraxerint uni-

lîchamen dáz penément. táz er éin ne mûoz sîn. sô zegât
táz er uuás. Únde uuárte ze állèn díngen ánderên. sô síhest tu díngolîh pestân. únz iz éin íst. Únde áber zegân,
164, sô iz éin ne íst. | So uuâr íh is uuartên. chád ib. târ
findo íh iz sô.

QUESTIO PHILOSOPHIAE. AN AD INTERITUM ALI- QUID TENDAT.

Íst nû îeht chád si. dáz tero naturo fólgendo, síh
kérno gelóube des uuésennes. únde iz uuélle zegân. únde
gruuérden.

RESPONSIO BOETII, NON ANIMALIA TENDERE. DE RELIQUIS SE DUBITARE

Úbe íh tíu lébendo *(sic)* chíuso chád ih. tíu natûrlicho
mûgen uuéllen. únde ne uuéllen. déro nehéin ne findo ih
táz âne ûzuuértiga nòt uuéseunes ne lûste. únde iz tánches
péite ze uerlórnissedo. [Ûzuuertîg nòt íst. tîa ételîh keskíht
erréchet. álso sûhte sínt. únde uulnera. únde persecutiones.
únde calamitates. Fóne dîen uuírt ófto der ménnisko sô
úberuuúnden. ófto dáz ímo der lîb léid íst.] Ál dáz tir lébet. táz îlet îo hálten sîne gesúndeda. únde flíhet îo den
tôd. únde dia ferlórnísseda, Uués áber íh súle îéhen fóne
bóumen. unde fóne chríuteren, tíu fóne sáffe lébent. únde fóne
únlébenden. ¯sô lapides únde metalla sínt.] tés zuîuelôn ih.

---

tatem, desinit esse quod fuerat. Eoque modo percurrenti
cetera procul dubio patebit subsistere unumquodque, dum
unum est; cum uero unum esse desinit, interire. Consi-
deranti, inquam, mihi plura minime aliud uidetur. [Estne
igitur, inquit, quod in quantum naturaliter agat, relicta
sustinendi appetentia uenire ad interitum corruptionem-
que desideret? [Si animalia, inquam, considerem, quae
habent aliquam uolendi nolendique naturam, nihil in-
uenio, quod, nullis extra cogentibus, abiiciant manendi
intentionem et ad interitum sponte festinent. Omno
namque animal tueri salutem laborat, mortem uero per-
niciemque deuitat. Sed quid de herbis arboribusque, quid
de inanimatis omnino consentiam rebus, prorsus dubito.

ITEM IPSA. NEC ARBORES TENDERE NEC HERBAS.

Tríuuo chád si. nóh tés ne dárft tu zuíuelon. sîd tu
sîhest criutelíh. unde bóumolíh an déro stéte uuáhsen. díu
ímo límfet. íh méino. dâr íz níeht káhes erdórrên ne mág.
nóh zegân. sô fílo iz tiu natura lâzet. Uuánda íro súmelíh
uuáhset in félde. súm in bérge. súm uuáhset in fénne. súm
chlébet án dien stéinen. súm | stât an grîeze. Tîe sâr dánne 165.
dórrênt. úbe síe íoman fúrder sézzet. Fóne díu gíbet tiu
natura fogelíchemo. dîa stát. tíu ímo gelímfet. únde húotet.
táz iz ío uuéree. únz iz lángôst múge.

DE NUTRIMENTIS EARUM.

Uuáz chîst tu dés. [zíu ne chíusest tu dâr bî. uuîo
gérno sie sínt] táz síe sámo so den snábel stôzent ín dia
érda. únde sûgent taz sóu. mít tien uuúrzellôn. únde sie
dánnân sô ûf íro stárchi áfter demo márge. únde áfter dero
ríndûn. zetéilônt? Unde uuáz óuh tés. táz síe daz uuél-
chesta sô daz márg íst. zeínnerôst pérgent. mít tero ûzerûn
hólzes fésti. únde diu rínda ze ûzerôst. sámo so árbeito
genîetotíu. gágen állên uuéteren ze skérme stât. Uuánda
ne sîhest tu. uuîo geuuár. óuh tés tiu natura íst. táz állíu

Atqui non est, quod de hoc possis ambigere, cum her-
bas atque arbores intuearis, primum sibi conuenientibus in-
nasci locis. ubi, quantum earum natura queat, cito exarescere
atque interire non possunt. Nam aliae quidem campis, aliae
montibus oriuntur, alias ferunt paludes, aliae saxis haerent,
aliarum fecundae sunt steriles arenae, quas si in alia quispiam
loca transferre conetur, arescant. Sed dat cuique natura quod
conuenit, et, ne, dum manere possunt, intereant, elaborat.

Quid dicam, quod omnes, ueluti in terras ore demerso,
trahunt alimenta radicibus ac per medullas robur corti-
cemque diffundunt? Quid, quod mollissimum quodque,
sicuti medulla est, interiore semper sede reconditur, extra
uero quadam ligni firmitate regitur; ultimus autem cortex
aduersum caeli intemperiem quasi mali patiens defensor
opponitur? Iam uero quanta est naturae diligentia, ut

uuáhsentíu. mít tes sâmen mánegfalti uuîto geßánzôt uuérden. Uuér ne bechénnet táz állez uuésen. sámo so zímber.
únde geziug. állív uuáhsentíu. nîeht éin uuérig ze getûonne.
núbe ióh áfter gebúrte zálôn iomêr ze gestátenne.

ITEM NEC INANIMATA TENDERE AD INTERITUM.

Tíu óuh únlîbháftiu sínt. ne fórderônt tíu daz íro díng
so sámo na? Uuáz méinet ánderes. táz tiu lîehti daz fiur
ûfzíhet. únde diu suári dia érda nídersénchet. âne dáz ín
béidên dîe stéte gefállent. únde dîe fértę? [Einemo níder.
166. ándermo ûf] | Állero díngolîh háltet îo dáz ímo geuállet.
Also iz óuh tára gágene dísiu dôsent *(sic)*: tíu imo uuíderuuar-
tîg sínt. Tíu óuh bérte sínt. álso stéina. díu háftênt fásto
ze sámine. únde ne bérgent nîeht. táz man siu sámfto ze-
bréche. Tíu áber náziu sínt. sô lúft únde uuázer íst. tíu
skéident síh sámfto. únde lóufent áber spûotîgo. zesámine.
Taz fiur ne skéidet síh nîeht. [Táz íst fóne díu. uuánda
iz ne hábet nehéina dícchi. dáz iz corpus sî. nóh ne íst
túrh síh nîeht. sô lúft únde uuázer íst. táz iz ín gelîcho
múge geskéiden uuérden. Án dien corporibus íst iz sámo
so fróst. únde ánderíu accidentia. Díu corpora án dîen iz

---

cuncta semine multiplicato propagentur, quae omnia non
modo ad tempus manendi, uerum generatim quoque quasi
in perpetuum permanendi, ueluti quasdam machinas esse
quis nesciat?

Ea etiam quae inanimata esse creduntur, nonne
quod suum est quaeque simili ratione desiderant? Cur
enim flammas quidem sursum leuitas uehit, terras uero
deorsum pondus deprimit, nisi quod haec singulis loca
motionesque conueniunt? Porro autem, quod cuique con-
sentaneum est, id unumquodque conseruat, sicuti ea,
quae sunt inimica, corrumpunt. Iam uero quae dura sunt,
ut lapides, adhaerent tenacissime partibus suis et, ne facile
dissoluantur, resistunt. Quae uero liquentia, ut aër atque
aqua, facile quidem diuidentibus cedunt, sed cito in ea
rursus, a quibus sunt abscissa, relabuntur. Ignis uero
omnem refugit sectionem.

ist. tíu skéident síh. Sô íst óuh uox. tiu sáment chúmet
ze mánigên ôrôn.' síu íst úngeskéiden. dóh tero gebôrentôn
ôren geskéiden sîn. únde íst si óuh corporalis. sô priscia-
nus chît. quia uox est aer ictus.]

QUID SIT INTER NATURALEM MOTUM ET UOLUN-
TARIUM.

Únde ferním uuóla. dáz íh tír nû nîeht ne óugo.
[uuîo gérno uuíhtelîh sî.] fóne dîen uuílligên uuárbôn dero
sínnigûn sêlo. núbe íh óugo dir iz fóne dero natûrlichûn
râmungo. [Natura hábet íro ríhti. dáz sia nehéin uuíllo ne
léitet.] Álso dâr skînet. táz uuír dia líbleita déuuên. dóh
uuír dára ne dénchên. únde uuír slâfendo âtemoên. únuuí-
zendo. [Pedíu hábet tiu natura íro uuárba. âne den uuíllen.]
Nóh sâr án dien lébendên. dáz siu gérno sínt. táz ne hábent siu nîeht fóne dero sêlo uuíllen. núbe fóne dero natura. nám iz ánagenne. Táz skînet târ ána. uuánda der
mán ófto dúrh ételicha nôt. ten dôd uuíle. dén diu natura
skjhet *(sic)*. Vnde dára gágene. | Diu hîtat. téro diu na-167.
tura gérôt. tánnân dero stírbigôn díngo lánguuérigi dóh.
chúmet. tiu uuírt ófto fóne uuíllen ferduuénget. [Ten dôd
fúrhtet tiu natura. únde gerôt sîn der uuíllo. tia hîtât mínnôt tiu natura. únde uuéigerôt ter uuíllo. fóne díu chît sî.
contra illud.] Álso guís so ne chúmet nîeht tiu lîb mínna.
fóne dero sêlo uuíllen. núbe fóne dero natûrlichûn ríhti.

Neque nunc nos de uoluntariis animae cognoscentis
moribus, sed de naturali intentione tractamus. Sicuti
est, quod acceptas escas sine cogitatione transigimus,
quod in somno spiritum ducimus nescientes. Nam ne
in animalibus quidem manendi amor ex animae uoluntatibus, uerum ex naturae principiis uenit. Nam
saepe mortem cogentibus causis, quam natura reformidat,
uoluntas amplectitur; contraque illud, quo solo mortalium
rerum durat diuturnitas, gignendi opus, quod natura semper
appetit, interdum coërcet uoluntas. Adeo haec sui caritas non
ex animali motione, sed ex naturali intentione procedit.

Kótes peuuárunga. gáb táz íro geskáffenên. ze hôubethâfti uuérennes. táz sie îo lúste ze uuérenne. únz sie lángôst múgîn. Pedíu ne dárft tu nieht zuîuelôn. ál dáz tir íst. natûrlicho sûochen dia stâtigi des uuérennes. únde skíhen dia ferlórni. Íh gího chád íh. táz íh kuíslicho nû bechénno. dáz mír fóre uuás únguís. Únde dáz ío uuésen. únde uué rên uuíle chád si. táz kérôt éin uuésen. Témo infárnemo. ne uuírt taz uuésen ze léibo nieht. Táz íst uuâr chád íh. *Sumptum.* Pedíu chád si. uuéllen siu állíu éin. Tês hábo íh keiégen chád íh. *Sumptum.* Nû hábo íh tir óuh kcóuget chád si. éin únde gûot ál gelîcho gân. Sô hábest chád íh. *Illatio.* Pedíu chád si. fórderônt siu állíu gûot. [Tér syllogismus íst óuh târ fóre.]

DIFFINITIO BONI.

Nû máht tv gûote gében chád si. súslih nôtméz. Táz íst gûot tés állíu díng kérônt.

[QUID SIT DIFFINITIO.

Hîer íst ze uuízenne. dáz diffinitio óuh éigen instrumentum íst philosophorum. ad disputandum. sámo so argumentum íst. únde syllogismus. Mít tîen drín dûohta ín. dáz uuír állero díngoliches sîn ze irríhtenne. únde daz ander | ál únguís sî. âne dáz úns argumen-

168.

Dedit enim prouidentia creatis a se rebus hanc uel maximam manendi causam, ut, quoad possunt, naturaliter manere desiderent: quare nibil est, quod ullo modo queas dubitare, cuncta, quae sunt, appetere naturaliter constantiam permanendi, deuitare perniciem. Confiteor, inquam, nunc me indubitato cernere, quae dudum incerta uidebantur. Quod autem, inquit, subsistere ac permanere appetit, id unum esse desiderat; hôc enim sublato, ne esse quidem cuiquam permanebit. Uerum est, inquam. Omnia igitur, inquit, unum desiderant. Consensi. Sed unum id ipsum monstrauimus esse, quod bonum est. Ita quidem. Cuncta igitur bonum petunt; quod quidem ita describas licet, ipsum bonum esse, quod desideretur ab omnibus.

tando. ratiocinando. diffiniendo genuâret uuérde. Argumentorum loca fúnden sie sedecim. ratiocinationum modos uiginti sex. áber diffinitionum misselicho. uuánda cicero léret únsih in topicis. quatuor modos. uictorinus rhetor quindecim. Déro quindecim modorum. ist échert éinêr dér proprie diffinitio héize. die ándere héizent mêr descriptiones. Diffinitio sézzet taz tíng. únde geóuget iz úns. álso uuír iz ána séhen. descriptio gezéichenet iz échert. Sô ist iz diffinitio. sô iz úns substantialiter dia sácha óuget. ál sús. Animal dáz íst anima. únde corpus. Fóne dien zuéin íst animal compositum. díu zuéi uuúrchent iz. Sô íst iz áber descriptio. sô úns échert kemâlêt uuírt. uuáz iz sî. ál sús. Animal dáz íst quoddam mobile. Tóh táz uuâr sî. nóh tánne íst úns animal mít tíu accidentialiter geóuget. nals substantialiter. Mobilitas íst accidens animali. Úzer accidentibus ne uuírt nehéin animal geuuúrchet. Pedíu chît descriptio geuâle. únde zéichenúnga. únde bíldè. álso dáz íst. úbe ih mít mînemo grífile an éinemo uuáhse gerízo formam animalis. Áber diffinitio chît úndermarchúnga. álso dáz íst. táz uuír fines a finibus skídoen. únde chît nôtmez. álso dáz knôto gemézen íst. tés nîeht mêr. nóh nîeht mínnera neíst.]

Nîeht ne mág uuâreren erdénchet uuérden. chád íh. Uuánda éin uuéder íst. sô állíu díng séhent ze nîeht. únde fárent írre. sámo so hóubetolôsiu. álde úbe siu állíu íoner zûoilent. táz íst nôte állero díngo bézesta. Únde dô chád si. nû bin íh is fílo frô geséllo mîn. Tù hábest ten mittelôsten stúpf tero uuârhéite in din *) hérza getrénchet.

-----

*) Es steht dien.

Nihil, inquam, uerius excogitari potest. Nam uel ad nihilum cuncta referuntur, et uno ueluti uertice destituta, sine rectore, fluitabunt, aut si quid est, ad quod uniuersa festinent, id erit omnium summum bonorum. Et illa, nimium, inquit, o alumne laetor; ipsam enim mediae ueritatis notam mente fixisti.

QUIS SIT RERUM FINIS.

Únde an demo dínge hábest tu fernómcn. dáz tu díh
fóre châde ne uuízen. Uuélez íst táz chád íh. Uuáz táz
169. énde si állero díngo chád si. Táz íst taz | énde. dés allíu
díng kérônt. Uuánda uuír dáz énde geuuâr rácholôn. gûot
uuésen. pedíu súlen uuír iéhen. gûot uuésen állero
díngo énde.

MENTEM INTERROGANDAM ESSE DE OMNI UE-
RITATE.

So uuér tiefo dénchendo daz uuâra gûot sûoche. únde
er fóne lúge díngen ne uuélle betrógen uuérden. dér frâgee
dés sin sélbes sîn. Únde lánge férte des mùotes in rínges
uuîs piegende. tûe sie úmbegân. [Dáz chît. uuénde sîn
mûot tar ána díccho.] Únde lêre sîn mûot héime hában.
dázsiz ánderes uuâr sûochet. Úbe er daz tûot. tánne begínnet síh ímo indùon. dáz ér ne uuíssa. óffenôr dánne daz
súnnûn lieht. [Táz chît si fóne díu. uuánda ér ímo sélbo
bedénchen sól. uuîo uuâr dáz sî. dáz sî ín lêret.] Uuánda
der âgez máchôndo lîchamo. ne hábet temo mùote dáz (sic)
nîeht káreuuo genómen dia uuârhéit. [so uuîo geskríben
sî. Corpus quod aggrauat animam. opprimit sensum multa

Sed in hoc patuit tibi, quod ignorare te paullo ante dicebas. Quid? inquam. Quis esset, inquit, rerum omnium
finis. Is est enim profecto, quod desideratur ab omnibus;
quod quia bonum esse collegimus, oportet, rerum omnium
finem bonum esse, fateamur.

Quisquis profunda mente uestigat uerum
Cupitque nullis ille deuiis falli,
In se reuoluat intimi lucem uisus,
Longosque in orbem cogat inflectens motus,
Animumque doceat, quidquid extra molitur,
Suis retrusum possidere thesauris;
Dudum quod atra texit erroris nubes,
Lucebit ipso perspicacius phoebo.
Non omne namque mente depulit lumen
Obliuiosam corpus inuehens molem.

cogitantem.] Ételi̇h ſúnche dero uuârhéite. lôskêt târ ínne.
dér fóne dero ánablâsenlûn lêro. erchícchet uuírt. Uuánnân
bírnt ir ánderes ſô geréch. rébt ze fíndenne. ſô man is
íuuíh frâgêt. tér zínselôd ne lâge dâr begráben. tîefo ín
demo hérzen. [Táz ist argumentum ab effectu. Uuîo mág effectum sîn âne den efficientem.] Úbe platonis poéma uuâr ságet. ál dáz tér úngehúhligo gelírnêt. tés pehúget er síh. [Plato
únde ándere philosophi. uuândôn. dáz anima hominum állíu
díng uuízîn. êr sie ad corpora chómên. únde fóne démo únge-
húhtig | uuórtene. síh íro dára nâh îơ éinzên behúgen.]   170.
Íh gího dés fiľo fásto platoni chád íh. uuánda dû míh
tíz ál nù ánderêst lêrest. Éinêst fóne díu. dáz íh uuás in
úngehúht chómenêr. fóne des líchamen drúcche. [dô míh
iz in scùolo lêrta mîn méister.] únde nû ánderêst. fóne
dero chréftigûn trùregi besuârotêr.

QVOD BONITATIS CLAUO MUNDUS REGATUR.

Uuíle du dénchen chád si. án die êreren gegíhte. ſô spùot
ʒir sâr. dés tíh ze behúgenne. dáz tu fóre châde. díh ne uuízen.
Uuáz íst táz chád íh? Uuélih chád si daz stùorrûoder sî. mít
témo gót tísa uuérlt ríhte. Íh pehúge míh uuóla chád íh. keiégen haben mînero únchúnnôn. Uuáz tu dóh ságen uuéllêst.

Haeret profecto semen introrsum ueri,
Quod excitatur uentilante doctrina.
Nam cur rogati sponte recta censetis,
Ni mersus alto uiueret fomes corde?
Quod si platonis musa personat uerum,
Quod quisquis discit, immemor recordatur.

Tum ego, platoni, inquam, uehementer assentior;
nam me horum iam secundo commemoras. Primum,
quod memoriam corporea contagione, dehinc cum maeroris
mole pressus amisi.

Tum illa, si priora, inquit, concessa respicias, ne
illud quidem longius aberit, quin recorderis, quod te
dudum nescire confessus es. Quid? inquam. Quibus,
ait illa, gubernaculis mundus regatur. Memini, inquam,
me inscitiam meam fuisse confessum; sed quid afferas,

so uuîo íh 'iz iû nû uuîze. íh fernímo iz tóh kérno
fóne dír. Táz kót tísa uuérlt ríhte chád si. tés iáhe dû
dâr fóre. tíh nehéinen zuîuel hâben. Nóh nû ne zuîuelôn chád ih. nóh níomer. Únde mít uuélero rédo íh
tára zûo chóme. dáz ságo íh tír spûotigo. Tísiu uuérlt
ne geéinoti síh níeht ze éinemo bílde. fóne sô mísselichên. únde sô uhíderuuártigên. íro téilen. [sô uuâzer.
únde fíur íst. únde lúft únde érda.] úbe éinêr ne uuâre. dér sô
mísselichíu zesámine fûogti. Jóh tára nâh. sô er siu zesámine
gehâfti. sô intuuúrfe síh. únde zenâme síh. tíu ríngenta mís-
sehélli dero natûrôn. úbe éinêr ne uuâre. dér dáz fóllc hábeti.
zesámine. dáz ér genústa. [Táz íst triplex argumentum.
a dissimilibus. a repugnantibus. a contrariis. Dissimilia sínt.
corpus et anima. repugnantia sínt ignis et terra. contraria sínt
ignis et aqua. Tíu flúhîn nôte éin ánderíu. úbe siu éteuner ne
171. duúnge zesámine.] | Nóh sô guís ne uuâre níeht tíu ríhti
dero naturę. nóh sô guísse férte. ne tâtîn diu partes kuísse in
íro stéten. [álso luna hábet inter planetas. proximum motum
terrę. únde saturnus proximus cęlo.] kuísse in íro zîten.
[álso recursus lunę íst. in uiginti septem diebus. únde áber
solis. in trecentis sexaginta quinque diebus.] kuísse in íro
máchungo. [álso der mâno dia súnnûŋ fúre gândo. eclipsin
solis máchôt. únde sol die ánderen planetas machôt stationarias. álde retrogradas. álde anŭmôlas (sic).] kuísse in
íro únderskéite. [álso ío íst inter plénam lunam et solem
dimidium cęli.] kuísse in íro uuîolichi. [álso ío noua luna
íst

---

licet iam prospiciam, planius tamen ex te audire desidero. Mundum hunc, inquit, a deo regi paullo ante
minime dubitandum putebas. Ne nunc quidem arbitror,
inquam, nec umquam dubitandum putabo, quisque in hoc
rationibus accedam, breuiter exponam. Mundus hic ex tam
diuersis contrariisque partibus in unam formam minime con-
uenisset, nisi unus esset, qui tam diuersa coniungeret; coniuncta uero naturarum ipsa diuersitas inuicem dìscors disso-
ciaret atque diuelleret, nisi unus esset, qui quod nexuit con-
tineret. Non tam uero certus naturae ordo procederet. nec tam
dispositos motus, locis, temporibus, efficientia, spatiis, quali-
tatibus

íst cornuta. únde plená rotunda íst.] Tés ne fûore álles
sô nîeht. úbe éinêr. ne uuâre státêr. dér díe mísselîchen
uuéhsela scáffoti. [Táz íst argumentum ab effectis. Diu
effecta lêrent ten effectorem.] Fóne démo ío álle gáskefte
(sic) sínt. unde geríhtet*) uuérdent. tén héizo íh áfter síte
gót. Sîd tu dáz uuéist chád si dô. sô ne íst mír dés nîeht.
táz tû sâldôn gebrûochendêr (sic) gesúnde héim eruuíndêst.
[Uuáz héizet si patriam. âne iustitiam. únde sapientiam,
dâr úmbe der ménnisko geskáffen uuárt? álde paradysum.
dánnân ér feruuórfen uuárd.] Nû séhên dés uuir bedígen.
Sumtum. Ne chád íh târ fóre na. gnúht pegríffen uuérden.
mít beatitudine. únde gót uuésen dia beatitudinem. Sô tâte
chád íh. Illatio. Sîd táz sô íst. sô íst er úndúrftîg tero
ûzerûn hélfo. dia uuérlt ze ríhtenne. uuánda er iz an ímo
sélbemo hábet. [Ter syllogismus íst sús ketân. Sufficientia
íst in beatitudine. Sô íst kót beatitudo. Pedíu íst kót
sufficiens ad regendum mundum.] Ánderes uuîo. úbe ímo
ménget. sô ne íst er sufficiens. [Argumentum a parte. quia
non habet totum cui aliquid deest.] Iz íst nôte sô chád íh.
Mít | ímo sélbemo gréhto. órdenôt er diu díng. Tés ne mág 172.
nehéin lóugen sîn chád íh. Item. Nû íst óuh kót keságet

tatibus explicaret, nisi unus esset, qui has muta-
tionum uarietates manens ipse disponeret. Hoc quidquid est, quo condita manent atque agitantur, usitato
cunctis uocabulo deum nomino. Tum illa: cum haec,
inquit, ita sentias, paruam mihi restare operam puto, ut
felicitatis compos patriam sospes reuisas; sed quae pro-
posuimus, intueamur. Nonne in beatitudine sufficientiam
numerauimus deumque beatitudinem ipsam esse concessimus? Ita quidem. Et ad mundum igitur, inquit, regendum nullis extrinsecus adminiculis indigebit; alioquin si
quo egeat, plenam sufficientiam non habebit. Id, inquam,
ita est necessarium. Per se igitur solum cuncta disponit.
Negari, inquam, nequit. Atqui deus ipsum bonum esse

chád si. gûot uuésen. Uuóla 'gehúgo. íh is chád ih. Úbe dér mít imo sélbemo ríhtet. tér sélbo gûot íst. só ríhtet er mít kûote. [Táz íst argumentum a nota. i. ab interpre· tatione. Uuánda gót únde gùot pluriuoca sínt. táz mít kóte uuírt. táz uuírt mít kûote.] Unde dáz íst tér nágel. ióh tíu stíura. mít téro daz, uuérlt zímber gehálten uuírt státe. únde úngeuuértet. [Tér diu méreskéf stíurct. tér ne léget sîna hánt nîeht án daz stíurrûoder. núbe échert ten nágel. dér án demo rûodere íst. tén uuérbet er. álso uuír ióh séhên. in súmelíchen séuuen.] Tés fólgên íh tir in érnest chád ih. únde dáz uuíssa íh fóre. gágen dés iz uuás. táz tu sô ságen sóltîst. Íh chós iz. tóh íh iz chûmo chúre. Táz ke- loúbo íh ,chád si. dáz tu iz fóre chúrîst. uuánda dû nû uuâno íh uuácherôren óugen hábest. tia uuârhéit ze chîesenne.

CUNCTA NATURAE CONSENTANEA. UOLUNTARIE GUBERNARI.

Táz íh oúh nóh ságen uuíle. dáz máht tu sámo óffeno chîesen. Uuáz íst táz chád íh. Só gót tiu díng ríhtet chád si. mít témo nágele dero gûoti. únde siu állíu râmênt ze dero gûoti. Íst tánne zuîuel. síu ne sîn uuíllig tes ríhten- nes? Únde síu ne uuérbên síh kérno. náh témo uuíllen

<hr>

monstratus est. Memini, inquam. Per bonum igitur cuncta disponit, siquidem per se regit omnia, quem bonum esse concessimus, et hic est ueluti quidam clauus atque guber- naculum, quo mundana machina stabilis atque incorrupta seruatur. Uehementer assentior, inquam, et id te paullo ante dicturam, tenui licet suspicione, prospexi. Credo, inquit: iam enim, ut arbitror, uigilantius ad cernenda uera oculos deducis.

Sed quod dicam non minus ad contuendum patet. Quid? inquam. Cum deus, inquit, omnia bonitatis clauo gubernare iure credatur, eademque omnia, sicuti do- cui, ad bonum naturali intentione festinent, num dubitari potest, quin uoluntarie regantur, sed ad disponentis nutum,

des méisterônten. sámo so gehéllíu únde.gerártíu ze íro
ríhtare? Íz íst nôte sô chád ih. Nóh táz ríhten ne uuâre
sâlîg. tánne. sô iz tero uuíderôntôn geduuíng uuâre. nâls
tero gehôrigôn héili. [Uuánda díu detrectatio contra naturam uuâre. bedíu ne hábeti sî beatum finem. Táz íst ar-
gumentum a causa. Tíu dia naturam báltent. tiu habent |
bonum finem. Fóne díu chád paulus. Habetis fructum 173. \
uestrum in sanctificatione. finem uero uitam eternam. Sancti-
ficatio ist secundum naturam. pedíu íst si causa uitę. eternę.
Uita eterna íst íro finis.] Pedíu neíst níeht tia naturam
háltende. dáz kóte uuídere sî. Níeht chád íh.

RELUCTANTIA NIHIL PROFICERE.

Uuáz chád si. úbe síh is tehéin creatura béitet. [sô
gigantes tâten. únde álle iniqui tûont.]? Kemág sî dánne
íeht uuíder demo geuuálligôsten. dén íh keuuáltigôsten jáh
uuésen dúrh tia beatitudinem? Níeht úber ál chád
íh. Fóne díu neíst níeht chád si. daz temo hêrôsten gûote múge. álde uuélle uuídere stàn. Íh ne trûên
chád íh. Fóne dív chád sî. íst táz kûot taz fôrderô-
sta. dáz állíu díng mámmondo. únde máhtîgo sképfet. Dô
chád íh. uuîo lústsám mír sínt níeht éin díu gnôti dero
rédôn. díe du mír beslózen hábest. núbe íóh mêr díu uuórt.

---

ueluti conuenientia contemperataque rectori sponte con-
uertant? Ita, inquam, necesse est; nec beatum regimen
esse uideretur, si quidem detrectantium iugum foret, non
obtemperantium salus. Nihil est igitur, quod naturam ser-
uans deo contraire conetur. Nihil, inquam.
Quid si conetur, ait, num tandem proficiet quidquam
aduersus eum, quem iure beatitudinis potentissimum esse concessimus? Prorsus, inquam, nihil ualeret. Non est igitur
aliquid, quod summo huic bono uel uelit uel possit obsistere.
Non, inquam, arbitror. Est igitur, inquit, summum bonum,
quod regit cuncta fortiter suauiterque disponit. Tum ego,
quam, inquam, me non modo ea, quae conclusa est, summa
rationum, uerum multo magis haec ipsa uerba, quibus
uteris, delectant, ut tandem aliquando stultitiam magna
11 *

tíu dú spríchest. [Sî spríchet scône hîer. únde oúh târ sî
fóne íro sélbûn spríchet.] Tû lâse in spélle chád sî. díe
rísen ze hímele féhten. [otum. únde ephialtem. filiụ̈s nep-
tuni: díe mânôdliches vuûohsen nouem digitos.] áber gótes
chráft. kált in sô iz réht uuás. [Uuánda sie álle erscózen
uuúrten. mít tien dónerstrâlôn. Táz mánôt tie úreizkóucha.
díe gótes chórônt. dáz sie dóh eteuuénne. síh is midên.
Flegre héizet tíu rísôn·búrg. in thessalia. târ díe chréftîgen
stéina nóh lígent. mánige áfter félde. mít tien diu spél sá
gent. táz tie rísen ze hímele fûhtin. Íz uuâren áber díe
uuârháfto. díe post deluuium turrem zímberotôn uuíder
góte. únde sie uuúrten diuisẹ per linguas.]

174. ## MALUM | NIHIL ESSE.

Uuíle du nû chád sî. dáz íh sélben die rédâ. díe íh
târ fóre gcóuget hábo zesámine slâhe. dáz tar ûz ételîh
scône gnéista spríngc. Álso dû uuéllêst chád íh. Kót chád
sî. ne zuîuelôt nîoman uuésen álcmâhtîgen. Tér sínnîg íst
chád íh. tér ne zuîuelôt is. Tér ál gemág chád sî. sól îeht
sîn. dăz tér ne gemúge? Nîeht chád íh. Mág kót úbel tûon
chád sî? Něin chád ih. Fóne díu chád sí. ncíst úbel nîeht.
sîd iz tér ne mág tûon. dér al tûon mág. [Argumentum
ab efficiente. Uuâr íst táz effectum. sô der effector ne íst?
Táz íst líu scintilla dáz malum nîcht ne íst. Fóne díu chît
augustinus. dáz malum creatura ne sî. nóh effectio dei.
núbe defectio a deo.]

---

latrantem sui pudeat. Accepisti, inquit, in fabulis laces-
sentes caelum gigantes; sed illos quoque, uti condignum
fuit, benigna fortitudo deposuit.

Sed uisne rationes ipsas inuicem collidamus? forsitan
ex huiusmodi conflictatione pulcra quaedam ueritatis scintilla dissiliet. Tuo, inquam, arbitratu. Deum, inquit, esse
omnium potentem nemo dubitauerit. Qui quidem, inquam,
mente consistat, nullus prorsus ambigat. Qui uero est,
inquit, omnium potens, nihil est, quod ille non possit.
Nihil, inquam. Num igitur deus facere malum potest?
Minime. inquam. Malum igitur, inquit, nihil est, cum id
facere ille non possit, qui nihil non potest.

DE SIMILITUDINE HARUM RATIONUM.

Spílest tu sáment mír chád iñ. mít tínero rédo. sô feruuúndenen laborinthum *(sic)* uuvrchendo? Táz tu nû íngángêst. târ du ûzkíenge. únde áber dâr ûzkángêst. târ du íngíenge? [Sô iz in laborintho féret. únde sô du híer séhen máht.] Álde uuíndest tu daz vuúnderlicha chlíuuc —

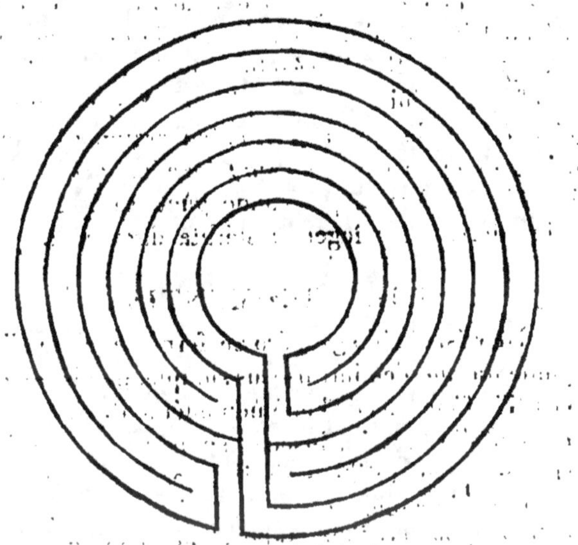

dere gótes éinfálti? Sús hábest tu mít mír gerédôt. Tû fíenge áua ze beatitudine. únde ságetôst sîa uuésen summum bonum. únde châde sîa in góte uuésen. Vnde ságetôst tu gót. sélben uuésen summum bonum íoh beatitudinem. Vnde | dánnan ságetost tÿ mír ze gébo nehéinen 175.

Ludisne, inquam, me, inextricabilem labyrinthum rationibus texens, quo nunc quidem, qua egrediaris, introeas, nunc uero quo introieris, egrediare, an mirabilem quendam diuinae simplicitatis orbem complicas? Etenim paullo ante a beatitudine incipiens eam summum bonum esse dicebas, quam in summo deo sítam loquebare; ipsum quoque deum summum esse bonum plenamque beatitudinem disserebas; ex quo neminem bea-

uuésen beatum. âne. dér sâmint imó gót ist [Án déro stéte
bist tŷ ûz chómen ze beatitudine. dâr dû óuh ána fienge.
Únde. áber dâr ze beatitudine. ána fáhendo dâr dû ûz lieze.]
cháde dû. dáz pílde summi boni uuésen substantiam gótis
únde beatitudinis. Únde dáz éina bonum ságetost tû uuésen dáz álliu díng súochent. Únde gót cháde dû mít témo
stûorrûodere *(sic)* dero gûoti dia uuérh álla ríbten. Tóh
imo gérno héngen álliu díng. Únde úbiles natura nehéina
uuésin. [Tíz sínt tíu du ságetost. únde díu dû in éin án-
deriu geflóhtin hábist.] Únde hábest tû siu álliu gerécchit
mit éigenên. únde mít ánaháftenten argumentis. náls mit
frémeden. únde sô dáz îro *(sic)* îogelich *(sic)* klóublichi
inpfáhit fóne ándermo. [gót únde gûot. sâligbéit únde éin.
déro sínt fieriv. déro îogelich stárhta dáz ánder.]

[DE ARGUMENTIS.

Hier íst táz filo geuuáro ze férnémenne uuélichiu argumenta uuérden intrinsecus sumpta. uuélichiu extrinsecus. Tíu fóne affectis kenómen uuérdent. táz chît fóne geháften. díu sínt intrinsecus sumpta. Déro affectorum
sínt fóne aristotile sedecim gezélet. totum. partes.
nota. coniugatum. genus. species. simile. dissimile.
adiuncta. contrarium. antecedens. consequens. repugnans. caysa. effectum. comparabile. Díu sínt keháft
únde. ínuuertig tîen úmbe díu man strîtet álde zuîuelôt. Uuánnan mág iz irráten uuérden úbe iz per artem
irráten uuírt. âne fóne déro ételichemo? Totum fone

---

tum fore, nisi qui pariter deus esset, quasi munusculum
dabas. Rursus ipsam boni formam dei ac beatitudinis
loquebaris esse substantiam, ipsumque unum id ipsum
esse bonum dicebas, quod ab omni rerum natura peteretur;
deum quoque bonitatis gubernaculis' uniuersitatem regero
disputabas uolentiaque cuncta parere nec ullam mali esse
naturam; atque haec nullis extrinsecus sumtis, sed altero
ex altero fidem trahente, insitis domesticisque probationi-
bus explicabas.

parte. pars fone toto, alde fone nota. úbe iz notam
hábet. Uuélichiu hábent notam âne plurjuoca? Fóne
díu zíbet man ensem. dés man gladinm zíbet. Sláhet
ín ensis. sô sláhet ín gladius. sláhet ín locuples. sô
sláhet ín diues, tûot iz scipio. sô tûot iz affricanus.
In diuinis nominibus féret iz also. Deus. bonum.
unum. beatum. uuérchont sáment. Táz fóne éinemo |
predicatum uuírt. táz uuírt fóne állen predicatum. 176.
uuánda íro nebéinemo nîeht ínuuértigora neíst. tánne
dáz îo daz sélba íst. Álso uuírt irráten coniugatum
fóne ándermo sînemo coniugato. Genus a specie. species a genere. Simile a simili. dissimile a dissimili.
adiunctum ab adiuncto. contrarium a contrario. Antecedens a consequente. consequens ab antecedente.
repugnaus a repugnante. causa ab effecto. effectum a
causa. comparabile a comparabili. Díu áber fóne geháften
díngen genómen ne uuérdent. núbe fóne testimoniis.
rumoribus. questionibus. extortionibus. táz chît fóne
geíihtedon. sortibus. somniis. únde fóne ánderen dîen —
gelîchen. díu béizent extrinsecus sumpta. Síu héizent
oúh artis expertia. uuánda síu irráten ne uuérdent.
núbe geéiscot. Sô questio uuírt. utrum resurgent mor-
tui? sô ne sûocho îh nehéin déro gezálton sedecim.
uuánda man iz ex arte uuízen ne mág. núbe testimo-
njum χρῖ. dér sús kehéizet. Amen dico uobis. quia
uenit hora in qua omnes qui in monumentis sunt.
audient uocem filii dei et procedent. Sô féret iz óuh
án dien ánderen locis exterioribus. Argiméntum íst
probamentum. Álso dáz uuír chéden. Si hoc est.
illud est. Vbe uuír áber chéden. si haec duo sunt.
illud tertium erit. táz héizet latine ratiocinatio. grece
syllogismus.]

ITEM DE SINGULARI FORMA DEITATIS.

Tô chád sì, Néin. íh ne spílon mít tír. sô dû chíst. nûbe állero díngo méista. hábo íh tír gerécchet fóne gótes keláze. dén uuír fléhotôn fóre. [s. mít tîen férsen. O qui perpetua mundum ratione gubernas. Táz íst állero díngo méista. uuáz summum bonum sì. únde uuáz ten ménnisken beatum máchoe. dáz socrates. únde náh ímo álle philosophi finden ne máhtôn. dô sie iz knôto sûohtôn. sô augustinus gihet in octauo libro de ciuitate déi. Únde dâr míte dia gótes simplicitatem ze bechénnenne. dér sô an ímo hábet bonitatem. únde beatitudinem. dáz siu éin mít ímo sínt. 177.Únde sô er gezéigôt uuírt mít ín. álde síu mít ímo | dáz tíu zéigunga extrinsecus sumpta. ne uuírdèt. uuánda siu ímo accidentaliter ána ne sínt. nûbe substantialiter.] Tíu natura dero gótes substantię. íst sólih. dáz sí in ánder síh ne uuéhselôt. [sô uxor lod in statuam salis keuuéhselôt uuárd.] únde sî síh ánder ána ne lâzet. [álso ménnisko tûot zórn. únde méndi. frôst únde hízza.] Nûbe álso parmenides [philosophus] grece fóne íro chád. panto then eukiklus pherei ena likkion ogkon. sî uuérbet ál dáz tir íst. sélba ne uuéget si síh. Treíb íh óuh tîa réda chád si. dîa íh ánderes uuâr ne nám. nûbe dîa íh târ fánt. tánnân íh rédota. dés ne sî díh vuûnder. uuánda dáz kelimfet. sô díh plato lêrta. táz tiu uuórt tîen geháft sîn. fóne dîen man síu spríchet. [Táz chît si bedíu. uuánda

---

Tum illa: minime, inquit, ludimus remque omnium maximam dei munere, quem dudum deprecabamur, exegimus. Ea est enim diuinae forma substantiae, ut neque in externa dilabatur, nec in se externum aliquod ipsa suspiciat, sed sicut de ea parmenides ait: panto then eukiklus pherei ena likkion ogkon. *) Quod si rationes quoque non extra petitas, sed intra rei, quam tractabamus, ambitum collocatas agitauimus, nihil est quod admirere, cum platone sanciente didiceris, cognatos, de quibus loquimur, rebus oportere esse sermones.

---

*) Πάντοθεν ἐν κύκλοισι φέρει ἀναλίγκιον ὄγκον.

dáz si fóne góte rédota. dáz nám si a bono. únde ab uno.
únde a beatitudine. díu dáz sélba sínt. Uuéliu uuórt háftènt kóte sô hárto. sô díu man spríchet de summo bono
et beatitudine. est unitate. díu sîn nota sínt? Sô argumenta.
únde syllogismi. a nota genómen uuérdent. sô sínt îo note
rebus uerba cognata. uuánda siu intrinsecus sínt sumpta.
álso fóre geságet íst.]

LUCE REPERTA AD TENEBRAS NON ESSE RE-
UERTENDUM.

Sâligo dér den lûteren úrspring pescóuuôt hábet álles
kûotes. únde úberuuínt ketân hábet tero írdiskûn búrdi.
Tô iú orpheus musicus fóne tracia. sînero chénûn dôd
chlágonde mít cháreléichen ketéta den uuáld kân. únde
die áhâ gestân. Únde diu hínda. báldo gîeng mít tien lé-
uuôn. nóh háso húnt ne fórhta. stílle uuórtenen fóne
sánge.] Tánne er óuh tára náh hártôr chále náh temo 178.
ruîbe. únde ín ne trôstîn sîne léiche. díe állíu díng mál-
zíu getân hábetôn. úngnâdige chédende díe hímel góta.

Felix, qui potuit boni
Fontem uisere lucidum;
Felix, qui potuit grauis
Terrae soluere uincula.
Quondam funera coniugis
Uates treicius gemens,
Postquam flebilibus modis
Siluas currere, mobiles
Amnes stare, coëgerat,
Iunxitque intrepidum latus
Saeuis cerua leonibus,
Nec uisum timuit lepus
Iam cantu placidum canem,
Cum flagrantior intima
Feruor pectoris ureret,
Nec qui cuncta subegerant,
Mulcerent dominum modi,
Immites superos querens,

fûor er ze dien hélle gôten. Únde dâr rêrtende sûozo hél-
lentíu séitsáng. sô er scônisten gelírnêt hábeta be sînero
mûoter. [caliopea. deró musa.] únde ín dér vuûoft scúnla.
dér lúzzel gemáhta. únde ín des vuîbes mínna lêrta. díu
ímo den uuûoft ráhta. dâz sáng er únde rôz. únz is hélla
irdrôz. Únde sûs sûozo bát er gnâdên. die hêrren dero
sèlon. Erchám síh tô dér dríu hóubet hábento tûrouuárt.
sûs úngeuuónes sánges. Únde díe drî réchę gérnun sué-
sterâ. díe fertâne ménnisken getûont skíhtige. díe rúzeę
fóre âmere. [Uuáz sínt furię. âne conscientia sceleratorum?
Tíu iágôt sie.] Nûh ixionem ne tréib ínin díu daz râd ze
tále. [Ixion uuás rex laphitarum. Dér éidota ze héllo, dáz ér
mít iunone slâfen uuólta. bedíu sólta er éin râd ze bérge trîben. *) únde dâr míte ráng er. dés ne spûota imo. Táz íst
exemplum déro. Die mít tero uuérlte ríngent tíu îo ze tále
gât. únde íro sectatores míte fûoret.] Únde dér fóre dúr-
ste erchéleto tantalus. ter ne rûohta dô des uuázeres.

*) Es steht trieben.

Infernas adiit domos.
Illic blanda sonantibus
Chordis carmina temperans,
Quidquid praecipuis deae
Matris fontibus hauserat,
Quod luctus dabat impotens,
Quod luctum geminans amor
Deflet, taenara commouens,
Et dulci ueniam prece
Umbrarum dominos rogat.
Stupet tergeminus nouo
Captus carmine ianitor,
Quae sontes agitant metu
Ultrices scelerum deae,
Iam mestae lacrimis madent.
Non ixionium caput
Uelox praecipitat rota,
Et longa site perditus
Spernit flumina tantalus,

[Tér gáb sînen sún pelopem fúre frísking ze ézenne diis —
et deabus. ze besûochenne iro diuinitatem. bedíu stûont
er dúrftegêr. ín demo uuâzere. únde, ne máhta síh is tóh
nîo getrénchen. Tér gótes chórôt. témo | ne sól báz ke- 179.
skéhen.] Vnde sánges ʀálêr. ne áz ter gîr ínin díu tytio
dia lébera. [Dér uuólta mít latona slâfen iouis uxore. dáz
ʀáh apollo. únde diana filia latonę. mít tíu. dáz ímo der
gîr dia lébera âze. únde álso fílo er geâze. dáz si álso fílo
geuuûohse. Díu fabula mánôt únsih tés. quia libido cuius
sedes est in iecore. semel expleta non extinguitur. sed
recrudescit iterum.] ze lézest chád ter héllogót. uuánda
ín erbármeta iz óuh. Uuáz múgen uuír nû mêr? ergébên
demo mán sîn uuíb. ze mieto úmbe sînen sángléih. Áber —
in dien uuórten. únde mít téro gedíngûn. únde mít téro —
scáffúngo. Táz. er hínnán fárendo. síh ne hínder séhe. Uuér
mág uuíneskéfte scáffunga getûon? Sélbiu díu uuíneskáft
scáffôt íro sélbûn. [Also uirgilius chád. Quis enim modus
assit amori? Únde er áber chád. Omnia uincit amor.
Uuánda óuh prouerbium íst. ubi amor. ibi oculus. pedíu
lóse dir. uuío iz kefûor.] Áh, ze sêre. sô er sia nâh ze
liehte brâhta. dâr uuárteta er íro, dâr ferlôs er sia. dâr
stúrzta ér sélbo. Tíz spél síhet zû ze íu. ír daz mûot pe-

Uúltur, dum satur est modis,
Non traxit titii iecur.
Tandem, uincimur, arbiter
Umbrarum miserans ait.
Donemus comitem uiro
Emtam carmine coniugem:
Sed lex dona coërceat,
Ne, dum tartara liquerit,
Fas sit lumina flectere.
Quis legem det amantibus?
Maior lex amor est sibi.
Heu, noctis prope terminos
Orpheus eurydicen suam
Uidit, perdidit, occidit.
Uos haec fabula respicit,
Quicumque in superum diem

ginnent uuênden. ân den ûfuuêrtigen dâg. Uuánda dér sih
tara nâh kelóubet. únde áber uuídere sihet ze dero héllo.
sînêu gelústen fólgendo, tér ferlíuset tára séhendo. táz er
tíures keuuán,

[DE UARIETATE TRANSACTAE DISPUTATIONIS.

Also uuára ze némenne ist. uuîo boetius in primo
libro uuás incusans fortunam. únde sia philosophia
dés fersprâh in sēdo libro. rhetorica defensione. álso
ist bîer in tertio libro uuára ze tûonne. uuánda si
disputando chôsot. táz tíu disputatio triplex íst. Sî
begónda in sēdo libro disputare | contra diuitias etc.
día disputationem fólle zôh si bîer in tertio. târ sî
ferságet hábet. táz an ín geskéidenên. beatitudo fûnden ne uuérde. Uuánda si dáz téta. redarguendo mores hominum, bedíu hêizet tíu disputatio moralis.
grece ethica. Tára nâh zéigôt si beatitudinem in deo.
únde uuîo an ímo sáment sîn diu quinque bona. díu
síh humanus error béitet skéiden. Mít tíu hábet si
geántuuúrtet tero hêrdstûn questionis. tíu in ethica
íst. uuánda socrates ze démo dáz pars philosophiae
ánafteng. únde álle sîne sectatores. tîe dero líuto tûon
sáhen râmên ad beatitudinem. díe ne máhtôn nîeht
irráten uuár beatitudo locum hábeti. Únde dôh sie châdîn, beatitudo íst in adipiscendo summo bono. uuélez
táz sélba summum bonum sî. dáz ne uuárd ín nîeht
kelâzen ze bechénnenne. Fóne déro questione chúmet
si ad phisicam disputationem. i. naturalem, an déro
questione. an ad interitum aliquid tendat. Tánnân er-
uuíndet si áber in fine libri ad theologicam disputationem. târ si gótes simplicitatem óuget.]

Explicit liber tertius boetii.

Mentem ducere quaeritis.
Nam qui tartareum in specus
Uictus lumina flexerit,
Quidquid praecipuum trahit,
Perdit, dum uidet inferos.

INCIPIT LIBER QUARTUS.

QUESTIO CUR MALI REGNENT SUB BONO REC- TORE DEO. |

Sô philosophia léno únde mánmendo sús kesáng. mít 181. zímigi des ánalúttes. únde mít zúhtigi des múndes. dô úndernám íh íro dáz si nóh tô chéden uuólta. mih mînes léides nóh to únfertrôstet hábende. Tes uuâren liehtes zéigâra. chád ih. so uuáz tù nóh ságetòst. táz íst túrh sîh kótclîh. [s. uuánda iz ze góte léitet.] únde fóne dînên rédôn únzuîuelîg. uuánda dù iz probamentis stárhtôst. Únde hábest tu 'mír geságet. táz mir êr bóre únchúnt ne'uuás. tóh íh is nù fóre. léide geâgezôt hábeti. Áber dáz sélba díng. táz tûot míh méist trûregen. dáz. úbel múgen sîn. álde úngeárnêt sîn. sîd ter ríhtare gûot íst. Uuélih uuúnder míh tés mít réhte múge sîn. dáz uuéist tu uuóla. Íh méino dáz tien âchusten uuáltesôntên. únde frámmert tientên *(sic)*. diu túged nîeht éin dánches tárbêt. núbe ióh únder dero fertânôn fûoze getréten uuírt. únde uuêuuûn lîdet fúre die úbelen.

LIBER QUARTUS.

Haec cum philosophia dignitate uultus et oris grauitate seruata leniter suauiterque cecinisset, tum ego, non dum penitus insiti maeroris oblitus, intentionem dicere adhuc aliquid parantis abrupi. Et o, inquam, ueri'praeuia luminis, quae usque adhuc tua fudit oratio, tum sui speculatione diuina, tum tuis rationibus inuicta patuerunt, eaque mihi, et si ob iniuriae dolorem nuper oblita, non tamen ante hac prorsus ignorata dixisti. Sed ea ipsa est uel maxima nostri causa maeroris, quod cum rerum bonus rector existat, uel esse omnino mala possint uel impunita praetereant. Quod solum quanta dignum sit admiratione, profecto considera. At huic aliud maius adiungitur; nam imperante florenteque nequitia uirtus non solum praemiis caret, uerum etiam sceleratorum pedibus subiecta calcatur et in locum facinorum supplicia luit.

Zíu dáz sô fáre in gótes rîche. dér ál uuéiz. ál gemág. únde
échert kûot uuíle. dés ne mág síh nîoman fóllûn geuuún-
derôn. nóh kechlágôn.

RESPONSIO. NON ITA FIERI. SED REM IN CON-
TRARIUM UERSAM ESSE.

182. Íz uuâre óuh | chád si. hárto erchómenlîh. únde fóre
állèn égesôn. úbe in sô máhtiges hêrren hûs. táz álles tínges keréchenôt íst. úndíuríu fáz uuérd uuârîn. únde áber
tíuríu únuuérd uuârîn. Kehúgest tu dés uuóla. dáz íh tír
fóre féstenôta. sô geéiscôst tu dáz kóte hélfentemo. fóne
dés rîche unír chôsoên. dáz tie gûoten îo máhtig sínt. únde
die úbelen îo feruuórfen únde âmáhtîg sínt. Nóh âchustige
uuésen âne uuêuuun. nóh túgedháfte âne íro lôn. Únde
îo gûotên sâldâ. úbelên únsâlda fólgèn. Únde dés kíbo íh
tir mánigíu exempla. Díu dír gesuéigtemo dînero chlágo.
míchela báldi tûont. Únde sîd tû bechénnest fóne mînero
zéigûn. uuîo beatitudo getân íst. únde uuâr si íst. tára nâh
sô íh kefórerédon. ál dáz mír gûot túnchet. zéigôn íh tír
óuh tén uuég. tér díh héim brínget. [Uuâr ist kezéigôt

Quae fieri in regno scientis omnia, potentis ómnia, sed
bona tantum modo uolentis dei, nemo satis potest nec ad-
mirari nec conqueri.

Tum illa: et esset, inquit, infiniti stuporis omnibusque
horribilius monstris, si, uti tu existimas, in tanti uelut
patris familias dispositissima domo uilia uasa colerentur,
pretiosa sordescerent: sed non ita est. Nam si ea, quae
paullo ante conclusa sunt, inconuulsa seruantur, ipso, de
cuius nunc regno loquimur, auctore cognosces, semper
quidem potentes bonos esse, malos uero abiectos semper
atque imbecilles, nec sine poena umquam esse uitia nec
sine praemio uirtutes; bonis felicia, malis semper infortu-
nata contingere, multaque id genus, quae sopitis querelis
firma te soliditate corroborent. Et quoniam uerae formam
beatitudinis me dudum monstrante uidisti, quo etiam sita
sit agnouisti, decursis omnibus, quae premittere necessarium puto, uiam tibi, quae te domum reuehat, ostendam.

forma beatitudinis? Táz ist si an dero diffinitione. dîa er
fánt. únde dîa si ímo lóbeta. dô er chád. Nisi fallor ea
uera est et perfecta felicitas. . quę sufficientem etc. perficiat.
Tîa sélbûn felicitatem hábet sî ímo an góte gezéigôt. Târ
íst íro hóuestát.] Íh kestéllo ióh ána dínemo mûote. dîe
féttacha. mít tîen iz ûfflîegen múge. Táz tû âne álle sórgûn gesúnde héim eruuíndêst. álso íh tíh uuîse. áfter mînemo uuége. ûfen mînero réito.

UBI SIT PATRIA. AD QUAM DUCENDUS SIT MONSTRATUR.

Íh hábo chád sî díe féttachâ. díe spûotigo ze hímele
gestîgent. Únde sô daz snélla mûot sie | ána getûot. sâr 183.
diu írdisken díng léidezet. [Sî mág táz púldo chéden.
uuánda níebt sô snélles ne íst. sô daz mûot.] Únde dero
uuîtun lúfte sámentháfti úberféret. únde únder ímo diu
uuólchen síhet. Únde iz úberstîget taz héiza fiur. dero
óberûn lúfte. díu fóne drâti sînero férte brínnet. [An déro
séhên uuír náhtes tiu scózonten fíur. díu dero líuto óugen
sô trîegent. dáz sie uuânent stérnen fállen fóne hímele.]
Únz iz tára chóme. dâr dero planetarum fárt íst. únde in
ében dero súnnûn gestîge. [díu in medio planetarum íst]

Pennas etiam tuae menti, quibus se in altum tollere possit,
affigam, ut perturbatione depulsa sospes in patriam meo
ductu mea semita meis etiam uehiculis reuertaris.

> Sunt enim pennae uolucres mihi,
> Quae celsa conscendant poli;
> Quas sibi cum uelox mens induit,
> Terras perosa despicit,
> Aeris immensi superat globum,
> Nubesque post tergum uidet.
> Quique agili motu calet aetheris,
> Transcendit ignis uerticem,
> Donec in astriferas surgat domos,
> Phoeboque coniungat uias,

Alde íz síh kcébenoe ételle saturni. [tíu dero planetarum
diu óberôsta íst. únde fóre lâzi dero triginta annorum án
díen si den hímel úmbe gât. álde oúh táz si bléicha fá-
reuua hábet. nâh temo álten. únde demo chálten saturno
genámot íst.] Íz tánne uuórtenez tero uuârûn súnnûn dé-
gen. [i. χῶi. álso die planete dero gágenuuertûn súnnûn
dégena sínt. Íro milites sínt sie. uuánda sî ín íro férte
scáffôt. únde sie getûot stationarias. álde retrogradas. álde
anumalas. únde sie getûot zû ze íro uuúndene. dâr lángo
getuélen. êr sie áber ze gesíhte chómên.] Alde oúh hóhor
gestígenez. sélben den hímel erréiche. íh méino daz firma-
mentum. dáz keméine ríng íst. állero dero ánderro stérnon.
díe in héitero (sic) náht skînent. Únde sô iz knûog hô
gestîget. ten ûzerôsten hímel únder ímo lâze. únde día
óbenahtigi. des úmbelóufenten firmamenti tréttoe. únde dâr
dánne gebrûchende sî. des êrháftesten líehtes. dáz iz an
sélbemo góte síhet. Târ sízzet mít sceptro. hêrro állero
chúningo. Únde des uuérltzímberes zûol zíbet er. únde intlâzet er. Únde stillêr chêret er snélla réita. állero díngo scône
chóstare. Keléitet tíh ter uuég tára ze déro sélbûn stéte. |
184. dára dû dôh nû gérôst. târ chîst tu. hîer bechénno íh míh.
hîer bín ih héime. Hínnan bin ih púrtîg. hîer sól íh kestátôn.

Uuíle

Aut comitetur iter gelidi senis,
Miles corusci sideris,
Uel quocumque micans nox pingitur,
Recurrat astri circulum,
Atque ubi iam exhausti fuerit satis,
Polum relinquat extimum,
Dorsaque uelocis premat aetheris
Compos uerendi luminis.
Hic regum sceptrum dominus tenet,
Orbisque habenas temperat,
Et· uolucrem currum stabilis regit,
Rerum coruscus arbiter.
Huc te si reducem referat uia,
Quam nunc requiris immemor,
Haec dices, memini, patria est mihi,
Hinc ortus, hic sistam gradum.

Quod

Uníle du dánne hára sében. ze dero uuérlt. fínstrí. dánnán
du fûore. sô gesíhest tu in íhseli. dîe prúttiskea uuáltesara.
dîe nû mánige uuènege fúrhtent.

NON ESSE POTENTES. QUI NEQUEUNT ADIPISCI. QUOD CAPIUNT.

Tô ántuuúrta íh íro. Ôi chád ih. uuîo férro du gehéi-
zest. Íh ne zuîuelôn ôuh. tù ne múgîst iz keléisten. Échert
hû ne fríste mib. tés tu' mìr intuuânet éigîst. Nû sólt tù
chád si. dáz sâr ze êrest uuízen. dáz îo dien gûotên gelâzen sínt máhte. únde die úbelen ze getâte chráftelôs sínt.
Téro zuéio rédôn, uuírt îo uuéderív gestérchet fóne ánderro. Uuánda sìd kûot. únde úbel uuíderuuártig sínt. íst
ter gûoto guisso máhtîg. sò ist ôffen diu únmaht tes úbelen. Íst ôuh tes úbelen brôdi skînbare. sò.íst tânnân ôffen. —
díu fésti des kûoten. [So uuáz fóne demò éinemo gesâget
uuírt. táz uuírt nôte uuîder sâget fóne demo ándermo.
Táz íst fóne díu. uuánda álso sî sélba chît. bonum et
malum sínt éin ánderên contraria. Pedíu héizet ôuh táz
argumentum. dáz si míte tûot a contrariis.] Únde dáz mîn
zála dír dés te gelóublichôra sî. lâ míh hértôndo féstenôn. —
dáz íh pedígen habo. uuîlôn fóne dien éinên [i. bonis].
uuîlôn fóne dien ánderên [i. malis].

Quod si terrarum placeat tibi
Noctem relictam uisere,
Quos miseri toruos populi timent,
Cernes tyrannos exsules.

Tum ego, papae, inquam, ut magna promittis, nec
dubito quin possis efficere; tu modo quém excitaueris, ne
moreris. Primum igitur, inquit, bonis semper adesse potentiam, malos cunctis uiribus esse desertos, agnoscas
licebit: quorum quidem alterum demonstratur ex altero.
Nam cum bonum malumque contraria sint, si bonum
potens esse constiterit, liquet imbecillitas mali; at si fra-
gilitas clarescat mali, boni firmitas nota est. Sed uti nostrae sententiae fides abundantior sit, alterutro calle pro-
cedam, nunc hinc, nunc inde proposita confirmans.

SINE POSSE AT UELLE NIHIL EFFICI.

Zuéi díng sínt. fóne dìen álliu uuérh kefrúmet uuérdent. táz íst uuíllo únde máht. Kebrístet léro deuuéderes.
só ne mág tero díngo nehéjnez kezíugôt uuerden. Úbe
185. der | uuíllo dàr ne íst. só nebínget *) sàr der màn. dés
er únuuíllîg íst. Úbe ne máht târ ne íst. só ne ferfáhet
tér uuíllo nîeht. [Táz íst argumentum a causá. Uuío mág
effectum geskéhen sine causa?] Fóne díu máht tu guís
sîn. só mán dáz ne guínnet. táz er guúnnen uuólta. dáz
er iz kuuinnen ne máhta. Táz íst óffen chád ih. Ís ne
mág nchéin lóugen sîn. Témo óuh tés kespûot. tés in
lûstet chád si. sólt tû dés máhte zuînelôn? Néin chád ih.
Fóne díu ist tér mán ze áhtônne chád si. dés keuuállîg.
táz er gemág. únde úngeuuállîg. tés er nicht ne gemág.
Ih gího dìr is chád ih.

BONOS POTENTES. MALOS AUTEM INBECILLOS
ESSE.

Nû gehúgest tu chád sî. dáz târ fóre mít syllogismo
geféstenôt íst. állero ménniskôn uuíllen. dér síh mísseliches

---

*) So steht im Codex, ist aber wohl in: ne begínnet zu verbessern;
oder ist: ne bínget? oder: ne brínget zu lesen? — Gegen die Con-
jectur ne ínget spricht schon Notker's Form íngát. — Bingau kommt
sonst nirgends vor

Duo sunt, quibus omnis humanorum actuum constat
effectus; uoluntas scilicet, ac potestas, quorum si alterutrum
desit, nihil est quod explicari queat. Deficiente etenim
uoluntate, ne aggreditur quidem quisque quod non uult;
at si potestas absit, uoluntas frustra sit. Quo fit, ut si
quem uideas uelle adipisci, quod minime adipiscatur huic
obtinendi quod uoluerit, defuisse ualentiam dubitare non
possis. Perspicuum est, inquam, nec ullo modo negari
potest. Quem uero effecisse. quod uoluerit, uideas, num
etiam potuisse dubitabis? Minime. Quod uero quisque
potest, in eo ualidus, quod uero non potest, in hoc imbecillis esse censendus est. Fateor, inquam.

Meministine igitur, inquit, superioribus rationibus esse
collectum, intentionem omnem uoluntatis humanae, quae

tínges flîzet. ze sâlighéite râmên. Táz uuéiz íh óuh târ
fóre geságet uuésen chád íh. Ne erhúgest tv chád si. dia
sâlighéit uuésen daz kûot? únde in dia uuîs álle gûotes
kéròn. díe sâlighéite gérònt. Néin chád íh ne erhúgo.
uuánda íh iz in gehúhte hábo. Fóne díu chád si. îlent álle
ménnisken. gelîcho râmende ze gûote. sîe gûot sîn. álde
úbel. Táz fólgèt nôte démo chád ih. Nû íst óuh kúis chád
si. gûote úuérden. gûot kuuínnendo. Kúis chád ih. Kuún-
nent tánne chád si die gûoten dåz. dés sie lánget? Sô
dúnchet mír chád ih. | Kuúnnîn óuh tie úbelen chåd si 186.
dáz kûot tés sie géròut. ia ne uuârîn sie dánne úbele?   ⎮=jâ
Táz íst sò chád ih. Sîd sie béide gûotes kér sínt. chád
si. únde iz tie éinen guuínnent. tie ándere ne guuínnent.
tie gûoten dîe iz kuuínnent. ne sînt tîe máhtîg. únde die
úbelen únmáhtîg? [Táz íst argumentum a fine. Fóne démo
fine adipiscendi. únde non adipiscendi. skînet tiu efficacia.
álde diu inefficacia dáz chît. tíu potentia. álde diu imbecillitas.] So uuér dés zuîuelôt chåd íh. tér ne bechénnet tero díngo naturam. nóh uuélih réda nòte ánderro
fólgee.

---

diuersis studiis agitur, ad beatitudinem festinare? Memini,
inquam, id quoque esse demonstratum. Num recordâris
beatitudinem ipsum esse bonum eoque modo, cum beatitudo petitur, ab omnibus desiderari bonum? Minime, inquam, recordor, quoniam id memoriae fixum teneo. Omnes igitur homines boni pariter ac mali indiscreta intentione ad bonum peruenire niluntur? Ita, inquam, consequens est. Sed certum est, adeptione boni bonos fieri.
Certum. Adipiscuntur igitur boni quod appetunt? Sic
uidetur. Mali uero si adipiscerentur, quod appetunt, bonum, mali esse non possent. Ita est. Cum igitur utrique
bonum petant, sed hi quidem adipiscantur, illi uero minime, non dubium est, bonos quidem potentes esse, qui
uero mali sunt, imbecilles. Quisquis, inquam, dubitat, nec
rerum naturam nec consequentiam potest considerare
rationum.

[QUAE SIT NATURA RERUM ET CONSEQUENTIA RATIONUM.

Táz íst natura rerum. álso sí sélba sâr nâh lèret.
án demo ánderen capitulo. dáz mít uirtute. díu bona
íst. beatitudo guúnnen uuérde. díu áber bona íst. únde
ís nîeht ne spûe mít tien uitiis. tíu bona ne sint. In
bonis uuírt tiu natura fúnden. sô uirtus íst. In uitiis
ne uuírt natura nehéiníu fúnden.' nube corruptio naturę. Pedíu íst uirtus. máhtig. uitia sínt âmahtîg. Án
dia naturam uuártendo. gelírnêt man dîa consequentiam rationum. Uuánnân chúmet tíu. consequentia
rationum. sô aristotiles lèret iŋ periermeniis. áne fóne
déro consequentia rerum? Táz án dien rebus uuâr
íst. táz íst óuh uuâr án dien rationibus. Sáment uirtute íst potentia. únde sáment potentia effectus uoluntatis. pedíu chúmet tánnân dísiu consequentia rationum. dáz man chéden mág. Ubi est uirtus. ibi et
potentia. et ubi potentia. ibi effectus uoluntatis. Sedecim loca argumentorum zéigônt úns tîa consequentiam rationum. Tiu consequentia íst échert in tribus
locis únueruuéhselôt. sô cicero chît in topicis. án dien
ánderên uuílôt si. Tíu síh ne uuéhselônt. án dien íst
io necessitas ueritatis. Tíu síb áber uuéhselônt. tíu
óugent uuílon necessitatem ueritatis. uuílon similitudinem ueritatis. Uuélíu sint. tíu síh ne uuéhselônt? Dáz
íst ab antecedentibus. a subsequentibus. a repugnantibus. Ab antecedentibus. ut si concubuit. uirgo non
est. Concubitus kât io fóre démo. non esse uirginem.
A subsequentibus. ut si peperit concubuit. Partus
chúmet post concubítum. A repugnantibus. Non et
concubuit et uirgo est. Concubitus únde uirginitas.
ne múgen sáment nîeht | sîn. Táz sínt keuuâríu ar-
gumenta. únde sús keuuâríu sínt állíu díu hínnân
chómenen argumenta. Tíu áber fóne ánderên locis
chóment. tíu sínt uuílôn necessaria. uuílôn probabilia. Álso an dien zuéin skînet a causa. Si ignis est.

calet. Sî mater est diligit filium. Taz êrera ist ío
uuâr. taz ánder ist kelóublih fóne díu. dáz iz ticchôst
sô féret. Uuánda éinez in zîtelih uuâr ist. fóne díu
ist iz in zîtelih uuâr ze spréchenne. Uuánda áber díz
uuîlôn uuâr ist. fóne díu ist iz uuîlon uuâr ze spréchenne. Ze dero uuîs fólgêt ío dero consequentiç
rerum. diu consequentia rationum. únde dáz in rebus
fúnden uuírt. táz ist uuâr ze spréchenne. Fóne díu
gíbet ío natura rerum. ueritatem rationum.]

QUID MALOS RETARDET. NE AD DESTINATUM FINEM PERUENIANT UT BONI.

Áber chád si. Úbe zuêne sínt. tîe bêide uuíllîg sínt.
éin díng natúrlîcho ze tûonne. únde iz ôuh ter éino na-
tûrlîcho getûot. únde der ánder in dîa uuîs ne mág. únde
er sîh is in ándera uuîs péitet. mít tíu ér iz tóh ne getûot.
núbe échert keántrôt ten dûonten. uuéderêr déro uuánest
tu gemág mêr? Tóh ih oúh irráten múge chád íh. uuáz
tu uuéllêst. íh fernímo iz tóh kérno óffenôr. Táz tîe líute
gân múgen chád si. lóugenest tu dáz uuésen natúrlih?
Néin chad íh. Zuîuelôst tu dánne dáz uuésen natûrlih
ámbaht tero fûozo? Nôh ôuh tés chád íh. So uuélêr dero
fûoze geuuáltendo gât. únde ánderêr dér íro ne geuuáltet.
mít tien hánden ásôndo síh péitet kân. uuéderêr déro —

Rursus inquit: Si duo sint, quibus idem secundum
naturam propositum sit, eorumque unus naturali officio
idipsum agat, atque perficiat; alter uero naturale illud
officium minime administrare queat, alio uero modo, quam
naturae conuenit, non quidem impleat propositum suum,
sed imitetur implentem, quemnam horum ualentiorem esse
decernis? Etsi coniecto, inquam, quid uelis, planius tamen
audire desidero. Ambulandi, inquit, motum secundum
naturam esse hominibus num negabis? Minime, inquam.
Eiusque rei pedum officium esse naturale num dubitas?
Ne hoc quidem, inquam. Si quis igitur pedibus incedere
ualens ambulet, aliusque, cui hoc naturale pedum desit
officium, manibus nitens ambulare conetur, quis horum

dúnchet tír der máhtigero? Ságe échert fúrder chád íh. |
188. Uuánda nîoman ne zuîuelôt. núbe dér máhtigoro sî. dér
naturliches ámbahtes keuuáltet. tánne dér is ne geuuáltet.
Nû sûochent chád si die gûoten summum bonum. dáz
péidên gelîcho erbóten íst. kûoten. ióh úbelên. mít témo
ámbahte dero túgedo. áber die úbelen héitent síh iz kuuín-
nen mit mísselichên uuérltkíredôn. dáz natûrljh ámbaht
nîeht neíst kûot ze guuínnenne. Túnchet tír iz ánderes?
Néin chád ih. Ióh táz ist óffen chád ih. táz témo fólgèt.
Uuánda áfter dîen dînên rédôn. déro íh gihtîg *) pín uuórten. sínt tie gûoten nôte máhtîg. únde úbele únmáhtîg.
Tû fúre fáhest míh réhto chád si. únde dáz ist uuórtzéichen dînero gnîste. sô árzata uuânent. [Sô medicus infirmo
ságet. mít uuíu er genésen sól. únde er dés fernúmestig **)
íst. únde ióh fúre spríchet. dáz íst signum recuperandę
sanitatis.]

QUAM RES MAGNA UALDE SIT. QUA DEFICIUNT INIQUI.

Uuánda íh tíh ôuh sô geréchen sího ze fernémenne.
sô uuíle íh tír zálâ gében gnûoge. Chíus uuîo míchel

---

*) Der ersten Sylbe von gihtig ist im Codex ü überschrieben, also
gihtig wohl in iihtig verbessert.

**) Es steht fernúmenstig.

---

iure ualentior existimari potest? Contexe, inquam, cetera;
nam quin naturalis officii potens, eo qui idem nequeat,
ualentior sit, nullus ambigit. Sed summum, inquit, bonum,
quod aeque malis bonisque propositum est, boni quidem
naturali officio uirtutum petunt; mali uero uariam per
cupiditatem, quod adipiscendi boni naturale officium non
est, id ipsum conantur adipisci. An tu aliter existimas?
Minime, inquam; nam etiam, quod est consequens, patet.
Ex his enim quae concesseram, bonos quidem potentes,
malos uero esse necesse est imbecilles. Recte, inquit,
percurris, idque uti medici sperare solent, indicium est
erectae iam resistentisque naturae.

Sed quoniam te ad intelligendum promtissimum esse
conspicio, crebras coaceruabo rationes. Uide enim quanta

únchráft ţero úbelôn íst. táz sie nóh tára chómen ne múgen. dára si díu natûrlícha 'rámunga léitet. únde ióh nâh
zíhet *(sic)*. Uuáz uuúrte is, kebrâstę in sô míchelero únde
ióh nâh úngesúíchenero. hélfo. dero léitentûn naturę. Nû
chíus knôtó. uuéliche únmáhte dien frátatigên áⁿa sínt.
Uuánda íz ne sínt | nteht liehlíu *(sic)* nóh spótlichíu díng. 189.
tíu sie guínnen ne múgen. únde nâh tîen sie chômen ne
múgen. Núbe an sélbemo demô óberôsten dínge brístet ín.
dâr déro díngo hóubet íst. Únde des éinen sie síh pînont
táges ióh náhtes. tęs ne gespûot in.

QUANTUM IN HOC PRECELLANT BONI. QUOD UITIIS NEQUEÜNT RESISTERE MALI.

Târ án déro stéte nément: síh fúre. díe chréfte dero
gûotôn. Álso dû den fûoz kéngel châdîst síh uuóla fermúgen sînes kánges. ţér sô férra gîengę. dáz târ fúrder hína
mêr uuéges ne uuâre. álso chîst; tu dén mít réhte máhtigen. tér
síh kerécchet. ûnz tára ér gespírbet sélbez táz énde. álles tés
ze gérônne íst. [Tér íst fóne díu sálíg. uuánda er dâr fúrder
uîehtes ne hábet ze géronne.] Tánnán geskíhet. táz tísemo úⁿ-
gelíh íst. íh méino. dáz tie ţertânen állero chréfte sínt âno.

---

uitiosorum hominum pateat infirmitas, qui ne ad hoc quidem peruenire queunt, ad quod eos naturalis ducit ac
pene compellit intentio. Et quid? si hoc tam magno
ac pene inuicto praeeuntis naturae deserentur auxi-
lio? Considera uero quanta sceleratos homines habeat
impotentia. Neque enim leuia ac ludicra praemia petunt,
quae consequi atque obtinere non possunt, sed circa ipsam rerum summam uerticemque deficiunt, nec in eo miseris contigit effectus, quod solum dies noctesque moliuntur.

In qua re bonorum uires eminent. Sicut enim cum, qui
pedibus incedens ad eum locum usque peruenire potuisset,
quo nihil ulterius peruium iaceret incessui, ambulandi
potentissimum esse censeres; ita eum, qui expetendorum
finem, quo nihil ultra est, apprehendit, potentissimum
necesse est iudices. Ex quo fit, quod huic obiacet, ut
iidem scelesti uiribus omnibus uideantur esse deserti.

Zíu lés minnônt sie áchuste fóre túgede? Íst iz. táz sie
ne uuízen. uuáz kûot sí? Uuáz mág tánne zágora sîn,
dánne úpuuízephéit? Álde uuízen sie daz pezera, únde
tríbent sie tuéres íro gelúste. [álso der uuínt tuéres taz
skéf ána gândo, in úphánt fûoret.] Sô sínt sie áber bôse,
dáz sie ín sélbên geduuingen ne mugen. nóh síh eruuéren
áchústen.

MALOS SPONTE DESERENTES BONUM. IN NIHILUM REDIGI.

Súlen uuír chéden. dáz sie uuízende únde uuéllende,
daz kúot lâzen, únde síh ze úbele héftent? Íst táz sô,
mít tíu sie' ferlìesent níeht éin' geuuáltíg uuésen. núbe íóh
180 sélbez taz uuésen. | Tíe dén ferlâzent. tér geméine énde
íst. álles tés tir íst. tíe hábent síh tes uuésennes kelôubet.
[Sô sie síh ne hábent ze démo. dér daz énde íst. uuâra
múgen sie dánne?] Táz ételìchèn ôdeuuano uuúnder gedúnchen mág. táz íh tíe chéde ne uuésen. déro állero
méist íst. Iz íst áber dôh sô. Táz sie úbel sîn. dés ne
uerságo íh síe. dáz sie ín lúttera. únde in éinfálta uuís
sîn. dáz ferságo íh. Álso íh tes ménnisken bóteh. éinen
tôten ménnisken héizo. nâls nìeht'érchenen, ménnisken. sô
mág íh chústelôse héizen. úbele uuésen. nâls in gánza uuís

Cur enim relicta uirtute uitia sectantur? insciliane bonorum?
sed quid eneruatius iguorantiae caecitate? An sectanda
nouerunt? sed transuersos eos libido praecipitat, sic quoque intemperantia fragiles, qui obluctari uitio nequeunt.

An scientes uolentesque bonum deserunt, ad uitia
deflectuntur? Sed hoc modo non solum potentes esse, sed
omnino esse desinunt. Nam qui communem omnium,
quae sunt, finem relinquunt, pariter quoque esse desistunt.
Quod quidem cuipiam mirum forte uideatur, ut malos, qui
plures hominum sunt, eosdem non esse dicamus; sed ita
sese res habet. Nam qui mali sunt, cos malos esse non
abnuo; sed eosdem esse pure atque simpliciter nego.
Nam uti cadauer hominem mortuum dixeris, simpliciter
uero hominem appellare non possis; ita uitiosos, malos quidem esse concesserim, sed esse absolute nequeam confiteri.

uuésen. Uuánda dáz íst uuárháfto. dáz ze sínero stéte stát,
únde dia naturam háltet. Táz áber sia ferlázet, táz hábet
ferlázen sín uuésen. dáz án dero natura stánde uuás. [Bo-
num dáz íst natura, táz síh boni gelóubet. táz hábet sih
tero naturę gelóubet. án déro állero uuíhtelih pestát. Sí
gíbet temo dínge. dáz iz pestát, únde íst. Âne sia neíst
iz. Táz íst argumentum a causa. Natura díu íst causa
des esse.]

QUOD POTENTIA MALORUM MAGIS IMBECILLI-
TAS SIT.

Sô chíst tu fóne dien úbelên. dáz sie múgin. Tés ne
ferságo íh nieht. Táz sie áber gemúgen. dáz ne chúmet
nieht fóne chréften. núbe fóne únchréften. Sie múgen
úbelo tûon. dés sie nieht ne máhtin, úbe sie in uuólatâten
státe uuésen máhtin. Sô getâne máhte. sínt óffeno únmáhte. [Táz ist argumentum a contrariis, uuánda úbe gûot
tâte fóne chréfte sínt, sô sínt nôte úbeltâte fóne únchréf-
ten.] Úbe iz sô íst. | sô uuír míttundes áfter rédo châden. 191.
dáz úbel nieht ne íst. sô íst óffen. die échert úbel gemúgen, dáz íe nieht ne gemúgen. [Uuír súlen fernémen col-
lectienem únde conclusionem. únde illationem. únde con-
fectionem, éin bezéichenen.] Táz íst óffen chád ih.

Est enim. quod ordinem retinet seruatque naturam; quod
uero ab hac deficit, esse etiam, quod in sui natura situm
est, derelinquit.

Sed possunt, inquies, mali: nec ego quidem negaue-
rim; sed haec eorum potentia non a uiribus sed ab imbe-
cillitate descendit. Possunt enim mala, quae minime ua-
lerent, si in bonorum efficientia manere potuissent. Quae
possibilitas eos euidentius nihil posse demonstrat. Nam
si, uti paullo ante collegimus, malum nihil est, cum mala
tantummodo possint, nihil posse improbos liquet. Perspicuum est.

ITEM EOS QUI MALA POSSUNT. CUM OMNIPOTENS EA NON POSSIT. NIHIL POSSE.

Nû chád si. dáz tu fernémêst. uuiolih tísíu máht si. knôto fóre ságeta ih. dáz summo bono nîeht máhtigôren ne sî. Sô tâte chád ih. Nû ne mág iz úbel tûon chád si. *) Néin iz chád ih. Ist îoman chád si. dér ménnisken uuâne múgen álliu díng tûon. Náls ér ne uuûote chád ih. Ke. múgen sie daz úbel chád si? Uuólti gót ne máhtîn chád ih. Sîd tér álemáhtig íst. tér échert kûot kemág. únde die álemahtige ne sínt. tie échert úbel gemúgen. sô skinet táz tie mín gemúgen. [Uuánda er mín gemág. tánne gûot. pe. díu ne gemág er nîcht. Sîd ter álemahtig íst. tér ál gemág. âne úbel. die dára gágene ál gemúgen âne gûot. tíe ne gemúgen nîeht. Táz íst argumentum a contrariis.]

DUM POTENTIA PETENDA SIT. QUOD PETENDUM NON EST. NON ESSE POTENTIAM.

Propositio. Hára zûo gât oúh. táz ih ságeta. álla máht uuésen in déro zálo. déro ze gérônne íst. únde állíu déro ze gérônne íst. ze gûote gemuéndet uuér. den. sámo so ze íro sláhto hóubete. *Assumtio.* Áber

---

Atque ut intelligas, quae nam sit huius potentiae uis; summo bono nihil potentius esse, paullo ante deliniuimus. Ita est, inquam. Sed idem, inquit, malum facere nequit. Minime. Est igitur, inquit, aliquis, qui omnia posse homines putet? Nisi quis insaniat, nemo. Atqui iidem possunt mala. Utinam quidem, inquam, non possent. Cum igitur bonorum tantummodo potens possit omnia, non uero queant omnia potentes etiam malorum, eosdem, qui mala possunt, minus posse manifestum est.

Huc accedit, quod omnem potentiam inter expetenda numerandam omniaque expetenda referri ad bonum, uelut ad quoddam naturae suae cacumen, ostendimus. Sed

dáz man úbelo tûon mág. táz ne síhet ze gûote. | *Con.* 192,
clusio. Sô neíst is ôuh ze gérônne. ['Tíz íst conditionalis
syllogismus. Conditionalis hábet îo duplicem propositiqnem.
uuánda dâr ána sínt zuô propositiones. Téro zuéio uuírt
éiniu gebrûgchet *(sic)* ze assumptione. díu ánderíu ze conclusione. Pedíu íst hîer an dírro propositione éin predicatio. omnis potentia expetenda est. Ánderíu. omnia expetenda referuntur ad bonum. Mít tero ánderûn uuírt assumtio getân. possibilitas scelerum. non refertur ad bonum.
Mít tero êrerûn conclusio. non est igitur expetenda.] *Item.*
Nù íst îo guísso állero máhte ze gérônne. Tánnân skînet.
táz tero úhelôn nùgen. màht ne íst. [Uuánnân skînet iz?
s. uuánda íro ze gérônne ne íst. Táz íst áber fóllêr syllogismus. Éin sumtum íst. omnis potentia expetenda est. ánderez íst in subauditione. Malorum autem potentia expetenda non est. Sô íst tánne illatio. Liquet igitur malorum
possibilitatem non esse potentiam.] An állên dîen rationibus skînet tero gûotôn máht. únde dero úbelôn-guíssíu
únchráft. Únde skînet. táz platonis réda uuâriu íst. tér dir
chád. éinen die uuîsen mûgen getùon. dáz sie uuéllen. —
Vnde die úbelen mûgen íro mûotuuíllen tûon. únde ín
dóh ne mûgen fólle bríngen. [Síe âhtent tero gûotôn. álso
síe uuéllen. síe ne uerâhtent íro îo dóh níeht.] Síe tûont.
dáz sie uuéllen. uuánda síe dáz tùondo. dés síe lústet. síh
uuânent sâldâ guínnen. déro sie lángêt. Díe ne guínnent —
sio áber. uuánda úbele ne chóment ze sáldôn.

---

patrandi sceleris possibilitas referri ad bonum non potest.
Expetenda igitur non est. 'Atqui omnis potentia expetenda
est. Liquet igitur malorum possibilitatem non esse potentiam. Ex quibus omnibus bonorum quidem potentia, malorum uero minime dubitabilis apparet infirmitas. Ueram
il'am platonis esse sententiam liquet, solos, quod desiderent, facere posse sapientes; improbos uero exercere quidem quod libeat, quod uero desiderent. explere non posse.
Faciunt enim quaelibet, dum per ea, quibus delectantur. id
bonum quod desiderant. se adepturos putant; sed minime
adipiscuntur, quoniam ad beatitudinem probra non ueniunt.

·NON ESSE LIBEROS. QUOS DNI PREMUNT·INIQUI. |

193. Tie úbérmúoten chúninga. díe dú nú sihest sízzen an
hóhemo. stúóľé. in íro púrpurun glízende. mít keuuáfendèn.
chnéhten. úmbehábele. mít prúttiskèn ánasíunen dréuuente.
fóre' múotigi fnáhtende. so uuér díen ábazihet *(sic)*. dáz
sie úzenàn zíeret. [táz chit. tér sie ínnenàn chúnnet.] tér
gesíhet sie hèrron mít chétennòn in scálches uuís kebún-
dene. [Uuáz sint tie chétenna?] Éines sindes ánagángerònt
sie gelúste.' mít éiterlíchero gíredo. ánderes síndes múhet
sie zórn. in uuélhun uuís síh héuende. álde trúreghéit ché-
lct sie. álde úppig kedíngi behéftet sie. Sô éin ménnisko.
sô mánigen uuáltcsare lídet. sô ne túot er dáz er uuíle.
uuánda er nótháfte ist. fóne sô úngemáchèn hèrròn.

DE CERTO PRAEMIO BONORUM.

. Ne sihest tu nú na. in uuélemo horouue die úbelen stéo-
cheén. únde in uuélero scóni die gúoten skínèn. Tár ána ist

Quos uides sedere celso
Solii culmine reges,
Purpura claros nitenti,
Septos tristibus armis,
Ore toruo comminantes,
Rabie cordis anhelos,
Detrahat si 'quis superbia
Uani tegmina cultus,
Iam uidebit intus arctas
Dominos ferre catenas.
Hinc enim libido uersat
Auidis corda uenenis,
Hinc flagellat ira mentem
Fluctus turbida tollens,
Meror aut captos fatigat,
Aut spes lubrica torquet.
Ergo, cum caput tot unum
Cernas ferre tyrannos,
Non facit, quod optat, ipse
Dominus pressus iniquis.

Uidesne igitur quanto in coeno probra uoluantur,
qua probitas luce résplendeat? In quo perspicuum est,

táz óffen. dáz kûotên nîomêr ne gebrístet íro lônes. nóh
tien árgên íro nuîzes. Úns sól mít réhte dúnchen állero
táto lôn. an díu uuésen. dâr úmbe man sie tûot. Álso in
stritlóufte diu corona ze lône líget. úmbe dîa man lóufet.
[Uuáz stadium sî. dáz chúndên án demo fólgênden capitúlo.]
Nû hábo íh keóuget. sâlighéit uuésen éin dáz kûot. úmbe
dáz állíu díng ketân uuérdent. Fóne díu ist táz sélba gûot
állero ménniskon tâten erbôten. sámo so geméine lôn. Ter
sélbo lôn. tér ne mag fóne dien gûotên nîeht. Nóh tér | 194.
ne máhti dâr fúrder gûot héizen. dér gûotes âna uuâre.
Fóne díu ne inféret tien gûotên nîomêr íro lôn. Die úbelen sárfesoên. sô fílo sie uuéllên. dien gûoten ne inféret ~
íro corona dúrh táz nîeht. nóh ne uuésennêt. [sô dîe —
ûzer blûomôn geuuórhtûn. tâten. déro íu síto uuás.]

 Nóh ánderro úbeli ne infûoret tîen gûotên nîomêr íro
êra. Uuâre íro fréuui án demo ûzeren lône. sô gólt. únde
sílber ist. tên máhti ín erzúcchen. dêr in ín gâbe. álde éin
ánderêr. Uuánda ín áber gíbet îogelichemo sîn gûoti. sô
ne infállet er ímo êr nîeht. êr er síh sînero gûoti gelóubet.

---

numquam bonis praemia, numquam sua sceleribus deesse
supplicia. Rerum enim quae geruntur illud propter quod
unaquaeque res geritur, eiusdem rei praemium esse non
iniuria uideri potest; uti currenti in stadio, propter quam
curritur, iacet praemium corona. Sed beatitudinem esse
idem ipsum bonum, propter quod omnia geruntur, ost.n-
dimus. Est igitur humanis actibus ipsum bonum ueluti
praemium commune propositum. Atqui hoc a bonis non
potest separari. Neque enim bonus ultra iure uocabitur,
qui careat bono; quare probos mores sua praemia non
relinquunt. Quantumlibet igitur seuiant mali, sapienti tamen corona non decidet, non arescet.

Neque enim probis animis proprium decus aliena de-
cerpit improbitas. Quod si extrinsecus accepto laetaretur,
poterat hoc uel alius quispiam, uel ille etiam, qui contu-
lisset, auferre. Sed quoniam id sua cuique probitas con-
fert, tum suo praemio carebit, cum probus esse desierit.

Ze, demo gnótesten. só álles lônes pedíu gegérot uuírt.
uuánda er, gûot keáhtôt uuírt. uuér sól dánne gûotes·ke-
máren áhtôn lônlôsen. [Jóh filia herodiadis uuánda gûotes kéron. dô si iohannis. hóubetes kérota. Tér síh áber
ze gûote héftet. álso ér iohannes. uuío sól démo lônes
présten?] Jâ uuíolíches lônes? Tes állero scônisten. úndc
méisten. Kedénche déro tíurûn míeto. dia íh tír dâr fóre
gáb. Únde bechéone argumentando. só gûot sálighéit íst.
táz, álle gûote. uuánda sie gûot sínt. óuh sálig sint. únde
die sálig sínt. târ mite góta sínt. [Uuélih lôn mág témo
gelíh sîn? Tér syllogismus slât jâr fóre.] Pedíu íst tér lôn
dero gûotôn. dén níoman ne geuuértet. níomannes keuuált
ne mínnerôt. níomannes úueli ne gehínderet. táz sie góta
uuérdên.

[QUID SIT STADIUM ET OLYMPIAS.

Apud grecos uuás íu éin solennitas erháuen. dia
sie olympiadem hîezen. fóne olympo monte. dér in
macedonia íst. pi démo si ze êrest uuárd. Tîa ûobtôn
sie síd pî alpheo flouio archadie. dâr sie únder zuís-
kên búrgen rínnet. elidem et pisas. uuánda dâr scôníu
gefílde sínt. Tiu solennitas uuárd úmbe | dáz erháuen.
dáz târ publica probatio uuúrte. omnium uirtutum.
Dánnân hîez tiu probatio grece pancratios. Únde ne
uuás níoman in tota grecia. dér síh tehéines tùomlí-
ches tínges fermâze. mít tíu er gloriam geuuúnnen
uuólti. ér he skéindi iz târ. ze demo olympiade. Fermáhta er síh ríngennes. só hîez er grece palestricator.

195.

Postremo cum omne praemium iccirco appelatur, quoniam
bonum esse creditur, quis boni compotem praemii iudicet
expertem? At cuius praemii? omnium pulcerrimi maximi-
que. Memento enim illius corollarii, quod paullo ante
praecipuum dedi, ac sic collige. Cum ipsum bonum beatitudo sit, bonos omnes eo ipso, quod boni sint, fieri beatos
liquet. Sed qui beati sunt, deos esse conuenit. Est igitur
praemium bonorum. quod nullus deterat dies, nullius
minuat potestas, nullius fuscet improbitas, deos fieri.

fermáhta er síh ,féhtennes. mít· femo chnútele. só híez
er pugil. álde mít suérte. só híez er gladiator. álde
mít cestibus. dáz uuír chéden mít púsken.^r sa híez er —
agonitheta i. decertator. Uuólta er úfen sinero réito
stritspíl úoben. dáz híez curule , certamen. Uuólta er
óugen uuîo er in bóre máhti. dáz téta er gándo úber
daz séil. dáz funiambulum híez. Úbe er óuh sîna snélli
skéînen uuólta. dáz téta er lóufendo in stadio. álso
díe táten ad tumulum anchise. fóne dîen uirgilius ságet. Stadium híez sélbez táz spacium. dáz sie lóufen
sóltôn. grece genámotez fóne exercitatione. Tés uuâren centum uiginti quinque passus. i. nona pars mi-
liaris. Dîen állên uuás tár gágenuuérte fóne fróno íro
lôn. Dér lôn ,híez grece brabion. latine brauium.]

DE CERTA POENA MALORUM.

Tár míte ne zuîueloe nebéin uuîse mán dáz óuh tie
úbelen nîomêr âne uuîze ne uuérdent Só gúot únde úbel.
lôn únde uuîze uuíderuuártîg sínt. só íst nôt. táz uuíderuuártig sîn. díu án des kúoten lône. únde án des úbelen
uuîze geskéhen súlen. [Uuáz íst táz? Táz íst. táz tu hîer
fernémen máht.] Álso dero gúotôn lôn íst. íro gúoti. só
íst téro úbelôn chéli sélbiu diu úbeli. Ih uuâno dér îo
âna uuîze lîdet. tér bechénnet úbel. dáz er lîdet. Fóne díu.
uuîo múgen díe dánne uuânen. sih uiûzes âno sîn. úbe —
sie án síh sélben dénchen uuéllen. dáz chît. úbe sie íro
sélbero îeht infinden uuéllen. die árguuílligi álles úbeles

Quae cum ita sint, de malorum quoque inseparabili
poena dubitare sapiens nequeat. Nam cum bonum malumque, item poena atque praemium, aduersa fronte dissideant,
quae in boni praemio uidemus accidere, eadem necesse est in
mali poena contraria parte respondeant. Sicut igitur probis probitas ipsa fit praemium; ita improbis nequitia ipsa
supplicium est. Iam uero quisquis afficitur poena, malo se
affectum esse non dubitat. Si igitur sese ipsi existimare uelint,
possunt ne sibi supplicii expertes uideri, quos omnium malo-

méista. nîcht éin ne chélet. nûbe iôh ferchústet. [Táz íst
argumentum ab effecto. Uuánda sie infecti sínt. tánnân
196. skînet. uuîo hárto sie affe|cti sínt.] Chíus oúh tero gûotôn
halb. uuáz tien úbelên ána uuîzes sî. Íh lêrta díh fóre
dísen syllogismum. dáz ál dáz tir íst. éin íst únde éin
gûot íst. dáz sínt zuéi sumpta. díen fólgêt nôte díu conclusio. dáz ál dáz tir íst. kûot íst. Téro conclusioni íst áber
dísiu geháft. so uuáz kûot ne íst. táz ne íst. [Sô éin conclusio dero ánderro fólgêt. táz héizet latino. sô martianus
chît. confinis conclusio. grecé simplerasma.]

QUID ESTIMANDI SINT DIUERSIS UITIIS DEDITI.

Tánnân geskíhet. táz tie úbelen ne sîn ménnisken.
dáz sie uuáren. dô sie úbel ne uuáren. Áber dáz sie ménnisken uuáren. dáz oúget sélbíu diu ménnisken getât. tíu
ín nóh ána íst. Fóne díu in árg pechêrte. ferlúren sie
ménniskîna naturam. Síd áber éiniu diu gûoti mánnolichen
erhéuen mág úber die ménnisken. sô dáz er gót uuérde.
sô íst nôt. táz tîe. díe íro úbeli ába dero mánhéite geuuîrf-
fet. sie sâr hínderôren getûe. dien ménniskôn. Tánnân íst.
táz tu dén fúre ménnisken háben ne múgîst. tén du fóne
achu-

---

rum extrema nequitia hon afficit modo, uerumetiam uehementer inficit? Uide autem ex aduersa parte bonorum,
quae improbos poena comitetur. Omne namque quod fit,
unum esse isumque unum bonum esse paullo ante didicisti, cui consequens est, ut omne quod sit id etiam
bonum esse uideatur. Hoc igitur modo quidquid a bono
deficit, esse desistit.

Quo fit, ut mali desinant esse quod fuerant. Sed
fuisse homines adhuc ipsa humani corporis species ostentat, quare, uersi in malitiam, humanam quoque amisere
naturam. Sed cum ultra homines quemque prouehere
sola probitas possit, necesse est, ut quos ab humana conditione deiecit, infra hominis meritum detrudat improbitas.
Euenit igitur, ut quem transformatum uitiis uideas, hominem

áchusten geuuéhselôten síhest. Uuîloh uuirt er fréh. únde
nôtnémare frémedero sáchon. sô ist er uuólfe gelih. Áber
rázer ze dero zúngûn. únde úngehîrmdèr strîtes. tér ist
húnde gelih. Sô ist tér toúgeno fârêt ieht ze guuínnenne.
mit úndriuuôn. démo chît fúhs. Sô ist. tér únméziger sînes
zórnes. io grémezôt. tér tréget tes léuuen mûot. Ŭndúrf-
tes | fórhtelèr. únde flúhtiger. dúnche dir hirze gelîcher. 197.
Ferlégenêr' únde lázer. únde dér sih árbéite erchúmet. lébet in éseles uuîs. Lîghtmûotiger (sic) únde únstâtêr in
sînero begúnste. dér ist álso fógel. Tér sih áber únêrsáme
únde únréine gelúste. ána lázet. tér ist pesólotero sùe gelíh. Sô geskihet. táz tér. dér sih kúoti gelóubendo. ménnisko neist. sô er ze gótes uuírdigi chómen ne mág. ze
tiere uuírt.

NON TAM NOXIUM ESSE CORPUS IN BELUAM RE-
DIGI. QUAM BELUINA MENTE INDUI.

[Íh mág tíh mánôn mícheles égesen. tér dôh tisemo
égesen gelîb ne íst. Uuáz íst tér.] Tô ulixes fône troio
cruuíndendo. uuîto des méres uuállota. únde er fône sicilia
férita ze italia. dô uuárf ín der uuínt ûf mit sînên skéffen —

---

nem . existimare non possis. Auaritia feruet alienarum
opum uiolentus ereptor? similem lupi dixeris. Ferox atque inquietus linguam litigiis exercet? cani comparabilis.
Insidiator occultis surripuisse fraudibus gaudet? uulpeculis
exaequetur. Irae intemperans fremit? leonis animum ge-
stare credatur. Pauidus ac fugax non metuenda formidat?
ceruis similis habeatur. Segnis ac stupidus torpet? asi-
num uiuit. Leuis ac inconstans studia permutat? nihil
ab auibus differt. Foedis immundisque libidinibus immer-
gitur? sordidae suis uoluptate delinetur. Ita fit, ut qui
probitate deserta homo esse desierit, cum in diuinam
conditionem transire non possit, uertatur in belluam.

Uela neritii ducis
Et uagas pelago rates
Eurus appulit insulae,

ze déro íselo. [díu eee gehéizen íst.] târ diu scôna circe dero súnnùn tôhter gesézemíu. pezóuuerôt líd tîen sélbèn gésten scúngla. Sô dô díu zóuuerlichâ hánt síe ueruuéh-selôta in mísseliche uuîsâ. súm uuás kelîh ébere. súm demo léuuen. súmelichêr oúh ze uuólfe uuórtenêr. sô er uuéinôn uuólta. stûont er hônnota. Sô úmbe gîeng oúh taz hús súmelichêr. álso tygris ketânêr. Únde dób tér in fógeles uuîs flîgendo *(sic)* mercurius. tér in cillenio monte archa-díę geûobet uuárd. tén nôthâften hérezógen úmbe irbár-meda lôsti. fóne sînero uuírtenno gífte. îo dôh tíe férien. díe hábetôn úbel lîd getrúnchen.

198. [Mercurius ter alatis talariis kemâlêt uuírt. táz chît. mít kefidertên scúhen. díe grece petasi héizent. tér mâneta vli | xem. dáz er fermíle circę. Tô iz áber sô geskáh. táz er úndanches tára chám. únde sî ánderên scáncta. dáz ér trínchen ne uuólta. tô téta ín is mercurius pùoz mít sînero virga. díu caduceus kenémmet uuás. tíu gágen állèn díngen lâchenhâfte uuás.]

Pulcra qua residens dea
Solis edita semine,
Miscet hospitibus nouis
Tacta carmine pocula.
Quos ut in uarios modos
Uertit herbipotens manus:
Hunc apri facies tegit;
Ille marmaricus leo
Dente crescit et unguibus;
Hic lupis super additus,
Flere dum parat, ululat;
Ille tigris ut indica
Tecta mitis obambulat.
Sed licet uariis malis
Numen arcadis alitis
Obsitum miserans ducem
Peste soluerit hospitis:
Iam tamen mala remiges
Ore pocula traxerant:

Únde suîn uuórtene. uuéhselotôn sie daz prôt úmbe éichela. Únde u̯uâren sie gáreuuo ferlórn. in líden. ióh in stímmo. Éinêr der sín stûont ze stéte. léidegêr dés égesen. dés ímo geskéhen uuás. Jâ uuîo héuig taz uuás. Uuáz kemáhtôn sâr díu chríuter. únde díu gíft hánt. tíü dien líden dáretôn. sínne ne máhtôn? Ínne lígęt tiu máht. Târ sínt tîefo gebórgen. ménnisken chréſte. Tîe gífte. dîe íh ságo. dîe getûont ten ménnisken sîn úngeuuáltigôren. Tîe tîefôr íngesláhent. nóh líden ne tárônt. núbe des sínnes âhtent.

MALOS MINUS MISEROS FIERI. SI EIS PECCARE NON LICERET.

Íh gího dir is chád ih tô. únde árge uuéiz íh tíh mit réhte tîer héizen. dîe tîerlih mûot hábent. tóh sie an lîchamôn ménniskôn gelîh sîn. Táz áber dîe. déro mûot sô fertân. únde sô úbel íst. kûotero mûozen âhten. dáz íst.

Iam sues ceroalia
Glande pabula uerterant.
Et nihil manet integrum
Uoce, corpore, perditis.
Sola mens stabilis super
Monstra, quae patitur, gemit.
O leuem nimium manum,
Nec potentia gramina,
Membra quae ualeant licet,
Corda uertere non ualent.
Intus est hominum uigor
Arce conditus abdita.
Haec uenena potentius
Detrahunt hominem sibi
Dira, quae penitus meant,
Nec nocentia corpori
Mentis uulnere saeuiunt.

Tum ego, fateor, inquam, nec iniuria dici uideo uitiosos, tametsi humani corporis speciem seruent, in belluas tamen animorum qualitate mutari. Sed quorum atrox scelerataque mens bonorum pernicie saeuit, id ipsum eis

táz, íh ne uuôltî. Néin chád si ne mûozen. Álso du̧ uuôla
gcéiscôst. sô íh tîh tara zûobríngo. Uuúrte ín áber dáz
sélba benómen. dáz tû uuânest táz sie mûozîn. dâr ána,
uuúrte ín íro uuîze gelîhterôt.

 Propositio. Ze uuâre dés knûoge mág keskéhen. ne
trûent. tie úbelen sínt téste únsaligôren. dáz sie íro uuíllen
getûont. tánne úbe sie ín getûon ne máhtîn.

199. *Assumtio.* Úbe árg uuéllen uuêlih | íst. árg kemúgen.
dáz íst nôh uuêlichera. Uuánda árguuíllo âne dáz geskéi-
net uuérden ne máhtî.

 · *Conclusio.* Pediu sínt sie nôte in drî uuîs únsalíg.
síd tero uuêneghéito drî sínt. íh méino. uuéllen. múgen.
tûon. dáz tir úbel íst.

  [Táz íst rhetoricus syllogismus. uuánda er
diffusior ist. Dialecticus íst contractior. uuánda
er chûmo hábet in îogelíchero propositione subiectiuam partem et declaratiuam.]
Íh gího dir is chád ih.

MALOS ET SI NUMQUAM MORERENTUR. INFELI-
CISSIMOS FORE.

 Áber gót uuélle. dáz sîe únmáhtîg uuôrtenę des úbeles. tero únsalighéite bálto dárbeên. Sô tûont sie chád si.

---

licere noluissem. Nec licet, inquit, uti conuenienti mon-
strabitur loco, sed tamen si id ipsum, quod eis licere creditur, auferatur, magna ex parte sceleratorum hominum
poena releuatur. Etenim, quod incredibili forte cuiquam
uideatur, infeliciores esse necesse est malos, cum cupita
perfecerint, quam si ea, quae cupiunt, implere non possint.
Nam si miserum est uoluisse praua, potuisse miserius est,
sine quo uoluntatis miserae langueret effectus. Itaquê cum
sua singulis miseria sit, triplici iufortunio necesse est ut
urgeantur, quos uideas scelus uelle, posse, perficere. Ac-
cedo, inquam.

Sed uti hoc infortunio cito careant patrandi sceleris
possibilitate deserti, uehementer exopto. Carebunt, inquit,

dárbênt iro iôh hôrskôr. dánne sâr dû mag keskéhen uuéllêst. álde sîe síh peuuânên. Nôh in dísses chûrzen lîbes
friste. ne íst nîeht sô únspûotiges. tés ze láng áhtoe ze
bîtenne dehéin êuuig mûot. [Ter uuîse mán dér êuuigheit
pechénnet tér áhtôt temporalia fúre nîeht.] Téro chréftiga
gedíngi. únde déro hôha gerúste. ze úbele. ófto gáhes únde
úngeuuândo. mít tôde eruéllet uuírt. Táz ín dóh mézôt tia
uuêneghéit. uuánda úbe úbeli uuênege tûot. sô lángôr úbel
íst sô nôte uuênegora ist.

[Táz íst argumentum a minore ad maius.
Sîd ôuh pegínnentiu nequitia miseros tûot. mêr
chíd tiu uuâhsenta.]

Díe châde íh uuésen die uuênegôsten. úbe íro úbeli
dôb tôd in énde ne sázti.

[Táz íst áber argumentum a minore. Uuánda
diuturnior nequam infelicior íst incipiente. bedíu
uuâre semper nequam infelicissimus. Fóne díu
chît si dar nâh.]

Vbe daz êrera uuâr íst. táz íh chád. sô íst | kuís. 200.
táz tíu miseria ist infinita. [únde bedíu infelicissima.] díu
eterna íst.

[Ube diuturna prauitas miserior íst tánne
breuis. sô íst nôte sempiterna béidiu. ióh infinita.
ióh infelicissima. Tísa réda féstenôt si fóne díu.
sô guôto. uuánda si sórgêt. táz er misse trûuuee.
Uuér mág táz sámfto gelôuben. dáz iniqui semper

---

ocyus, quam uel tu forsitan uelis uel illi sese existiment
esse carituros. Neque enim est aliquid in tam breuibus
uitae metis ita serum, quod exspectare longum unmortalis
praesertim animus putet; quorum magna spes et excelsa
facinorum machina repentino atque insperato saepe fine
destruitur, quod quidem illis miseriae modum statuit.
Nam si nequitia miseros facit, miserior sit necesse est
diuturnior nequam; quos infelicissimos esse iudicarem,
si non eorum malitiam saltem mors extrema finiret.
Etenim si de prauitatis infortunio uera conclusimus, infinitam liquet esse miseriam, quam esse constat aeternam.

uluentes et semper impuniti. fóne báremo únrehte
infelicissimi únde miserrimi uuésen múgin? Fóne
díu ferním sîn ántuuúrte.]

Dô ántuuúrta íh is. Táz íst éin uuúnderlih ûzlâz
chád íh. únde únsémftêr ze gelóubenne. Íh fernímo áber
uuóla. dáz er dien êrerên gegíhten gehíllet. Réhto dúnchet
tir chád si. Tér áber ínblándeno uuélle gelóuben dísemo
ûzlâze. tér óuge dáz lúkke. dáz târ fóre stât. mít tíu íh
in stárhta. álde er chéde dîe sélben rédâ. dóh sie óuh uuâr
sîn. sô ne sîn gestéllet. dáz sie uuúrchên dísên ûzlâz.
Ánderes uuîo. échert ér dero fórderûn zálo iébe. des ûzlâzes ne mág er nîeht ferspréchen.

[Táz chît si fóne dîu. uuánda ófto líuget tiu
fórdera zála. sô díu tûot. nullus sapiens spernit
diuitias. únde bedíu ne stérchet si dia áfterûn. sô
díu íst. Igitur socrates quia spreuit diuitias. non
erat sapiens. Ófto sínt zuô die fórderen. geuuâre.
álso dîe sínt. Omnis sapiens spernit diuitias.
Multi tamen sapientes sunt diuites. Aber sô ne
sínt sie gestéllet. táz sie dísa drittûn stérchên.
Socrates si sapiens esset. diues esset. Ál dáz syl-
logismos únde argumenta írren mág. táz íst an
dîen uitiis zuéin. únde bedíu. héizent tîe argumen-
tationes. sophysticę. dâr siu ána fúnden uuérdent.
Tér fólleclíchôr exempla háben uuélle. dero trîe-
gentôn syllogismorum. dér néme siu fónę cicerone
in rhetoricis.]

Tum ego, mira quidem, inquam, et concessu difficilis
illatio; sed his ea, quae prius concessa sunt, nimium conuenire cognosco. Recte, inquit, existimas: sed qui conclusioni accedere durum putet, aequum est uel falsum
aliquid praecessisse demonstret, uel collationem propositio-
num non esse efficacem necessariae conclusionis ostendat;
alioquin concessis praecedentibus nihil prorsus est, quod
de illatione causetur.

INPROBOS IUSTIS POENIS IN MORTE TRADITOS FELICIORES ESSE. QUAM SI INPUNITI REMANERENT.

Táz íh tír nóh ságo chád si. dáz kedúnchet tír sámo michel uuúnder. únde íst is îo dóh nòt. fóne dien êrerên geiihten. | Uuélez chád íh?. Sâligoren sîn die úbelen. die 201. réhtcz uuîze lídent. dánne sie uuârîn. úbe sie iz ne lítin. Íh ne chído nîeht árge síte geándôt uuérden. únde mít púozo. geríhtet uuérden. dáz tés îoman uuâne. [Ér ne dárf is uuânen. uuánda íh táz ne méino.] Únde dáz ánderên ze bílde sî. dáz sie scúlde flíhên *(sic).* únde sámolíh ne ì tûên. Núbe in ándera uuîs áhtôn íh. táz úbele sîn. íro súndôn ingálte. dés te sâligoren. tóh iz ín ne sî bûoza. nóh ánderên bílde. Uuélih ánder uuîsa mág iz sîn chád íh. âne dísíu? Ne iáhen *) uuír chád si. die gûoten uuésen sâlige. únde die úbelen uuénege. Táz íst álso chád íh. Úbe dánne gûot keléget uuírt ze íro dehéines uuêneghéite. ne íst tánne der sâligoro. dánne dér. ze dés uuêneghéite. nehéin gûot ne íst kemískelôt. Témo íst iz kelih chád íh.

____

*) Es steht gáhen mit punktirtem (d. h. getilgtem) g, dem i überschrieben ist.

____

Nam hoc quoque, quod dicam, non minus mirum uideatur, sed ex his, quae sumta sunt, aeque est necessarium. Quid nam? inquam. Feliciores, inquit, esse improbos supplicia luentes, quam si eos nulla iustitiae poena coerceat. Neque id nunc molior, quod cuius ueniat in mentem, corrigi ultione prauos mores et ad rectum supplicii terrore deduci, ceteris quoque exemplum esse culpanda fugiendi: sed alio quodam modo infeliciores esse improbos arbitror impunitos, tametsi nulla ratio correctionis. nullus respectus habeatur exempli. Et quis erit, inquam, praeter hos alius modus? Et illa, bonos, inquit, esse felices, malos uero miseros nonne concessimus? Ita est, inquam. Si igitur, inquit, miseriae cuiuspiam bonum aliquid addatur, nonne felicior est eo, cuius pura ac solitaria sine cuiusquam boni admistione miseria est? Sic, inquam, uidetur.

Übe óuh temo uuénegen, dér álles kûotes tárbét. tchéin
ánder uuéneghéit zûo gestôzen uuúrte. âne dia fóne déro
er uuéneg íst. ne uuâre er dánne na énes únsâligoro, dés
uuéneghéit kelíchterôt *(sic)* uuírt. mít ételiches kûotes
mískelungo?

    [Táz íst argumentum a contrario. Uuánda
úbe íoman fóne zûoslíngentemo gûote gesâligôt
uuírt. sô uuírt er nôte óuh fóne zûoslíngentemo
úbelé geúnsaligôt.]

    Uuío ánderes chád íh. Fóne díu chád si. hábent tie
úbelen, dánne sie in uuîze sínt. éteuuaz zûogemískelôtes
kûotes. íh méino sélbez taz uuîze. dáz fóne réhte gûot
202. íst. | Únde dia uuîla sie âne uuîze sínt. sô íst ín ána âne
íro úbeli. éin ánder úbel. sélbíu diu úningélteda. díu fóne
únrehte úbel íst. Tés ne mág íh ferságen nîeht. chád íh.
Pedíu sínt chád si die úbelen únsaligoren. in únrehtero
úningéltedo. ferlâzene. dánne réhto ingâlte. Fóne díu íst
óffen réht. táz tie úbelen dero úbeli ingéltên. únde óffen
únreht. táz sie íro úningéltet sîn.*) Uuér mág tés kelóugenen chád íh. Nóh óuh tés chád si. núbe gûot sí. dáz
tir réht íst. únde úbel. dáz únreht íst. Dû ántuuúrta íh

---

*) Es steht sínt mit punktirtem, d, h, getilgtem t.

Quid si eidem misero, qui cunctis careat bonis, praeter ea,
quibus miser est, malum aliud fuerit annexum, nonne multo
infelicior eo censendus est, cuius infortunium boni participatione releuatur? Quid ni? inquam. Habent igitur improbi, cum puniuntur, quidem boni aliquid annexum, poenam
ipsam scilicet, quae ratione iustitiae bona est: iidemque cum
supplicio carent, inest eis aliquid ulterius mali, ipsa im-
punitas, quam iniquitatis merito malum esse confessus es.
Negare non possum. Multo igitur infeliciores improbi
sunt iniusta impunitate donati, quam iusta ultione puniti.
Sed puniri improbos, iustum, impunitos uero elabi, iniquum esse manifestum est. Quis id neget? Sed ne illud quidem, ait, quisquam negabit, bonum esse omne, quod iustum
est; contraque quod iniustum est, malum liquet esse. Tum

íro dés. Tísiu sínt chád ih. nôtfólgîg tîen. díu án demo èreren capitulo geféstenòt sínt.

['Tiz capitulum iíhet*) énemo. Uuánda sie infelicissimi uuârîn. sô sî dâr fóre chád. úbe sie îomêr mûsîn *(sic)* sîn inpuniti. sô uuérdent sie nôte puniti feliciores.]

Questio. Nù uuére gót chád ih. íst tchéin uuîze dero sêlôn nâh temo tôde.

Responsio. Únde chréftîg chád si. Téro ih súmelichíu uuéiz tréffen. áfter geríche ze uerlórníssedo. súmelichiu áfter gnâdôn ze erlíuterdo. Íh ne hábo áber nû nehéinen uuíllen. dánnân **) ze ráchônne.

REPETITIO EORUM QUAE A PRINCIPIO HUIUS LIBELLI HUC USQUE DICTA EST. *(sic)*

Íh tréib táz únz hára chád si. táz tû bechénnêst tero úbelôn geuuált. tér dír filo ándo uuás. nehéinen sîn. Únde dû dîe sáhîst nehéinêst sîn. âne uuîze. dîe dû châde íro úbeli úningálte. Únde dû geéiscotîst. únlánga sîn dîa mûoza. déro du bâte slîemo lâba uuórden. Únde dû sia uuíssîst tés te únsâligorûn. úbe si lángseimíu uuâre. únde áber fóne állên díngen únsaliga. úbe si êuuig uuâre. |

---

*) Es stand gîhet, ist aber durch Punkte über und unter g, und durch überschriebenes i in iíhet corrigirt.

**) Es steht dánnâ.

---

ego: Ista quidem consequentia sunt eis, quae paullo ante conclusa sunt. Sed quaeso, inquam, te, nullane animarum supplicia post defunctum morte corpus relinquis? Et magna quidem, inquit: quorum alia poenali acerbitate, alia uero purgatoria clementia exerceri puto. Sed nunc de his disserere consilium non est,

Id uero hactenus egimus, ut, quae indignissima tibi uidebatur, malorum potestas, eam nullam esse cognosceres; quosque impunitos querebare, uideres numquam imbrobitatis suae carere suppliciis. Licentiam, quam cito finiri precabaris, nec longam esse disceres: infelicioremque fore, si diuturnior, infelicissimam uero, si esset aeterna. Post

203. Únde úningálte íro úbeli uuênegôren sîn danne îngálte. Témo
dáz nôte fólgêt. táz sie dánne hándegôsta uuîze. lidên. sô
man sie uuânet úningálte dés sie tûont. Dô ántuuúrta íh
íro. Sô íh tîna réda chíuso. chád íh. sô ne áhtôn íh nieht
uuâreren. úbe íh án dero líuto âhtâ dénehe. uuér íst
tánne dér iz kelóuben álde sâr gehôren uuélle?

MENTE CONTENEBRATIS. LUMEN RATIONIS NON CLARESCERE.

Íst álso chád si. Sîe ne múgen dîu íro geuuéneten
ôugen dero fînstri. ûf ze liehte erhéuen. Únde sínt sie
dien fógelen gelîh. tie der tág pléndet tiu náht séhendo
getûot. [álso húuuen. únde húuuelâ. únde der náhtrám.]
Sô sîe des íro uuíllen sébent. náls tero órdeno. dîa ratio
dien díngen gíbet. sô uuânent sie dero súndôn mûoza.
únde úningélteda. sâlîg sîn. Sih áber dû. uuîo iz tiu gótes
êa méine. Ze demo bézeren fáhendo. hábest tu díh sélbo
gehêret. ne sî nehéin chóstare. dér dir is tánchoe. Úbe du
áber in árg tih chêrest. sô ne dénche. uuér iz ánderro
réche. sélbo hábest tu díh kehínderet. Sámo so úbe du

---

haec miseriores esse improbos, iniusta impunitate dimissos,
quam iusta ultione punitos. Cui sententiae consequens
est, ut tum demum grauioribus suppliciis urgeantur, cum
impuniti esse creduntur. Tum ego: Cum tuas, inquam,
rationes considero. nihil dici uerius puto. At si ad hominum iudicia reuertar, quis ille est, cui haec non credenda
modo, sed saltem non audienda uideantur?

Ita est, inquit illa. Nequeunt enim oculos tenebris
assuetos ad lucem perspicuae ueritatis attollere, similesque
auibus sunt, quarum intuitum nox illuminat, dies caecat;
dum enim non rerum ordinem, sed suos intuentur affectus
uel licentiam, uel impunitatem scelerúm putant esse
felicem. Uide autem quid aeterna lex sanicat. Me-
lioribus animum si conformaueris, nihil opus est iudice premium deferente: tu te ipse excellentioribus addi-
disti. Si studium ad peiora deflexeris, extra ne quae-
sieris ultorem; tu te ipse in deteriora detrusisti; ueluti si

hértôn ûf ze hímele. únde nider ze érdo uuárteêst. únde
dû âne ánderro tâte fóne dîn sélbes uuártênne. éina uuîla
in hímele. ándera uuîla in hórouue sîst. áber der líut ne
uuéiz tés nîeht. Uuáz súln uuír dánne tûon?˙ Súln uuír
únsih úmbe dáz án dîe héften. dîe uuír tîeren châden ge-
líche uuésen? | Uuáz úbe dér. démo diu oûgen genómen 204.
sínt. ergâze. dáz er siu iú hábeta. únde er sih stríte uuésen
in álla uuîs kánzen. sóltin uuír dánne. dîe in gesahîn óu-
gelôsen. áhtôn blínde.

MISERIOREM QUI INFERT. QUAM QUI SUSTINET INIURIAM.

Nóh tés ne iéhent sie. dáz fóne féstero rédo sámo
guís íst. tén uuênegôren sîn. dér ándermo únréht tûot.
tánne dén. dér iz lîdet. Mih lústi chád ih ze fernémenne
dîa réda. dánnân íh táz uuízen máhti. Uuîle du lóugenen
chád si den gûotelôsen sîn uuírdigen chéli? Néin chád íh.
Nû íst táz in mániga uuîs óffen chád si. dîe únsâlîg sîn.
dîe úbel sínt. Sô íst chád ih. Tîe dero chéli uuírdîg
sínt chád si. dîe uuéist tu uuênege. Táz keuállôt sô
chád íh. Ûbe dû stûolsâzzo in dínge uuárist chád si.

---

uicibus sordidam humum, caelumque respicias, cunctis extra cessantibus, ipsa cernendi ratione nunc coeno, nunc
sideribus interesse uidearis. At uulgus ista non respicit.
Quid igitur? his ne accedamus, quos belluis similes esse
monstrauimus? Quid, si quis amisso penitus uisu, ipsum
etiam se habuisse obliuisceretur intuitum, nihilque sibi ad
humanam perfectionem deesse arbitraretur, num uidentes
eadem caecos putaremus?

Nam ne illud quidem acquiescent, quod aeque ualidis
rationum nititur firmamentis, infeliciores esse eos, qui
faciunt, quam qui patiuntur iniuriam. Uellem, inquam,
has ipsas audire rationes. Omnem, inquit, improbum num
supplicio dignum negas? Minime. Infelices uero esse,
qui sunt improbi, multipliciter liquet. Ita est, inquam.
Qui igitur supplicio digni sunt, miseros esse non dubitas?
Conuenit, inquam. Si igitur cognitor, ait, resideres, cui

uuéderen uuándist tu dero chéli uuirdigen. dér daz únreht
táte. álde iz tóleti? Íh ne zuíueloti nîeht chád ih. núbe
ih témo sólti geuuíllôn, dér iz líte. mít énes ingéltedo.
Sô dûohti dír chád si dér uuênegoro. dér únreht tâte, dánne
dér iz tóleti. Tára zùo chúmet iz chád ih. [Sô chád ih
áber.] Fóne déro rédo. únde fóne ánderên rédôn. áber dés
síndes keuuúrzellotèn. dáz únchíuskíu tât túrh síh uuênege
máchôt. sô skînet oúh táz tu chîst. tia uuêneghéit ze démo
háldên. dér daz únreht tûot. náls iz lídet.

> [Táz íst argumentum ab efficientia. Turpi-
> tudo ist efficientia miserorum. álso dára gágene
> íst honestas. i. uirtus beatorum. Turpitudo íst
> 205. keméine námo | állero uitiorum. álso honestas íst
> állero uirtutum.]

QUI MISERIOR EST. HUIUS POTIUS ESSE MISE-
RENDUM.

Tára uuídere chád sî tûont tie díngmán nû. Síe scún-
dent îo die iudices. têro irbármeda ze hábenne. dien fílo
ze léide getân íst. Tánne dien tûomên dero irbármedo dúrftera
uuâre. Tîe zo dínge gefûoret sóltôn uuérden. fóne íro léidâren. álso man sîeche fûoret ze árzate. náls túrh ház. núbe

---

supplicium inferendum putares, eine qui fecisset, an qui
pertulisset iniuriam? Nec ambigo, inquam, quin perpesso
satis facerem dolore facientis. Miserior igitur tibi iniuriae
illator, quam acceptor esse uideretur. Consequitur, inquam. Hac igitur aliisque de causis ea radice nitentibus,
quod turpitudo suapte natura miseros faciat, apparet, illa-
tam cuilibet iniuriam non accipientis sed inferentis esse
miseriam.

Atqui nunc, ait, contra faciunt oratores; pro his enim,
qui graue quid acerbumque perpessi sunt, miserationem
iudicum excitare conantur, cum magis admittentibus iu-
stior miseratio debeatur, quos non ab iratis, sed a propi-
tiis potius, miserantibusque accusatoribus ad iudicium ue-

dúrh knâda. únde irbármedn. dáz sie in dâr frúmetîn ûz er-
snîten dero súndôno gállûn.

[Táz ist argumentum a simili. Uuánda álso
corpus pedárf medicinę. sô bedárf óuh anima.]

Ze déro uuîs uuúrte ze léibo dero bîstellôn ríngen. —
álde úbe sie îomanne hélfen uuóltîn. dáz tâtîn sie mêr
dára uuídere léidôndo. dánne ferspréchendo. Sélben die
úbelen chóndîn sie déro túgede. dîa sie feruuórfen hábent.
ieht erlûogeên dôh sámo só dúrh nùot. únde sáhîn sie síh —
eruuásken uuérden dero súndôn. fóne des uuîzes hándegi.
uuíder démo guuínne dero gûoti. ne áhtotîn sie iz sâr fúre
uuîze? Únde ne fórderotîn sie nîeht tero bîstellôn hélfo
únde ántuuúrtîn síh fúrenomes tára dien léidâren. ióh tien —
ríhtâren. dáz sie síe chéletîn. Sô tûondo. neíst nehéin
uuég. tér die uuîsen léite ze háze. [álso dû be dísèn argumentis uuîzen máht.] Uuér sól gùote házên. âne uuíhto
uuírsesto?

[Táz ist | argumentum a contrariis. uuánda   206.
insipientes. et maligni. dîe sínt bonis contrarii.]

Táz oúh îoman die úbelen házee. uuáz rédòn
ist táz?

[Táz ist a repugnantibus. uuánda iniquum
odium. dáz íst repugnans rationi.]

Úbe chústelôsi des mûotes síehhéit íst. álso óuh tes
llchamen ferchústeda sîn síehhéit íst. únde úns tíe síechen

---

luti aegros ad medicum duci oportebat, ut culpae morbos
supplicio resecarent; quo pacto defensorum opera uel
tota frigeret. uel si prodesse hominibus mallet, in accusationis habitum uerteretur. Ipsi quoque improbi, si eis
aliqua rimula uirtutem relictam fas esset adspicere, uitio-
rumque sordes poenarum cruciatibus se deposituros uide-
rent, compensatione adipiscendae probitatis, nec hos cruciatus esse dicerent, defensorumque operam repudiarent, ac se
totos accusatoribus iudicibusque permitterent; quo fit, ut apud
sapientes nullus prorsus odio locus relinquatur. Nam bonos
quis nisi stultissimus oderit? malos uero odisse ratione caret.
Nam sicuti corporum languor, ita uitiositas quidem est
quasi morbus animorum. Cum aegros corpore minime

án dien líchamôn házes uuírdige ne dúnchent. núbe irbármedo.
sô neíst téro nîeht ze âhtenne. núbe íro íst irbármeda ze hábenne. téro mûot kûotelosi témfet. állero súhto uuêlichosta.

CUR EOS QUIS PERIMAT. QUI SPONTE MORI-
TURI SUNT.

Uuáz lústet íuuih ze skéinenne sô mícheliu zórn. únde
zûo fûoren mít hénde den tôd. Lústet íuuih sîn. ér chúmet ungeládôt sînes tánches. nóh ér ne tuélet sînero férte.
Téro állero tíerlîh âhtet. tîe sláhent síh sélben úndúrftes
tára zûo mít uuâfene. Túrh táz íro síte síh skéident nóh
in éin ne béllent. scárônt sîe síh úmbe dáz. únde féhtent
sie úmbe dáz? Táz neíst pór réht zála nîeht. sólichero
sarfî. Uuíle du mánnolichemo gágen sînên uuírden lônôn?
Sô tûo sús. Mínne die gûotén nâh réhte. únde hábe gnâda
dero úbelôn.

CUR RES QUASI FORTUITIS CASIBUS MISCEANTUR.
ITA UT BONIS MALA. MALIS BONA CONTINGANT.

Dô chád íh. Uuóla gesího íh. uuélih sâlighéit álde
uuélih uuênéghéit án íro béidero fréhten stánde. dero gûo-

---

dignos odio, sed potius miseratione iudicemus, multo
magis non insequendi sed miserandi sunt, quorum mentes omni languore atrocior urget improbitas.

> Quid tantos iuuat excitare motus
> Et propria fatum sollicitare manu?
> Si mortem petitis, propinquat ipsa
> Sponte sua, ⌐uolucres nec remoratur equos,
> Quos serpens, leo, tigris, ursus, aper
> Dente petunt, ⌐iidem se tamen ense petunt.
> An distant quia dissidentque mores,
> Iniustas acies et fera bella mouent,
> Alternisque uolunt perire telis?
> Non est iusta satis seuitiae ratio.
> Uis aptam meritis uicem referre?
> Dilige iure bonos, et miseresce malis.

Heic ego, uideo, inquam, quae sit uel felicitas, uel
miseria in ipsis proborum atque improborum meritis con-

tòn ióh tero úbelòn. nóh tánne fíndo íh óuh án sélbên
dien líutsâldòn. dáz kûot únde úbel íst. | Táz skînet uuóla. 207.
an déro uuéli dero nuîsôn. dáz íro nehéin sô gérno neíst ‒
íhselîg. únde árm. únde fersíhtîg. sô gérno er héime íst
rîche. únde geêret. únde máhtîg. únde in állên geréchen.
Sô trîbent sie dáz ámbáht íro uuîstûomes skînbaròr. únde
mít pézerùn geiîhte. úbe íro sâligbéit. únz sie den líut
ríhten súlen. hína ióh únder die ûzeren gemâret uuírt.
Vnde uuîo iz sô fáre. sô chárchare. únde êo bûoh. únde
állíu áfter êo fúndeníu uuîze. scádelên súln. úmbe díe siu
gesézzet sínt. zíu dés sólh uuéhsel sî. únde léid tie gûoten.
drúcche. fúre die úbelen. unde dero gûotòn êra die úbelen
irzúcchên. dés uuúnderòn íh míh hárto. Vnde gelírnên íh
kérno fóne dír. uuélih réda sô únréhtero mískelungo sî.
Íh ne uuúnderoti míh is nîeht. úbe íh állíu díng klóubtî
tuuárôn *) ìn únguuíssên geskíhten. Kót ríhtare. ér getûot
mîna erchómeni míchela. Tánne er sô gesít íst. táz er ófto
gíbet vuúnna dien gûotên. árbeitsami dien úbelên. únde
áber dára gágene árbeitsami dien gûotên lústsámi dien

----

*) Es steht tvnuárôn.

----

stituta. Sed in hac ipsa fortuna populari, non nihil boni
maliue inesse perpendo. Neque enim sapientum quisquam
exsul, inops. ignominiosusque esse malit potius, quam
pollens opibus, honore reuerendus, potentia ualidus. in sua
permanens urbe florere. Sic enim clarius testatiusque
sapientiae tractatur officium, cum in contingentes populos
regentium quodam modo beatitudo transfunditur; cum
praesertim carcer, lex, ceteraque legalium tormenta poenarum pernitiosis potius ciuibus, propter quos etiam constituta sunt, debeantur. Cur haec igitur uersa uice mutentur,
scelerumque supplicia bonos premant, praemia virtutum
mali rapiant, uehementer admiror, quaeque tam iniustae
confusionis ratio uideatur, ex te scire desidero? Minus
enim mirarer, si misceri omnia fortuitis casibus crederem.
Nunc stuporem meum deus rector exaggerat, qui cum
saepe bonis iucunda, malis aspera, contraque bonis dura

úbelên. íh ne fínde dés réda. nuáz sól iz mír dánne dúnchen sîn geskéiden. fóne dîen unîlo unánchigên geskíhten?

Nehéin vuúnder chád si. úbe man dáz nuânet sîn únrihtîg. únde fervuórren. fóne dés ordine nehéin réda geéiscôt ne íst. Áber dób tû ne unízist. uuáz tiu méinunga
si. so máhtîgero réchenúngo. uuánda áber gûot ríhtare íst.
tér dia uuérlt métemêt. sô ne zuîuelo. dés. núbe iz állez
uuérde réhto geréisôt.

[Uuánda dés íst nôt. ut rectus recte agat.
Tíu zuéi sínt kçuuétíu.. Pedíu héizet táz argu-|
208. mentum a coniugatis.]

MERITO MIRA UIDERI. QUORUM RATIO NESCITUR.

So uuér arcturum ne uuéiz stân hára uuíder den nórdkíbel des hímeles. únde zíu signum bootis [an démo
arcturus stât.] lángséimo fólgee demo uuágene. únde trâgo
ze sédele gánge. únde áber spûotigo ôf kánge. tés vuúnderôt
sîh nôtc. uuîo iz síh sô gezíhe. dâr óbe úns in hímele.

[Uuánda der nórdkíbel íst óbe érdo. álsu der
súntkíbel íst únder érdo. bedíu ne gânt tíu zéichen nîeht in sédel. díu náhôst ímo suéibônt. álso
arcti tûont. tie die líute héizent uuágen. Tíu
éteuuaz férrôr stânt. álso bootes tûot. tíu gânt ze
éinero

---

tribuat, malis optata concedat; nisi causa deprehendatur,
quid est quod a fortuitis casibus differre uideatur? Nec
mirum, inquit, si quid ordinis ignorata ratione temerarium
confusumque credatur. Sed tu quamuis causam tantae
dispositionis ignores, tamen, quoniam bonus mundum rector
temperat, recte fieri cuncta ne dubites.

Si quis arcturi sidera nescit
Propinqua summo cardine labi,
Cur legat tardus plaustra bootes,
Mergatque seras aequore flamas,
Cum nimis celeres explicet ortus,
Legem stupebit aetheris alti.

Pal-

éineŕo uuílo in sédel. sô. dáz siu lúzzeln fárt tûên únder érdo. uuíder díu siu tûont óbe érdo. Tér dés |nŕeht ne uuéiz. tér mág síh is vuúnderòn. Duę arcti. dáz sínt duę ursę. ęlix únde cynosura. Elix héizet tiu mêra. án déro síhet man septem stellas claras. díe septentrio héizent. Téro fólgêt bootes. uuánda er hínder íro gât. únde so uuára si bechêret íro posteriora. dâr síhet man bootem.]

Mág ín óuh uuv́ndèr sîn. zíu fóllêr mâno. dánne eclypsis lunę ín mítta náht uuírt. álłes káhes petûnchellêr. die mínneren stérnen skînen lâze. díe ér fóre dáhta. úns er gláto skînen mûosa.

[Tôz íst óffen. dáz ter mâno fóne ímo sélbemo lîeht ne hábet. únde ín diu súnna ánaskînendo lîehten gełûot. únde er ío in férte íst fóne dero súnnûn. álde zûo dero súnnûn. Fóne díu geskíhet. tánne er in plenilunio sô gegât. táz er dero súnnûn réhto inchît. ánderhálb tes hímeles. únde díu érda únder ín zvískên íst. táz ímo an déro stéle gebrístet sînes lîehtes. únz ér áber fúrder gerúcchet. târ ín diu súnna ána skînen mág. Tér brésto héizet eclypsis lunę.]

Sô erchóment síh tie lîute. dés sie álłe dánne sínt írre. [Ist sie vuúnder uuáz iŧ méine.] V́nde dánne frâgênt sie is ío. únz ten hímel | sélben. mág íro frâgènnes erdríe- 209, zen. Áber dára gágene neíst tés níomannen vuúnder — *n.}* sô der uuínt uuábet. táz tiu vuélla án den stád sláhet.

Palleant plenae cornua lunae
Infecta metis noctis opacae,
Quaeque fulgenti texerat ore|
Confusa phebe, detegat astra.
Commouet gentes publicus error,
Lassantque crebris pulsibus aera.
Nemo miratur flamina cori
Litus frementi tundere fluctu,

Nóh taz is smélzen: fóne dero súnnûn hĕizi. [Ziu ist táz.]
Uuánda díse causę sémfte sint ze bechénnenne. áber díse
causę siut úusémfte ze bechénnenne. uuánda sie síh pérgent. Ál dáz sélten geskihet. Únde dés síh taz smáda líut
erchúmet. sô iz káhes keskihet. Uuérdent sie dés errihtet.
Sô uuírdet sâr uuŭnderônnes énde.

Íst álso chád íh.

PETITIÒ. ET QUAM DIFFICILIA SINT AD PRESTAN-DUM QUAE PETUNTUR.

Sîd áber dîn éinûn íst ze ságenne. uuáz állero díngo-
líh mĕine. únde tóugene réda ze récchenue. zíu dáz sî.
dés ih frâgeta. uuánda is míh sô héuig vuúnder gefáhet.
píto-íh táz tu mír ságeêst. únde míh is errihtêst,

Sî dô, éin lúzzel mír zûolachende. nù chád si, uuîsest
tu míh ze állero frâgôn méjstûn. téro nîomêr ántuuúrtes
ne gnûoget. Íro íst sólih ze ántuuúrtenne. únde sô getân
díng íst sî. dáz éinemo zuîuele benómenemo. mánige dára
fúre chôment. álso herculi geskáh. tô er den vuúrm sláhen
sólta. dér grece héizet ydra.

[Latine excedra. sô er ímo éin hóubet ába,

Nec niuis duram frigore molem
Feruenti phebi soluier aestu.
Heic enim causas cernere promtum est;
Illic latentes pectora turbant
Cuncta, quae rara prouehit aetas,
Stupetque subitis mobile uulgus.
Cedat inscitiae nubilus error,
Cessent profecto mira uideri.

Ita est, inquam.

Sed cum tui muneris sit latentium rerum causas euol-
uere uelatasque caligine explicare rationes: quaeso uti hinc
decernas, et quoniam hoc me miraculum maxime perturbat,
edisseras. Tum illa paullisper arridens: ad rem me, inquit,
omnium quaesitu maximam uocas, cui uix exhausti quidquam satis sit. Talis namque materia est, ut una dubita-
tione succisa innumerabiles aliae, uelut hydrae capita, suc-

erslûog. sô eruuûohsen dâra fúre dríu. únde dîen
úba erslágenên. mánigiu.]

Nóh íro nehéin .méz ne uuírt. sîe ne uuérden bo-
duúngen mít chécchemo fîure des sínnes.

[Álso hercules téta lernam paludem. dánnân
dísíu fabula errúnnen íst. Uuánda ér iz peuuérfen
únde bestôzen ne máhta. íz ne brâche. ío ûz. pedíu gieng er iz ána mít temo fîure. mít témo
irbár ér iz.]

Dâr íst ána ze frâgênne. dero gótes sléhtûn prouidentię.

[Sî íst sléht. únde | éinfálte. únde úngelîh mán-
nesprouidentię. uuánda sî sáment. únde éines scúzes
ána síhet. táz ménnisko échert súmez ánasíhet únde
dáz sélba ánasíhet éinzên mâlen. álso sî bára nâh in
quinto libro lêret. Fóne díu íst ménniskôn prouidentia. dáz uuír héizen fú redáhte. únde beuuárunga.
Aber gótes prouidentia. dáz íst tíu sámenthâftîga
óbesíht. tíu úngetéilet íst. per tempora et loça. mít
téro sáment pegríffen sínt. presentia. preterita.
et futura. superiora et inferiora. Uuánda áber sîn
prouidentia uuîlôn genémmet stât fúre prescientiam. bedíu uuírt si oúh kedíutet fóregeuuízeda
álde fóresíht. náls nîeht proprie. núbe nâh tero
ménniskôn fóresíhte. únde fóreuuízenne. Sáment
kóte íst iz állez ánasíht. únde óbesíht.]

Fóne déro hína gerécchedo des kótes uuíllen. Fóne
gábên geskíhten. Fóne gótes pechénnedo. únde benéimedo.
Fóne dero sélbuuálo.

[Hîer íst ze uuízenne. dáz uuír dûrb sémfti
ántfristoên liberum arbitrium. sélbuuala. sámo so
liberam electionem. Áber boetius lêret únsih in

tertio libro secundę editionis periermeniarum. dáz
uuír liberum arbitrium spréchen súlen mít subauditione uoluntatis. álso liberum uoluntatis arbitrium. Uuánda únsih kót hábet ketân arbitros.
únde iudices uoluntatum nostrarum. uuédcr sie
sîn bonę álde malę. bedíu chît liberum uoluntatis arbitrium. sélbuualtîg chîesunga des uuíllen.
Aber úqbe uuír ehéden. daz liberum arbitrium
héize libera uoluntas. sô râmeên uuír dés sélben
únde éigen dánne drív uuórt feruángen mít zuéin.
Díu zuéi sôltôn uuír díuten uuílleuualtigi. âne
dáz iz mít úns tîa significationem hábet. tîa apud
latinos hábet liberalitas. álso terentius chît. seruie-
bas liberaliter. Ɖáz chédên uuír. Dû dîenotôst
uuílleuualtigo.]

Uuîo suâre dáz sî. dáz íst tír chúnt. Uuánda áber
dáz óuh triffet ze dînero gnîste. úbe du iz fernémen mûost.
táz téro fríste ze lúzzel sî. fóre dísses pûoches ùzlâze. íh
pedîo (sic) iz tóh ze ságenne. Lúste díh métersánges.
dés pît tîa uuîla. únz íh tír geuuébe áfter órdeno. dîc zesámine hábigen rédâ.

211.   Also du uuéllêst châd íh. |
Sî dô sámo so ze éinemo ánderes síndes ánafâhende.
spráh si sús.

DE PROUIDENTIA ET FATO.

Állero díngo gebúrt. únde állero uuéhseldíngo fárt.
únde ál dáz síh ín dehéina vuîs uuéget. táz hábet ál fóne

---

quae quanti oneris sint, ipse perpendis. Sed quoniam
haec quoque te nosse, quaedam medicinae tuae portio
est, quamquam angusto limite temporis septi, tamen
aliquid deliberare conabimur. Quod si tè musici carminis oblectamenta delectant, hanc oportet paullisper diffe-
ras uoluptatem, dum nexas' sibi ordine contexo rationes.
Ut libet, inquam. Tum uelut ab alio orsa principio, ita
disseruit.

Omnium generatio rerum cunctusque mutabilium naturarum progressus, et quidquid aliquo mouetur modo,

déro státigi des kótes uuîstûomes. zíu iz sî. vuîo îz sî. uuîolîh iz sî. Tíu sízzet in íro gûollichi. dûrh síh éinfaltíu. únde ríhtet ánderíu díng. in mánagfálta uuîs. Tíu sélba uuîsa hábet zuêne námen. éinêr íst. sô man íro gedénchet in sélbes kótes lûtteren uuîstûome. díu uuîsa héizet prouidentia. ánderêr íst. sô man án díu díng síhet. tíu sî trîbet. únde órdenôt. tíu héizet in áltiscûn fatum. [álso óuh únseres uuérches zuô uuîsâ sínt. éiníu. díu iz ín demo mûote íst. sáment disponeȳs. ánderíu. díu iz éinzên mít tien hánden íst efficiens.] Tíu gesíhet tér liḝhto (sic) uuésen geskéideníu. dér siu béidíu bedénchet. Uuánda prouidentia íst sélbíu díu in góte stánda rédebáfti. díu díngolih keséstot. Sô íst áber fatum sélbíu díu séstunga. ánaháftentíu állên uuébsellichên díngeu. mít tero prouidentia díngolih tuínget ze sînero órdeno.

Prouidentiá begrîfet tiu díng sáment. síu ne sínt nîo sô mísselîh. nôh íro neíst nîo sólih únénde. Fatum geríhtet siu éinzên in íro fárt. zetéiltíu dára únde dára. ze sólên únde sólên getâlen. ze dîen zîten. únde ze dîen. Ze déro uuîs. táz tíu geréccheda. díu déro órdeno dés zîtes fólget. ín dero gótes mûotes fóresíhte síh keéinlúzlichôn. —

---

causas, ordinem, formas, ex diuinae mentis stabilitate sortitur. Haec in suae simplicitatis arce composita multiplicem rebus gerendis modum statuit, qui modus cum in ipsa diuinae intelligentiae puritate conspicitur, prouidentia nominatur; cum uero ad ea, quae mouet atque disponit, refertur, fatum a ueteribus appellatum est. Quae diuersa esse facile liquebit, si quis utriusque uim mente conspexerit. Nam prouidentia est illa ipsa diuina ratio in summo omnium principe constituta, quae cuncta disponit: fatum uero inhaerens rebus mobilibus dispositio, per quam prouidentia suis quaeque nectit ordinibus.

Prouidentia namque cuncta pariter, quamuis diuersa, quamuis infinita, complectitur; fatum uero singula digerit in motum, locis, formis, ac temporibus distributa; ut haec temporalis ordinis explicatio, in diuinae mentis adunata prospectu, prouidentia sit: eadem uero adunatio digesta

tíu prouidentia héize. únde si áber éinzên málen geráhtiv fa-
tùm béize. | Tóh tíu zuéi éin ne sîn. dóh háftèt taz éin
án demo ándermo. uuánda fatum chúmet fóne prouidentia.
Álso der zímbermán. dáz er tûon uuíle. ze êrest in sînemo
mûote bíldôt. únde dára nâh vuúrchet. Vnde dáz ér in
sámoháftero ántuuvrti sînes mûotes pedâhta. éinzên mále-
zet. álso íst táz ketân. dáz kótes prouidentia in státero
éinlûzzegbéite. benéimet ze tûonne. únde ér iz mít fato
dára nâh mánigfalte. únde órdenlicho frúmet. So uuéder
fatum gefrúmet uuérde. fóne sélbes kótes septiformi spiritu
dero prouidentiê dienûntemo. álde anima dienôntero. álde
béiden. anima ioh corpore. álde súnnûn únde mânen. álde
éngelen. álde des tieuales líste. álde íro súmelichen dienontên. álde ióh állên dienontên. díu ríhti des fati geléitet
uuérde. sô íst io dáz kuís. prouidentiam uuésen stílla. únde
éinstûodela scáffunga dero geskéhen súlndôn díngo. áber
fatum fértiga chnúpfeda. únde zîtlicha órdena. déro. díu
gótes éinfalti scáffôta ze tûonne.

---

atque explicata temporibus, fatum nocetur. Quae licet
diuersa sint, alterum tamen pendet ex altero. Ordo namque fatalis ex prouidentiae simplicitate procedit. Sicut
enim artifex faciendae rei formam mente percipiens mouet
operis effectum, et quod simpliciter presentarieque pro-
spexerat, per temporales ordines ducit: ita deus prouidentia quidem singulariter stabiliterque facienda disponit;
fato uero haec ipsa, quae disposuit, multipliciter ac tem-
poraliter administrat. Siue igitur, famulantibus quibusdam
prouidentiae diuinis spiritibus, fatum exercetur, seu anima,
seu tota inseruiente natura, seu caelestibus siderum motibus, seu angelica uirtute, seu daemonum uaria solertia,
seu aliquibus horum, seu omnibus fatalis series texitur;
illud certe manifestum est, immobilem simplicemque ge-
rendarum formam rerum esse prouidentiam, fatum uero
eorum, quae diuina simplicitas gerenda esse disposuit,
mobilem nexum atque ordinem temporalem.

SPIRITALES CREATURAS PROUIDENTIAE. CORPO-
RALES FATO SUBIACERE.

Fóne díu ist iz só gelégen. dáz úndertaníu fato. úndertân sîn prouidentię. déro ióh fatum úndertán ist. Vnde áber súmelichíu prouidentię úndertâníu. fatum úberstîgên. Táz sínt tíu. díu sáment kóte gestâttíu. fóne sînero nâhuuertigi. dîa órdena des lóufenten fati ne lident.

[Tíu sínt úndertân prouidentię. díu, in íro uuîs stâle sínt. únde áber díu fato. díu fóne îmo getríben uuérdent. | Sô íst óuh fatum úndertân prouidentię. uuánda prouidentia fóre íst. an gótes uuíllen. únde dén uuíllen fatum nâhkando fóllót.]

Suspensio uocis. Also dero mánigôn ríngo dîe au demo ráde úmbe, éinen stéft uuérbent. tér únder állên der innerôsto íst. tér náhôst stéfte íst.

Et hic. Únde er óuh tien ánderên. ûzôr *(sic)* úmbe in lóufentên. dúrh tîa nâhi des stéftes. sélbêr sámo so stéft íst.

Et hic. Áber der ûzerôsto mêren suéib hábende. sô fílo uuítor síh zetûot. sô fílo er férrôr íst. fóne déro gnôti des stúpfes târ in míltemen.

Et hic. Táz síh áber hábet zûo demo mítten. síh zesáminc duínget. únzegréitez. únde únzerlâzenez.

Depositio. Ze déro sélbûn uuîs uuírt táz peuuvínden

213.

Quo fit, ut omnia, quae fato subsunt, prouidentiae quoque subiecta sint, cui ipsum etiam subiacet fatum. Quaedam uero, quae sub prouidentia locata sunt, fati seriem superant. Ea uero sunt, quae primae propinqua diuinitati stabiliter fixa fatalis ordinem mobilitatis excedunt. Nam ut orbium circa eundem cardinem sese uertentium, qui est intimus, ad simplicitatem medietatis accedit, ceterorumque extra locatorum ueluti cardo quidam, circa quem uersentur, existit; extimus uero maiore ambitu rotatus, quanto a puncti media indiuiduitate discedit, tanto amplioribus spatiis explicatur: si quid uero illi se medio connectat et societ, in simplicitatem cogitur diffundique ac diffluere cessat. Simili ratione quod longius a prima mente

mít mêrên béndelen, des fati. dáz férro gerúcchet fóne
demo fóre gânden uuíllên, [j. dei prouidentia.] Vnde íst
tíngolíh sô filo inbúndenôra, des fati. sô uílo iz náhôr gerúcchet zû demo ínnerôsten ángen.

[Úbe dû frâgêst uuélez tîe háftâ. únde díu
gebénde sîn. únde chnúpfedâ. dáz sínt tîe causę
állero díngo. die fásto zu ín hábent sélben díu
díng. téro causę sie sínt. Álso iz tánne féret. sô
fóne súndôn ira dei geskíhet. únde dánnân intem-
peries. únde fóne intemperie morbi. fóne morbis
mors. Téro îogelíh hábet síh zu demo ándermo.]

Úbe iz síh óuh knôto hábet zu déro fésti dero gô-
tes prouidentię, sô íst iz inbúnden uuéhseles. únde sô íst
iz âna dîa nôt tes fati.

[Díu uuéhsel lîdent. tíu sínt terrena. Uuélên
(sic) uuéhsel lîdent áber cęlestia? Fárên óuh cę-
lestes nuntii de loco ad locum. táz sie dóh inlo-
caliter tûont. uuánda sie ne hábent ante. et retro,
dextram et sinistram. supra et infra. sô corporalia
hábent. sîe sínt ínuuert îo dóh únueruuéhselôt.
tero gótes presentię. áber dîe sô ínuuertîg kóte
sínt. táz sie íro stát ne uuéhselônt. nóh póteskáft
ne trîbent. álso die scrífte | ságent fóne cherubim.
únde seraphim. uuélên *(sic)* uuéhsel múgen uuír
chéden. dáz tîe lîdên?]

Fatum hábet tîa comparationem ad prouidentiam,
dîa ratiocinatio hábet ad intellectum.

[Sô uuír éin fóne ánderên errâtên. álso aristotiles lêrta, dáz íst ratiocinatio. Humana sapientia hábet tîe modos fúnden. Die uuérdent tánne
euacuati. sô ménniskôn múgen hímeliska índân

---

discedit, maioribus fati nexibus implicatur', ac tanto
aliquid fato liberum est, quanto illum rerum cardinem uicinius petit. Quod si supernae mentis haes-
erit firmitati, motu carens, fati quoque supergreditur
necessitatem. Igitur uti est ad intellectum ratiocinatio,

uuérdent. únde íro sín ûſkezúcchet uuírt. tíu ze
bechénnenne. díu nehéin ratio philosophica ne
bechénnet. Án dien ist intellectus. Álso uuír uuízen. dáz kót úber ál íst. únde ér sô íst ín dero
uuerlte. dáz er sîa begrîfet. náls ſî ín. Ér íst sô
dar ínne. dáz er dar ínne úmbetân ist. Ze uuélero uuîs táz ſî. dés ne uuéiz humana ratio nîeht.
diuina intellegentia lêret iz. Tíu questio bechúmet
úns noh in quinto libro.]

Fatum íst óuh ze prouidentia. álso dáz tir uuírdet.
ze démo dáz tir íst.

[Táz tir uuírdet. táz zegât óuh. únde uuéhselôt síb. tîa uuîla iz uuérêt. Álde úbe iz zegân
ne sól. sô íst iz uuíhselîg. únz iz kót únuuíhselîg
ketûot. álso er téta bonos angelos in ruina malorum. Aber gót tér dir íst. tér íst únzegánglîh.
únde únuuíhselîg.]

Íst óuh fatum gâgen prouidentia. álso zîte gágen
êuuighéite. [Zîte lóufent per tria tempora. preſens. preteritum.
et futurum. êuuighéit stât ío ze stéte in preſenti.] Únde
álso der ríng gágen démo stúpfe. dér in míttemen stât.

[Ter ríng hábet sînen gáng úmbe. únde sîna
mâza. únde sîna uuîti. der stúpf ne hábet mícheli
nehéina. pedíu íst er âne mâza. únde âne partes.
Indiuidua rés (sic) íst er.]

QUANTUM POSSIT FATUM.

Tíu rihti dés sélben fati. díu fûoret úmbe den hímel.
mít tien stérnôn.

[Fatum hîezen die álten líute. sô seruius chît.
uocem iouis. sámo so dáz mánnolichemo sólti ge-

---

ad id quod est, id quod gignitur, ad aeternitatem tempus,
ad puncti medium circulus: ita est fati series mobilis ad
prouidentiae stabilem simplicitatem.

Ea series caelum ac sidera mouet, elementa in se in-

_ skéhen. dáz er ímo spréchendo erlégeti. Tánnân díutent knûoge. fatum úrlag. Aber sô gótes uuíllo ergân sól. an ételichên geskíhten. únde an sinero ûzuuertigûn séstungo. diu ínnera geskéinet sól uuérden. diu úzuuertiga séstunga. sô ôuh târ fóre geságet ist. héizet fatum. álso diu ínnera béizet prouidentia. díu gerécheda. díu dâr ána ist. únde díu órdena. fóne ánagénne ûnz in ûz. tíu héizet series a serendo. nâh tes áchermánnes sáhenne. dér hína áfter déro léngi dero fúrebe sáhet. ûnz er dúrhkât.] |

215. Sî gemétemêt únde geéinmûotet tiu elementa. únder ín dóh siu ín sélbên contraria sîn.] únde gibet ín hértuuíhselig pílde.

[Uuánda fóne hórouue uuórtene ménnisken. áber ze hórouue uuérdent. únde áber ze ménniskôn. áber fóne uuázere uuórtene fógela. ze uuázere ne uuérdent. núbe ze hórouue.]

Tíu sélba ríhti des fati. [dáz chît tero ûzerûn gótes séstungo.] tíu geníuuôt únde ersézzet állíu mûrfaríu díng. tíu míttunt uuérdent. únde míttunt zegânt. mit kelîchên uuûocheren. íro sâmen. ióh íro fáseles. Tísíu duínget oúh tero ménniskôn tâle. únde íro uuîlsâlda. mit féstemo bánde dero úrhabo.

[Nîeht ne geskíhet árdingun. éteuuánnân geskíhet iz îo. álso tôd tûot fóne súhte. álde fóne vuúndûn. Tánnân iz keskíhet. táz ist sîn úrhab. táz íst sîn sâmo. dáz íst sîn máchunga. dáz íst sîn errécheda. tíu iz fásto zu íro bíndet.]

Tíu ríhti sól nôte únuuéndig sîn. uuánda si énnân

---

uicem temperat et alterna commutatione transformat. Eadem nascentia occidentiaque omnia per similes fetuum seminumque renouat progressus. Haec actus etiam fortunasque hominum indissolubili causarum connexione constringit; quae cum ab immobilis prouidentiae proficiscantur exordiis

chúmet fóne dero státûn prouidentia. Sô réisôt iz állez
kót pézest. úbe sînes múotes éinfalti. únuuéndiga órdena
gíbet téro sâmôn. die díngolih réccbent. Tisêr ûzero órdo.
fóne demo ínneren chómenêr. mûoze duíngen mít sînero
únuuéndigi. diu uuéndigen díng. tíu ánderes *(sic)* uuîs
únrihtigo uuéibotîn. Tánnân íst táz. so uuîo íu dísen ordinem ne bechénnentên. állíu díng túnchên feruuórreníu.
únde írresámíu. nîeht túrh táz mín sîn uuîsa ze gûote râ-
mendíu. állíu díng keréchenoe. Úmbe úbel ne tûot nîoman
nîeht. nóh sâr sélben die úbelen | die ze gûote râmende. 216.
der írredo uuéndet. sô ih knûoge geságet hábo. uuîo sólti
dánne fóne góte chómenêr órdo. síh ánderes rérten âne
nâh ímo?

EX OCCULTIS PROUIDENTIAE DISPENSARI. QUAE BONIS ET MALIS CONUENIANT. ET HOC HOMINES MIRARI.

Sô chîst tu. uuélih únúnderskéit mág únréhtera
sîn. tánne gelîcho. gûotên. ióh úbelên. lîeb únde léid pe-
gágene. Sínt tie líute dánne sô gánzes sínnes. táz tie. die
sie gûote áhtônt. álde úbele. nôte sô sîn. sô sîe sie áhtônt.

---

ipsas quoque immutabiles necesse est esse. Ita enim res
optime reguntur, si manens in diuina mente simplicitas indeclinabilem causarum ordinem promat: hic uero
ordo res mutabiles et alioqui temere fluituras propria
inconmutabilitate coërceat. Quo fit, ut tametsi nobis hunc
ordinem minime considerare ualentibus confusa omnia
perturbataque uideantur, nihilo minus tamen suus modus
ad bonum dirigens cuncta disponat. Nihil est enim quod
mali causa nec ab ipsis quidem improbis fiat: quos, ut
ubérrime demonstratum est. bonum quaerentes prauus error auertit, ne dum ordo de summi boni cardine profi-
ciscens a suo quemquam deflectat exordio.

Quae uero, inquies, potest ulla iniquior esse confusio,
quam ut bonis tum aduersa, tum prospera, malis etiam
tum optata, tum odiosa contingant? Num igitur ea mentis
integritate homines degunt, ut quos probos improbosue
censuerint, eos quoque, uti existimant, esse necesse sit?

Tríuuo dâr ána missehéllent ío die líuto. únde díe éínên
dúnchent kûotes uuérde. tîe dúnchent ánderên úbeles uuérdo.
Nù chédên dóh sô. dáz éteuuér chûnne gechîesen. uuélêr
gûot. álde úbel sî. Mág er oúh tia ínnerûn uuîolichi des
mûotes uuízen. sô die árzata án dien lîchamôn chédent.
táz. sie uuízîn? Sámo míchel vuúnder mág témo dúnchen.
dér iz ne uuéiz. zíu gesúndên lîchamôn. súmên sûoze.
súmên éiuer geuálle. Zíu óuh sîeche súmeliche genéret
uuérden. mít sûrên sáchòn. súmeliche mít málzèn. Áber
dén arzât. têr dáz méz únde dîa métemunga bechénnet.
sîechhéite. ióh kesúndedo. dén ne gefábet tés nehéin vuún.
der. Uuáz mág ánderes sîn des mûotes kesúndeda. âne
gûoti? Únde uuáz sîn sîechi. âne áchuste? Uuér íst oúh.
tér gûot ínne hálte. únde úbel ûztrîbe. âne gót tero |
217. ménniskôn mûoto ríhtare. ióh árzenare? Sô er ába deno
chápfe. sînero prouidentie. hára níder uuártendo chíuset.
uuáz îogelichemo gelímfe. dánne gíbet er ímo. dáz er ímo
bechénnet límfen. Sô geskíhet tánne. dáz súnderglichà
vuúnder. dés in ríhti fárenten úrlages. táz kót uuízendo
tûot. tés síh únuuízende erchómên.

Atqui in hoc hominum iudicia depugnant, et quos alii
praemio, alii supplicio dignos arbitrantur. Sed concedamus,
ut aliquis possit bonos malosue discernere. Num igitur
poterit intueri illam intimam temperiem. ueluti in corporibus dici solet, animorum? Non enim dissimili est miraculum nescienti, cur sanis corporibus, his quidem dulcia,
illis uero amara conueniaut, cur aegri etiam quidam lenibus, quidam uero acribus adiiuuantur. At hoc medicus,
qui sanitatis ipsius atque aegritudinis modum temperamen-
tumque dignoscit, minime miratur. Quid uero animorum
aliud salus uidetur esse, quam probitas? quid aegritudo,
quam uitia? Quis autem alius uel seruator bonorum, uel
malorum depulsor, quam rector ac medicator mentium
deus? Qui, cum ex alta prouidentiae specula respicit,
quid unicuique conueniat, agnoscit, et quod conuenire
nouit, accommodat. Hinc iam fit illud fatalis ordinis
insigne miraculum, cum a sciente geritur, quod stupeant
ignorantes.

HOMINES ET PROUIDENTIAM. NON EADEM SENTIRE.

Táz íh tír dóh nú éteuuaz crúnde des kótelichen dínges. sô fílo mánnes sín mág. déa du réhtesten áhtôst. únde
állero ébenesten. tér gedúnchet ánderes tero ál uuízentûn
prouidentię. Únde dáz íst. táz iú mín hóldo lucanus spráh.
tien góten daz negotium lîchên. démo der sígo chómen
uuás. áber dáz catoni. démo sîn gebrósten uuás.

[Úbe in causa cęsaris ne lîcheti. nóh się ímo
dês síges ne húlfîn. úbe oúh catoni ióh sigelô-
semo causa pompeii uuóla ne lîcheti. sô ne dûobti
ímo nîeht péƶera. dâz er síh sélben erslûoge.
dánne er síh cesari ergábę.]

Fóne díu uuízîst. sô uuáz tu hîer in uuérlte gesî-
hest. uuíder dînero gedíngi. geskéhen. táz íst állez réhtíu
réisunga dien díngen. únde áber únréhtíu feruuórreni. dînemo uuâne.

[Târ hábet si ímo geántuuúrtet-sînero frágo.
so uuîo si ímo éinzên nóh táz sélba geóugen
uuélle.]

DISPENSATIONIS UARIETAS ERGA BONOS.

Nú sî óuh ételichêr sô réht sítigêr. dáz ín gelîcho
áhtoên. gót únde mán. Sô íst er, mág keskéhen, uuéihmùo-
tîg. Úbe démo léides îeht pegágenet. dánnân gestât er ôde-

Nam ut pauca, quáe ratio ualet humana, de diuína
profunditate perstringam, de hoc, quem tu iustissimum et
aequi seruantissimum putas, omnia scienti prouidentiae
diuersum uidetur. Et uictricem quidem causam diis, uictam
uero catoni placuisse familiaris noster lucanus admonuit.
Hic igitur quidquid citra spem uideas geri, rebus quidem
rectus ordo est; opinioni uero tuae peruersa confusio.

Sed sit aliquis ita bene moratus, ut de eo diuinum
iudicium pariter humanumque consentiat; sed est animi
uiribus infirmus: cui si quid eueniat aduersi, desinet colere

uuano síh klóuben dero réhtkérní. mít téro ímo nchéinero
218. sálighéite ne spûota. | Témo líbet kótes métemunga. nóh
tén ne stôzet sî in árbéite. uuánda iz ímo ne límfet. únde
iz ín árgerôt. Sô íst ételichêr állero túgede fóllêr. héiligêr.
ióh kótelichêr. dén áhtôt kót únuuírdigen állero múhi. sô
férro. dáz er ín nóh sieh ne lâze uuérden. Uuánda sô
mîn uuîsero éinêr chád héilîges mánnes lîchamen. hábent
túgede sô gefésténôt. táz ímo nîeht tárôn ne mág.

[Uuîsero chît si. Uuér mág uuîsera sîn.
dánne sélbíu sapientia? Áber dóh sô chédendo.
lêret si únsih humilitatem.]

Keskihet oúh ófto. dáz kûotên genuált ze hánden
chóme. dâr ûmbe. dáz ernuáhsen úbeli. mít ín bedébet
uuérde. Súmelichên lâzet kót péidíu begágenen. árbéitsamíu.
ióh kemáhsamíu díng. nâh íro mûotes vuîolichi. Súmelichi
zuénget er hína be déro uuîlo. nio sie fóne lángero ge-
máhlibi ne geméitesoên. Súmeliche uuîle er mít árbéiten
gebéizet uuérden. táz sie túgedigíu mûot geuuínnên. sih
hértendo. únde uuónendo gedúlte. Súmeliche erchóment
síh tés. úndúrftes. táz sie uuóla erstréngen máhtîn. ándere

---

forsitan innocentiam, per quam non potuit retinere fortunam. Parcit itaque sapiens dispensatio ei, quem deterio-
rem facere possit aduersitas, ne cui non conuenit laborare
patiatur. Est alius cunctis uirtutibus absolutus sanctusque
ac deo proximus; hunc contingi quibuslibet aduersis ncfas
prouidentia iudicat, adeo ut ne corpores quidem morbis
agitari sinat. Nam ut quidam me quoque excellentior ait,
uiri autem sacri corpus uirtutes edificauerunt. *) Fit autem
saepe, uti bonis summa rerum gerenda deferatur, ut exu-
berans retundatur improbitas. Aliis mista quaedam pro
animorum qualitate distribuit; quosdam remordet, ne longa
felicitate luxurient; alios duris agitari sinit, ut uirtutes
animi patientiae usu atque exercitatione confirment. Alii
plus aequo metuunt, quod ferre possunt; alii plus aequo

---

*) Die griechischen Worte, die durch diesen Satz übersetzt werden,
sind in der Handschrift folgendermafsen entstellt: andros de ieras dau-
masa aliteres icodomeson.

fertrûênt sih ze férro. die béide brínget er in ángest, táz
sie sih. sélben bechéunên. Súmeliche hábent kuúnnen geuuáhtlichen námen in dero uuérlte. mít kûollichemo tôde.
[sô iudas machabeus.] Súmeliche úmbe réht kechélite.
únde dés únerstrítene. tâten ánderên dés pílde. dáz uuâríu
túged mít vuêuuôn úberuuvnden ne uuírt. Uuîo réhto. únde
uuîo órdenlicho. díu állíu geskéhên. táz íst ióh kuís. fóne
déro sélbûn sâlighéite. dîen díu geskéhen sínt.

QUAM UARIE ET MALI DISPONANTUR. |

Táz úbelên oúh léid únde lîeb keskéhent. táz chúmet 219.
fóne démo sélben úrsprínge diuinę prouidentię. Nîoman
ne uuúnderôt sih. táz ín léid keskihet. uuánda sie ín állên
dúnchent úbeles uuírdige. Téro hárnscara tûot zuô frúmâ.
sî. cruuéndet ánderro scúlde. dísên dîen sî. ánagetân uuírt.
nímet si sic ába. Áber dáz ín lîeb kebúret. táz lêret knôto
die gùoten. fûre uuáz sie dîa sâlda bálten súlen. die ióh
tien úbelên zûoslíngent. Târ íb óuh táz uuâno gót méinen.
dáz súmeliches natura sô drâte únde sô úngehírmet íst.
táz er sih. fertâte úmbe ármote. Tén stíllet tiu prouidentia

---

despiciunt, quod ferre non possunt; hos in experimentum
sui tristibus ducit. Non nulli uenerandum sacculi nomen
gloriosae pretio mortis emerunt. Quidam suppliciis inex-
pugnabiles exemplum ceteris praetulerunt, inuictam malis
esse uirtutem: quae quam recte atque disposite, et ex eorum bono, quibus accidere uidentur, fiant, nulla dubita-
tio est.

Nam illud quoque, quod improbis nunc tristia nunc
optata proueniunt, ex eisdem ducitur causis. Ac de tristibus quidem nemo miratur, quod eos male meritos omnes
existimant; quorum quidem supplicia, tum ceteros ab sceleribus deterrent, tum ipsos, quibus inuehuntur, emendant;
laeta uero magnum bonis argumentum loquuntur, quid de
huiusmodi felicitate debeant iudicare, quam famulari saepe
improbis cernant. In qua te illud etiam dispensari credo,
quod est forsitan alicuius tam praeceps atque impor-
tuna natura, ut eum in scelera potius exacerbare possit
rei familiaris inopia; huius morbo prouidentia collatae

sînero úbeli. mít téro mîeto des scázzes. Súmelichêr bechénnet uuîo er gelân hábet. únde sô ér dára zûo mízet
sîna sálda. sô íst er in fórbtôn. úbe ér sólicha vuúnna
ferlîese. dáz ímo iz tánne uuégen gestânde. Sô uuéhselôt
er sînen lîb. únde únsáldôn fúrhtendo. gelóubet er síh tero
úbeli. Úmbe súmeliche ergîeng iz sô. dáz sie íro mít únrehte geuuúnnena sálighéit. scráhta in uuírdiga ferlórníssēda.
Súmelichên uuárd kelázen geuuált. tie líute ze chélinne.
kûotên ze hértedo. úbelên ze íngéltedo. Tîh ne dárf nehéin vuúnder sîn. dáz éin úbelêr den ánderên chélet.
uuánda álso nehéin geméinmûotigi ne íst tero gûotôn. únde
dero úbelôn. álso ne íst óuh nîeht állíu gehélli únder sél-
220. bên dien úbelên. Uuîo ánderes. sîd íro fogelîh ióh mít |
ímo sélbemo strîtet. tien áchusten íro |uuízenthéit zedán-
sontên. Únde sie díccho dáz tûên. dáz íro uuízenthéite ze
tûonne ne íst. tóh sie iz tûên.

    [Sô íro uuízenthéit sie léidôt. sô strîtent sie
mít ín sélbên.]

    Tánnân ûz práhta díccho diu gótes prouiden-
tia. dáz éinchnûolicha zéichen. dáz úbele. ûzer úbelên gûote máchônt. [Táz íst táz vuúnder. dáz íh ságo.]
Sô únréhte geséhent. táz sie erlîden ne múgen ándere
únréhte.

---

pecuniae remedio medetur. Hic foedatam probris conscientiam spectans et secum fortunam suam comparans forsitan
pertimescit, ne rei, cuius iucundus usus est, sit tristis
amissio. Mutabit igitur mores, ac dum fortunam metuit
amittere, nequitiam derelinquit. Alios in cladem meritam
praecipitauit indigne aucta felicitas. Quibusdam permissum
puniendi ius, ut exercitii bonis et malis esset causa supplicii. Nam ut probis atque improbis nullum foedus est,
ita ipsi inter se improbi nequeunt conuenire. Quid ni?
cum a semelipsis discerpentibus conscientiam uitiis quique
dissentiant faciantque saepe, quae cum gesserint, non
fuisse gerenda decernant? Ex quo saepe summa illa prouidentia protulit insigne miraculum, ut malos mali bonos
facerent. Nam dum iniqua sibi a pessimis quidam perpeti
uiden-

únréhte. děro ház kefáhěndé. bechêrent sie síh ze gûoti
énên îlendo úngelíh sîn. dîe sie házênt.

NIHIL USQUAM MALI ESSE.

Éines kótes chráft íst sólih. táz ímo ióh úbel gûot
íst. uuánda ér iz kelímflicho brûochendo *(sic).* in gûot
peuuéndet. Tíu órdo dero gótes prouidentiae úmbehábet
álliu díng. úbe dehéinez uuénche ába dero guíssûn ríhti.
sînero órdeno. dáz iz sâr in ándera órdena bechêret uuérde.
nio únrihti in gótes ríche. îcht ferhénget ne uuérde.

[So uuélez sînen réhten vuég kehában ne.
uuíle. dáz uuírt îo dóh práht ze uuége. Tén nîd
tero undecim fratrum ioseph. au démo sie síh.
réhtes uuéges kelóubet hábetôn. dén brâhta gót
ze uuége. tô er ín mít téro occasione dés sélben
nîdes úber sic erhûob. únde sie fóre démo gedéumûota. dén sie síh uuándòn ferdrúcchet
hában.]

Tér máhtigo gót téta ío in uuérlte. ál dáz er
uuólta. Nóh ménniskôn neíst nieht kelázen ze uuízenne
álde ze gerédonne álle gótes rustunga. Échert uuóla si
dáz fernómen. dáz kót állero natûron skepfor *(sic).*

---

uidentur, noxiorum odio flagrantes ad uirtutis frugem re-
diere, dum se eis dissimiles student esse, quos oderant.

Sola est enim diuina uis, cui mala quoque bona sint,
cum eis competenter utendo alicuius boni elicit effectum.
Ordo enim quidam cuncta complectitur, ut quod ab assignata
ordinis ratione discesserit, hoc idem licet in alium, tamen
in ordinem relabatur, ne quid in regno prouidentiae liceat
temeritati, fortissimus in mundo deus omnia peregit. *) neque
enim fas est homini cunctas diuini operis machinas uel ingenio comprehendere uel explicare sermone. Hoc tantum
prospexisse sufficiat, quod naturarum omnium proditor deus

---

*) Der griechische Vers, zu dem diese Worte gehören, ist in der
Handschrift folgendermafsen entstellt: argalthon demetauta theonos panta
gopiin.

221. állíu díng sestôt. ío ze gûote siu chêrende. | Únde ze sínero
gelíchi duuíngendo. díu er geskûof. ferstôzet er ûzer síuemo
ríche. állero úbelolíh. mít téro nóthâftûn ríhti des úrlages.
uuánda er uuíle. dáz fóne gûote chómeníu gûot sîn. Tánnán íst táz. úbe du ze gótes réchenungo uuárt êst. táz tu
níonêr ne áhtôst nehéines árges íeht sîn. dés tie líute
uuânent tia uuérlt uuésen fólla. 'Nû gesího íh tób. táz fóne
suâri dero árbeitsamûn questionis. únde fóne múhi des
lánges ántuuúrtes. tíh áber sûozes sánges lángêt. Nû ge-
tríng *(sic)*. dáz íh tir gébe. dáz tû mít téro lábo fúrder
gerúcchêst.

EX DEI PROUIDENTIA OMNIA NE DISSOLUANTUR.
AMORE CONSTRINGI.

Úbe du gnôto bechénnen uuéllêst. uuío féste díu gótes êa sí. sô uuárte in hímel. dâr báltent tie stérnen ío
nôh fâsto dîa gehélli. dîa sie áfter íro gesézzedo ío hílten
(sic). Also iz târ âna skînet. táz tiu héiza súnna ne írret
ten chálten mânen sînero férte. Nóh elyx tíu drâtero.

---

idem ad bonum dirigens cuncta disponat; dumque ea,
quae protulit, in sui similitudinem retinere festinat, malum omne de republicae suae terminis per fatalis seriem
necessitatis eliminat. Quo fit, ut quae in terris abundare
creduntur. si disponentem prouidentiam spectes, nihil usquam mali esse perpendas. Sed uideo iam dudum te et
pondere quaestionis oneratum et rationis prolixitate fati-
gatum aliquam carminis exspectare dulcedinem. Accipe
igitur haustum, quo refectus firmior in ulteriora contendas.

Si uis celsi iura tonantis
Pura sollers cernere mente,
Adspice summi culmina caeli.
Illic iusto foedere rerum
Ueterem seruant sidera pacem.
Non sol rutilo concitus igne
Gelidum phoebes impedit axem.
Nec quae summo uertice mundi

férte umbeuuírbet pî démo hímel gíbele. álliu zéichen séhende in sédel gân. níomer síh he gérôt kebádòn in demo
mére uuázere. Ter ábentstérno chúndet ío dia năht. únde
dára gágene geántuúvrtet úns sámo mánigên mâlen. der
úhto stérno den dág. Sô geníuuôt mínna hértòn die úner-
drôzenen uérte. únde strîtîg úngezúmft flîhet (sic) fóne
hímele. Tísiu gehélli geéinot tiu uuíderuuartîgen elementa
mit kelîchên uuîson. | Sô gelîchên. dáz trúccheuez názemo. 232.
únde chált héizémo gebélle. únde daz liehta fiur béite ze
óberôst. tiu suára érda sinche ze nîderôst. Hínnân chúmet tero
blûomôn stáng. in dáz zît iâres. sô lénzo íst. Hínnân rîfét taz
chórn in súmerzît. Chúmet hérbest keládenêr mít óbaze. uvín-
ter názêr fóne régene. Tísiu mételmunga chícchet únde zúge-
dôt. so uuáz fonêr lébendes in uuérlte ist. Únde áber nuáu-
dôutíu kíbet si. nímet si. álliu uuórteniu in den dôd sóufen-

---

Flectit rapidos ursa meatus,
Numquam occiduo lota profundo,
Cetera cernens sidera mergi,
Cupit oceano tíngere flammas.
Semper uicibus temporis aequís
Uesper seras nuntiat umbras,
Reuehitque diem lucifer almum.
Sic aeternos reficit cursus
Alternus amor: sic astrigeris
Bellum discors exsulat oris.
Haec concordia temperat aequis
Elementa modis, ut pugnantia
Uicibus cedant humida siccis,
Iungantque fidem frigora flammis,
Pendulus ignis surgat in altum.
Terraeque graues pondere sidant.
Hisdem causis uere tepenti
Spirat florifer annus odores,
Aestas cererem feruida siccat,
Remeat pomis grauis autumnus,
Hiemem defluus irrigat imber.
Haec temperies alit ac profert
Quidquid uitam spirat in orbe:
Eadem rapiens condit et aufert,
Obitu mergens orta supremo.

tiv. Ínín díu sízzet óbenán der sképfo. únde rihtendo. chêret ér dero uuérlte zûol. hérro únde chúning. ánagénne únde úrspring. sélbíu diu êa. únde uuîse êtéilare. des réhtes. Únde díu ér eruuéget ze uérte. díu stâlet er. ze ímo zíhendo *(sic)* den zûol. únde uuéndet íro fárt. uuánda ér duuínget siu uuídere zû zeímo. Úbe er dáz ne tâte. únde er hína ríbtige férte. áber úmbebóugendo ne uuánti. sô zeflúgín únde vuúrtín âskerríu íro úrspringe. díu nû féstenôt kuísser ordo. Tíz íst tíu mínna fóne déro íh ságo. díu ín állên geméine íst.

   [Cót sélbo ér íst táz sie mínnônt. uuánda er summum bonum íst. únde siu fóne ímo chómen síot. Únde bedíu lústet siu gebúnden uuérden ze démo énde des kûotes. táz ér íst.]

Uuánda siu ánderes uuérên ne máhtín. siu ne súnnín uuídere. dára beuuántero mínno. ze démo góte. dér siu uuérden híez. tér íro állero causa íst.

BONAM ESSE OMNEM FORTUNAM.

Ne uernímest tû nû. uuáz nôte dísên állên fólgee?

Sedet interea conditor altus,
Rerumque regens flectit habenas,
Rex et dominus, fons et origo,
Lex et sapiens arbiter aequi,
Et quae motu concitat ire,
Sistit retrahens, ac uaga firmat.
Nam nisi rectos reuocans itus,
Flexos iterum cogat in orbes,
Quae nunc stabilis continet ordo;
Dissepta suo fonte faliscant.
Hic est cunctis communis amor,
Repetuntque boni fine teneri.
Quia non aliter durare queant,
Nisi conuerso rursus amore
Refluant causae, quae dedit esse.

Iamne igitur uides, quid haec omnia, quae diximus, con-

Uuáz chád íh? |

Kûot uuésen béide. sáldá ióh únsaldá.

Uuîo mág táz sîn chád íh?

Táz ferním chád sî. Tánne állero sáldolîh vuúnnesamíu. ióh árbéitsamív. úmbe dáz kelázen uuerde. táz si gûotên lônoe. álde sie béize. únde úbele ingélte. álde bézeroe. tánne íst nôte gûot. tíu réht álde núzze íst.

[Táz íst argumentum ab effecto. án demo effecto skînet. uuîolih tiu efficientia íst.]

Trâto uuâríu íst tíu réda. chád íh. Únde úbe íh péidíu ánasîho prouidentiam ióh fatum. fóne dien du nû míttunt ságetôst. sô hábet si míchele chréfte.

[Uuáz tríbet ánderes dei prouidentia. álde dispositio fati. mít állên fortunis. âne díu fieríu. lônôn álde ingélten. péizen álde bézerôn? Uuáz mág óuh réhteren sîn. únde dâr míte bézeren?]

Nû stôzen sia dóh úbe dír iz túnche. zu dien únglóublichên. dî du fóre ságetôst. [álso díu íst. dáz puniti mali sáligoren sîn dánne ínpuniti.]

Uuîo dánne chád sî. Zíu sól íh sie zu dîen stôzen?

Uuánda iz tero líuto gechôse íst chád íh. ióh tíccho. súmelichên fólgên úbele sálda.

Uuíle du chád si. dáz íh míh náhe zu dero líuto ge-

---

sequatur? Quid nam? inquam. Omnem, inquit, bonam prorsus esse fortunam. Et qui, inquam, fieri potest? Attende, inquit, cum omnis fortuna, uel iucunda uel aspera, tum remunerandi exercendiue bonos, tum puniendi corrigendique improbos, causa deferatur, patet quod omnis bona est, quam uel iustam constat esse uel utilem. Nimis quidem, inquam, uera ratio: et si quam paullo ante docusti prouidentiam fatumue considerem, firmis uiribus est nixa sententia. Sed eam, si, placet, inter eas, quas inopinabiles paullo ante posuisti, numeremus. Quid? inquit. Quia id hominum sermo communis usurpat, et quidem crebro, quorundam malam esse fortunam. Uisne igitur, inquit, paullisper uulgi sermonibus accedamus,

chôse. nio íh míh ze hárto ne skéide fóne démo émeze chôse
dero ménniskôn, [Uuíle du dáz íh klóublichôr chôsqe?]
Álso du uuéllêst chád íh.

Sumtum. Ne uuânest tu gûot sîn chád si, dáz núzze ist.
Dáz ist iz chád íh.

Sumtum. Tív fortuna, díu den mán beizet álde bézerôt chád si, neist tíu núzzera?*)
Dés iího íh chád ih.

Illatio. Sô ist si gûot chád si,
Uuîo ánderes chád íh?

    [An dísemo syllogismo hábet si síh kenáhet
zu dero líuto gechôse, uuánda dóh er dîa sélbûn
réda trîbe, sô oúh taz argumentum, dar fóre, síniu
uuórt sínt tóh tien ḱuten glóublichôren dánne éniv.]|

224.   Áber sús ketân fortuna chád si, díu den mán béizet
álde bézerôt, tíu ist éinuuéder, sô déro die túgedig sínt,
únde mít árbéiten ríngent, álde sie nû fóne âchusten ze
túgede fáhent.

Tés ne mág íh nîo gelóugenen chád íh,

PROBIS OMNEM FORTUNAM ESSE BONAM, ET IM-
PROBIS OMNEM ESSE MALAM.

Uuáz áber diu vuúnnesama chád si, díu ze lône dien
gûotên geskíhet? Chît oúh tîa der líut sîn úbela.
Néin chád ih, núbe gûota, sô si ist.

<hr>

*) Ist wohl Schreibfehler der Handschrift statt núzze na,

<hr>

ne nimium uelut ab humanitatis usu recessisse uideamur?
Ut placet, inquam. Nonne igitur bonum censes esse, quod
prodest? Ita est, inquam. Quae uero aut exercet, aut
corrigit, prodest?_Fateor, inquam. _ Bona igitur?_Quid
ni?_Sed haec eorum est, qui uel in uirtute positi contra
aspera bellum gerunt, uel a uitiis declinantes uirtutis iter
arripiunt. Negare, inquam, nequeo.

Quid uero, iucunda, quae in praemium tribuitur bonis, num
uulgus malam esse decernit? Nequaquam: uerum uti est,

Uuîo áber ‚chád si dia ánderûn. Ih méino. díu dir
sárf íst. únde die úbelen áfter réhte chéstigôt. áhtôt tîa‚
‚der líut kûota?

Er áhtôt sia chád íh. álles tés man uuîzen mág tia
uuîrsestûn.

Síh nu. dáz uuír dero líuto uuânes fólgendo. ze únglóublíh tíng ne féstenoên.

[Táz íst per contrarium gespróchen. Sámo.
si châde. síh úbe íh úmbe dero líuto uuân láze.
íh ne ságee. dáz ín únglóublíh íst.]

Uuáz íst táz únglóublicha díng chád íh.

Íst créhto nôt chád si. fóne dien óberên geiihten.
állero sáldolih tîen gûot sîn. dîe in túgede sízzent. álde
dár ána gerúcchet*) sínt. álde‚ íro dóh pedígen hábent.
áber ze íro úbeli síh fásto hábentên. állero sáldolih ében
úbel sîn.

Táz íst uuâr chád íh. tóh is nîoman fóre únglóublîchi
ne getúrre iéhen.

QUA MENTE TOLERANDA SIT OMNIS FORTUNA.

Fóne díu chád si. ne sól dánne uuîsemo mán dáz níeht
uuégen. so uuénne er féhten sól. mít tero uuîlsáldo. álso

---

*) Es steht gerúcchent.

---

ita quoque esse optimam censet. Quid reliqua, quae
cum sit aspera, et iusto supplicio malos coërceat, num
bonam populus putat? Immo omnium, inquam, quae
excogitari possunt. iudicat esse miserrimam. Uide igitur
ne opinionem populi sequentes quiddam ualde inopinabile
confecerimus? Quid? inquam. Ex his enim, ait, quae
concessa sunt, euenit eorum quidem, qui sunt uel in possessione, uel in prouectu, uel in adeptione uirtutis, omnem,
quaecumque sit, bonam, in improbitate uero manentibus
pessimam esse fortunam. Hoc, inquam, uerum est, tametsi
nemo audeat confiteri.

Quare, inquit, ita uir sapiens moleste ferre non debet, quoties in fortunae certamen adducitur: ut uirum

chûonemo chnéhte ne gezímet táz ze léidezénne. sô er
225. uuîglichen stúrm ge|hôret. Sélbíu diu árbéitsamî. getûot ín
béidên státa. démo éinen sîna gûollichi ze gemârenne.
démo ándermo sînen uuîstûom ze gedúrnohtigônne. Tánnân
íst tiu chráft kenémmet. táz si síh ze íro sélbûn fermág.
únde dero uuíderuuartigi ne uuîchet. Uués kedénchent ír?
ír túgedîgen? ír ne bírnt tára zûo nîeht kenuîset. in zárte
únde in vuánnoluste ántlazigo ze slêuuenne. Ír tríbent
hándegen uuîg. mít sâldolichéro. Hábent íuuih fásto ze dero
ébenmûoti. dáz íuuih tiu léidega ne suâre. únde úberuuínde.
nóh tiu lústsama *) ne uerchúste íuueres mûotes. sô. dáz
ír ne uuízînt. uuér ír sînt. So uuáz síh níderôr gelâzet.
tánne ze ébenmûoti. álde hóhor gestîget. táz ferlíuset tia
sâlighéit. únde dárbêt tes lônes. Íz stât an díu. uuîolicha
sâldâ ír íu sképfen uuéllênt. uuîo ébeno ír íuuih íro gehában uuéllênt. So uuéliu sárf kedúmchet. tiu tûot éinuuô-
der. sô hértet den mán. álde bézerôt in. álde ingéltet in.

DE HIS QUI UIRTUTE ADUERSA UICERUNT.

Agamemnon atrei filius. dér irráh an déro zestórdo
troiȩ. dîa genómenûn chénûn sînes prùodȩr menelai. zên-
iàrigen búrguuîg tríbendo.

---

*) Es steht lústsamo.

---

fortem non decet indignari, quoties increpuit bellicus tumultus. Utrique enim, huic quidem gloriae propagandae, illi uero
confirmandae sapientiae, difficultas ipsa, materia est. Ex
quo etiam uirtus uocatur, quod suis uiribus nitens non
superetur aduersis. Neque enim uos in prouectu positi
uirtutis, diffluere deliciis et emarcescere uoluptate uenistis;
sed proelium cum omni fortuna nimis acre conseritis, ne
uos aut tristis opprimat, aut iucunda corrumpat, firmis
medium uiribus occupate. Quidquid autem infra subsistit,
aut ultra progreditur, habet contemtum felicitatis, non habet praemium laboris. In uestra est enim situm manu,
qualem uobis fortunam formare malitis. Omnis enim,
quae uidetur aspera, aut exercet, aut corrigit, aut punit.

Bella bis quinis operatus annis
Ultor atreides, phrygiae ruinis
Fratris amissos thalamos piauit.

[Táz íst chúnt. uuía alexandér paris fillus priami. spartam ciuitatem grecię eruáht. únde helenam. uxorem regis menelai ímo ábuuertîgemo nám. únde héim fûorta ze troia. únde uuío in dén geríh. greci nâh fûoren. únde troiam 'ío besâzen. únz sie sîa erfúhten, iúh helenam uuídere guuúnnen.] |

Dánnán uuárd agamennon orbus. tô er spûotigo 226. férren uuólta. dáz er dâr úmbe dien uuínden sîna tóhter ephigeniam (sic) ópferôta. únde dia chalchas in frískinges uuís uuéneglicho frêhta.

[An díu skéin sîn érnest, táz er nóh tero tóhter ne bórgeta. échert er sînen námen geráche.]

Ulixes chlágeta sîne gefértęn. die ímo in sicilia der riso poliphemus uuûotigo frâz. tô er fóne troio eruuánt. Ér ergázta in áber sînero trâno. mít tíu. dáz er dára nâh plínd lág *) in sînemo hóle,

['Tô er in slâfenten fánt. únde er in blánta, dô fertrôsta er síh tero gnôzo. uuánda ér sie erróchen hábeta.]

Herculem hábent mâre gelân mánige árbéite, die er erstráncta. Er gedéumûota centauros.

[die fabule ságent uuésen hálbe mán. únde

---

*) Es steht làng.

Ille dum graiae dare uela classi
Optat et uentos redimit cruore,
Exuit patrem miserumque tristis
Foederat gnatae iugulum sacerdos.
Fleuit amissos ithacus sodales,
Quos ferus, uasto recubans in antro,
Mersit immani poliphemus aluo.
Sed tamen ceco furibundus ore
Gaudium mestis lacrymis rependit,
Herculem duri celebrant labores;
Ille centauros domuit superbos,

hálbe rós. Ér chám dára dár sie spílotón in uuázere. dâr scôz er íro zuênc.]

Témo léuuen [der grece nemeus hîez. a nemea
er [*]
sílua argiuorum. tén ér slûog umbe des chúninges uuíllen
aristei.] démo nám er dia hût. [únde mít chláuuon mit
állo. trûog er sia áfter dés ze rûome.] Ér scôz oúh
tie fógela.

[die arpíe hîezen. únde fertréib sie ûzer des
chúninges rîche alcinoi. dér in achaia sáz. Dánnân
flúhen sie in strophades insulas. dâr sie ′eneas
fánt. Die uuáren fabulose. canes iouis. a rapiendo
gehéizene. uuánda arpo grece. rapio chît latine.
Aber ouidius héizet sie stiphalidas. a stiphalo fluuio.
pi démo hercules mít ín fáht. so uuîo chéde. dáz
argonaute sie fertríbén.]
zûo séhentemo dracone. nám er die gúldînen épfele.

[déro er hûota in orto hesperidum insula-
rum. die énnónt athlante monte hína sínt in occi-
dentali oceano. Táz târ gúldine épfele uuáhsén.
dáz íst ersprénget fóne éinero déro sélbôn insu-
larum. díu álles râtes feracissima íst. Únde uuánda
dâr ínne estuarium maris íst. | táz chît. éin mé-
reflósg. táz férrenân séhentên. similitudinem dra-
conis óuget. pedív chît man draconem dâr lígen.
únde dero épfelo hûoten. Aestuarium íst táz uuázer. dáz síh fóne demo mére zíhet. únde án demo
stáde suébet. kenámôtez ab estuando. álso stagnum
a stando héizet. Íz hábet pedíu námen ab estuando.
táz chît fóne zéssónne. uuánda so accessus maris

---

[*] Ist mit anderer Hand übergeschrieben.

Abstulit saeuo spolium Iconi,
Fixit et certis uolucres sagittis;
Poma cernenti rapuit draconi,
Aureo laeua grauior metallo:

uuírdet. sô zéssôt íz. tôh iz tánne stílle sî. sô
recessus uuírt. Aestus héizet proprie. díu inquie-
tudo des méres. tia er hábet fóne ímo sélbemo.
accedendo et recedendo. dáz chît, ûzkándo. únde
íngândo.]

Únde geuuâfendêr mít chnuttele. *) dáns er cerberum
fóne héllo. mít trílero chételenno.

[Fóne díu gescáb. sô er hára ûf ze táges
liebte chám. dáz ímo únuuillota, únde er éinen
feim erspêh. fóne démo acconita ervuûohs. chrûoto
unírsesta.]

Ten grímmen chúning úberuuvndenen gáb er ze
ézenne. sînên grímmên rôssen.

['Táz téta er fóne díu. uuánda ér siu fóre
uuéneta ze ézenne, humanas carnes.]

Dia éitergûn ydram. fersuánta er mít pránde. Achelous fluuius hórnlôs uuórtenêr. bárg sîn geskánta hóubet
ín demo stáde.

[In mísselichíu bílde uuébselôta síh achelous,
únz er ôuh ze fárre uuárd. únde mít hercule ge-
fáht. Sô dér imo daz hórn ába erslûog. únde ímo
daz hóubet hámelez ketéta. tára nâh, párg er iz.
Állíu uuázer síut hórnahtíu fóne dîen bóumen.
die dar úmbe stânt. Tér die bóuma dána tûot.
tér hábet sie hórnlos ketân. Uuánda ôuh hercules ten stád errûmda des uuáldes. pedíu hábet
er fluuio sîníu hórn **) genómen.]

---

*) Es steht cnhuttele.

**) Es steht hóren.

Cerberum traxit triplicí catena.
Uíctor immitem posuisse fertur
Pabulum saeuis dominum quadrigis.
Hydra combusto periit ueneno,
Fronte turpatus achelous amnis,
Ora demersit pudibunda ripis.

Ér úberuuánt óuh antheum.

[gigantem. filium terrę regem lybię. dén ér
in érdo stánden. ríngendo úberuuínden ne máhta.
uuánda ímo mater terra gáb fortitudinem. ér ér
in ûf erhûob. únde ín in bóre ervuúrgta.]

Cacus [ter dîeb. filius uulcani. dér herculi sîníu rín-
der ferstál.] tér erchûolta [mít sînemo tôde.] demo chú_
238. ninge | euandro sîn zórn.

[Tô ín hereules erslûog. tô bábeta er euandro
geuuíllôt. in dés rîche er latrocinia ûopta.]

Ímo féimegôta der éber dîe áhselâ. mit tien ér den
hímel inthában sólta.

[Táz téta er. daz hóubet fnótondo. uuánda
er ín lébenden drûog.]

In demo lézesten síge. inthûob er den himel. mít
únuuîchentemo hálse.

[Táz uuás. tô iouis sîh uuéreta dîen rísôn.
únde er sîe uuólta den hímel ána uuérfen.]

Únde ze mîeto fûor er sélbo ze hímele. uuánda er
dén ze lézest inthábeta. Nû némen̄t pe ímo bílde álle tú-
gedige. únde fárent. tára fuuih ter hôgândo uuég léite.
Zíu súlent ir zágolicho uuîchen. únde den rúkke bîeten?
Ferchîesent tia érda. dáz kíbet íu den hímel.

Strauit antaeum libycis arenis,
Cacus euandri satiauit iras,
Quosque pressurus foret altus orbis
Setiger spumis humeros notauit.
Ultimus caelum labor irreflexo
Sustulit collo, pretiumque rursus
Ultimi caelum meruit laboris.
Ite nunc fortes, ubi celsa magni
Ducit exempli uia: cur inertes
Terga nudatis? superata tellus
Sidera donat.

[QUESTIONES HUIUS QUARTI LIBRI. ET QUI AD-
HUC SEQUITUR QUINTI. AD QUAM PARTEM PHI-
LOSOPHIAE PERTINEANT.

[Álso in tertio libro díe questiones morales
sínt. tîe dar oúgent beatitudinem bonorum. sô sínt
tîe hîer iṇ quarto. dîe úns óugent miseriam malorum. únde dîe dára nâh fólgênt. de prouidentia
et fato. Aber dîe nóh fóre sint i. 5to lib. de
casu et libero arbitrio. Dîe skéident síh. Casus
tríffet ad prouidentiam. bedíu íst tíu questio moralis.
Úbe áber sáment múgîn sîn. prouidentia únde liberum arbitrium. dés er nóh frâgên sól philosophiam.
uuánda dâr ána bechénnet uuírt tíu natura dero gótes simplicitatis. pedíu tríffet tíu questio ad theolo-
giam. dáz chît. ad eam rationem quę est de
diuinis. Tíu ratio. uuánda si humana ne íst.
núbe diuina. pedíu hábet si éinen ánderên námen.
dáz si intellectus héizet. Intellectus diuinorum.
úberstépfet humanam rationem. Fóne díu sínt tîe
questiones. mít argumentis únde syllogismis ke-
stérchet. tîe sî úns ráhta de retributione bonorum
et malorum. áber díu tóugena máhtigi. díu án
dero gótes prouidentia íst. tîa si nóh ságen sól.
díu uuírt. uuánda si diuina ist. diuinitus fernómen. Frâgêst tu uuánda moralitas de moribus
kespróchen íst. uuáz dispositio dei. díu in fato.
ún|de in prouidentia íst. tára zûo tréffên (sic). sô
sólt tu uuízen. dáz tiu gótes dispositio moralis kehéizen uuírt. ad similitudinem humanę moralita-
tis. Uuîo die líute sítig· sîn. álde uuîo sie súlen
uuésen sítig. táz héizet latine moralitas. quasi
morum qualitas. Únde bedíu uuírt oúh táz moralitas kehéizen. uuîo gót tîen sélbên síten inchît.
ióh hîer téilondo. álso dâr fóre geságet íst. ióh
hina fúre lônondo. Álso beatus gregorius morali-
ter mánôt. an sînero omelia. dáz kót témo ne

uuólta gében guttam aquę. tér démo ármen ne
gáb micam panis. Fóne díu chád tér saluator.
Eadem mensura qua mensi fueritis. remetietur
uobis. Témb gehíllet taz prouerbium. úbele tûo.
bézeren ne uuâue. Uuáz íst tánne moralitas. âne
álso iz féret. únde fáren sól. án dero ménniskôn
síten. únde uuío iz síh tára gágene gezíhet án
demo gótes síte?]

Explicit liber quartus boetii.

INCIPIT LIBER QUINTUS.

REUOCATUR PHILOSOPHIA A PROPOSITA DISPU-TATIONE. |

230. Tíz chád sí. Únde háfta si síh án ánder gechôse.
[dánne íh uuólti. Íh uuólta si ráhít inciden-
tes questiones. si uuólta áber fólle récchen pro-
positas questionés. Híer íst úns ze uuízenne. mít
tíen si gehéilen uuólta sîn síeche mûot. táz tîe
ímo uuâren fóne íro propositę tn primo libro.
Álso dîe sínt. quid sit homo. quibus gubernaculis mundus regatur. qui sit rerum finis. quod
non credendi sint nefarii homines potentés et
felices. nec fortünarum úices. sine rectore fluitaré.
Si fánt ín léidegen sînerb mísseskíhte. Tô er áber
fóne íro fernám. dîa rationem. déro questionum.
íh méino. dáz homo participatione dei. deus íst.
únde dáz sínt gubernacula mundi. dáz ímo geskéhent prospera únde aduersa. únde álle reprobi

LIBER QUINTUS.

Dixerat, orationisque cursum ad alia quaedam tra-
ctanda et expedienda uertebat.

sínt infelices. únde inpotentes. uuánda sie ad
boñum fólle chómen ne múgen. dára sie béitent.
únde uices fortunarum.' déro ér síh 'chlágeta. únréhte ne sínt. uuánda sie fóne demo réhten góte
chóment. tô begónda ér sih trôsten. únde ába dísên questionibus án ándere fáhen. dánnán irrún-
nene. Téro hábet sî ímo súmeliche gerécchet in
quarto libro. i. latentium rerum causas. de prouidentie simplicitate. de fati serie. Nóh sínt fóre.
déro ér nû gérot. de casu. de predestinatione
diuina. de arbitrii libertate.]

Dô chád íh íro zûo. Táz íst réhtiu skúndeda. [s.
dáz tu chîst. Ite nunc fortes. ubi celsa magni ducit exempli uia.] Vnde gerîset sî uuóla dînero hóubethafti. Ih
uûírdo áber nû geuuár. dés tû fóre cháde. Tîa réda de
prouidentia. báftên ze mánigên ánderên.

QUESTIO DE CASU.

Míh íst unúnder. úbe du casum fúre íeht háben
uuéllêst. Únde uuáz tu ín áhtoêst.

Tô ántuuurta sî. Íh káhòn míh ze irlôsenne mînes
kehéizes. Únde dîr ze gezéigônne den vuég. tér díh
héim brínge.

[Léid hábet tîb lînes mvotes élelenden getân. ih uuíle iz îlen ze stéte gesézzen. mít án-
derro zálo.] |

Sîn oúh tíse questiones núzze. ze uuízenne. Síe 231.

Tum ego, recta quidem, inquam, exhortatio tuaque
prorsus auctoritate dignissima. Sed quod tu dudum de
prouidentia quaestionem pluribus aliis implicitam esse
dixisti, re experior.

Quaero enim an esse aliquid omnino, et quidnam
esse casum arbitrere. Tum illa, festino, inquit, debitum
promissionis absoluere, uiamque tibi, qua pratriam reueha-
ris, aperire. Haec autem et si perutilia cognitu, tamen a

bréchent tóh éteuuáz ába démo uuége. dén ih fáro. Vnde
sórgên ih. táz tû mûede uuórtenêr. in âuuekke. dára náh
ten réhten uuég. erstrîchen ne múgist.

Dés ne fúrhte du nîeht chád ih. Mír íst táz ráuua.
[náls múhi.] úbe íh keéiscôn mûoz. tés mih lánget. Únde
dero áfterûn rédo nehéin zuîuel ne múge sîn. Tánne die
be hálbo uuórtenen questiones. êr ze guíshéite chómen sîn.

Nû chád si. trágo íh tînen síto. Târ míte fieng si
sús ána.

CASUM SINE CAUSA FALSO DICI.

Úbe îoman héizèt casum. éina slúzzelingun uuórtena
geskíht. únde âne állero díngo máchunga. Sô chído íh
páldo. dáz casus nîeht ne sî. Únde héizo íh iz éinen báren
námen. âne bezéichennisseda.

[Causa íst ío connexa zû dero euentu. Fóne
díu dáz man chît temerario motu. únde sine
causa. álde sine conexione causarum. dáz íst ál
éin. Táz chît állez. stúzzelingûn. árdingun. úndúrftes. âne úrhab. âne úrspríng. âne scúlde. âne
réda. Temerarius motus mág oúh chéden sélb-
uuaga. álde sélbhéui. íh méino. álso dáz íst. úbe
síh îeht fóne ímo sélbemo erhéuet. únde fóne
ímo

---

propositi nostri tramite paullisper áuersa sunt; uerendum-
que est, né deuiis fatigatus ad emetiendum rectum iter
sufficere non possis. Ne id, inquam, prorsus uereare.
Nam quietis mihi loco fuerit ea, quibus maxime delector,
agnoscere, simul cum omne disputationis tuae latus
indubitata fide constiterit, nihil de sequentibus ambi-
gatur. Tum illa, morem, inquit, geram tibi; simulque sic
orsa est.

Si quidem, inquit, aliquis euentum temerario motu nul-
laque causarum connexione productum, casum esse definiat,
nihil omnino casum esse confirmo, et praeter súbiectae
rei significationem inanem prorsus uocem esse decerno.
Quis

ímo sélbemo uuírdet. Unélez íst áber dáz? Uuír
múgen iz spréchen. uuír ne fíndên is ío níeht.
Temeritas íst úmbedéncheda *(sic)*. únde úngeuuá-
rehéit. únde gâscrécchi. únde únórdenhafti. fráuali.
únúnderskéit. únrihti. Temerarius. i. mentis pre-
ceps íst tér. dér ne rûochet uuáz er tûot. únde
dér âne rât tûot. táz ímo míttundes ûf uuírdet.
Tén héizên uuír rágare. Fóne temnendo ist ke-
spróchen | temeritas per sincopam *(sic)*. quasi 232.
temneritas.]

Uuâr mág táz sîn. dáz man chît stúzzelingûn. únde
árdingûn. únde âne rihti. góte állíu díng tuuíngentemo ze
rihti. Íst áleuuâr dáz man chît. fóne níehte níeht uuérden.
Tés álle únsere fórderen iáhen. So uuîo sie dáz ne sprá-
chîn fóne demo ánagenne állíu díng ûzer níehte uuúrchen-
temo. Núbe fóne sâmhaftemo dínge.

[Díu sínt sâmhafte. díu sâmen hábent. únde
âne dén uuérden ne múgen. Sô arbores sínt
únde herbę. únde állíu animantia. Tíu héizent
subiecta. quia subiiciuntur accidentibus suis. Quatuor elementa sínt íro állero sâmo. únde íro
materia.]

Únde sie dáz fundament légetîn. únde zéigotîn.
állero rédôn. únde állero ántuuurto. déro sie gâben fóne
dero natura.

[Sô getân gechôse. héizet ypallage. dáz ér
chît fundamentum rationum. fúre rationem fundamenti. Dáz íst certa ratio fundamenti. omnium
naturarum. dáz sie châden. nihil ex nihilo existere. Naturę sô arbores sínt únde herbę. únde

---

Quis enim, coërcente in ordinem cuncta deo, locus
esse ullus temeritati reliquus potest? Nam nihil ex nihilo
exsistere, uera sententia est. cui nemo umquam ue-
terum refragatus est; quamquam id illi nou de operante
principio, sed de materiali subiecto, hoc est, de natura
omnium rationum, quasi quoddam iecerint fundamentum

állíu corpora. die ne uuérdent níeht stûzzelin-
gun. síe hábent ételicha materiam. dánnan siu
uuérdent. tia héizet er fundamentum. Keskíhet
ín oúh íeht. tés íst ételih causa. Tíu íst áber
fundamentum. Ételih ratio íst ín tóugeníu álde
óffeníu. uuáz íro fundamentum sî. uuánnân siu
uuérdên. álde uuánnân ín íeht keskéhe.]

Úbe áber íeht uuírdet âne úrspring. táz íst uuórten
fóne níehte. Úbe dés nícht uuésen ne mág. sô ne mág
oúh casus sólih níeht sîn. sô uuír fóre châden. [ih méino.
dáz ér sî euentus productus temerario motu.]

Uuîo dánne chád ih? Ne mág nû níeht sîn. dáz mít
réhte héizen súle casus. álde fortuitum? Íst íeht témo
233. díse | námen geuállên. dóh iz óuh tie líute ne bechénnen?

QUID SIT CASUS.

Mîn fríunt chád si aristotiles ságeta. dáz in physicis
sînemo bûoche chúrzlicho. únde glóublicho.

Uuîo chád ih ságeta er?

Sô man chád er éteuuâr úmbe éteuuáz tûot. Únde
dar éteuuannân íeht ánderes keskíhet. tánne dâr úmbe man
iz tûot. Dáz héizet casus. Sô dáz íst. úbe íoman dúrh
áchergáng án dia érda bréchende. éin fúnt cóldes fíndet.
iú dâr begrábenes. Dáz chît man úngeuuándo geskéhen

At si nullis ex causis aliquid oriatur, id de nihilo ortum
esse uidetur. Quod si hoc fieri nequit, nec casum quidem
huiusmodi esse possibile est. qualem paullo ante definiuimus.
Quid igitur? inquam. Nihilne est, quod uel casus uel
fortuitum iure appellari queat? An est aliquid, tametsi
uulgus lateat, cui uocabula ista conueniant?

Aristoteles meus id, inquit, in physicis et breui et
ueri propinqua ratione definiuit. Quonam, inquam, modo?
Quoties, ait, aliquid cuiuspiam rei gratia geritur, aliudque
quibusdam de causis, quam, quod intendebatur, obtingit,
casus uocatur: ut si quis colendi agri causa fodiens humum
defossi auri pondus inueniat. Hoc igitur fortuito quidem

uuésen. Dáz neíst ſo dóh nîeht árdíngun. íst éteuuannân geskéhen. Iz hábet éigene úrspringa. Téro rúnsa. stíllo únde úngeuuândo zésámine chómendo. dia geskíht máchont. Uuánda úbe der ácherman dâr ze áchere ne gîenge. Nóh ter bérgare sînen scáz târ ne begrûobe. Sô ne uuúrte ér dâr fúnden. Díz sínt máchungâ des úngeuuânden líebes. Táz ímo dâr gescáh fóne dîen zesámine gelóufenen díngen. [zuéin s. daz trítta ze gemáchônne.] Tés ne uuéderêr dero tûontôn ne gedâhta. Uuánda nóh têr begrábento daz kóld. nóh têr érrento den ácher. ne gedâhtôn dés. táz iz târ — sólti fúnden uuérden. Núbe álso íh châd. târ énêr begrûob. táz tíser dâr grûob. líu gerúnnen. únde geuſelen zesámine.

[Daz éina ne ráhta dia geskíht nîeht. âne daz ánder.]

Nû mûoz íh chéden geskíht uuésen. dáz úngeuuândo gebúret. | Fóne zesámine geuáſlenên díngen. díu man úmbe 234. ſeht tûot. Áber díu órdena [s. fati.] díu dir chómenlíu fóne gótes prouidentia. állíu díng éinzen scáffôt in íro stéte. únde in íro zîte. Chómentíu mít féstero háftûn. Díu getûot fállen únde gerínnen zesámine. únde háftên zesámine. díe causas tero casuum.

[Prouidentia uuéiz tíu díng sáment. fatum récchet siu éinzen. uuánda dâ einêr fóre begrûob.

---

creditur accidisse: uerum non de nihilo est, nam proprias causas habet, quarum improuisus inopinatusque concursus casum uidetur operatus. Nam nisi cultor agri humum foderet, nisi eo loco pecuniam suam depositor obruisset, aurum non esset inuentum. Hae sunt igitur fortuiti causae compendii, quod ex obuiis sibi et confluentibus causis, non ex gerentis intentione prouenit. Neque enim, uel qui aurum obtuit, uel qui agrum exercuit, ut ea pecunia reperiretur, intendit; sed uti dixi, quod ille obruit, hunc fodisse conuenit atque concurrit. Licet igitur definire casum esse inopinatum, et ex confluentibus causis, in his, quae ob aliquid geruntur, euentum. Concurrere uero atque confluere causas facit ordo ille ineuitabili connexione procedens, qui de prouidentiae fonte descendens cuncta suis locis temporibusque disponit.

16*

tára zúoháfta fatum. dáz ánderêr sîd târ grûob.
zûo dîen zuéin háfteta be nôte diu inuentio drítta.
Dô gót éniu zuéi uuólta geskéhen. dô geskáh
fóne dîen nôte dez trítta.]

ITEM OSTENSIO CASUS EX CONUENTU FLUMINUM.

Ûfen dîen gebírgen armenię spríngent sâment. tigris
únde eufrates. Dàr die féhtenten flihendo *(sic)*. hinder síh
án dìe síh iágonten skîezent. Únde skéident sìe sih sâr.
mít férrên rúnsôn. *Suspensio uocis.* Múndent sìe áfter dés.
únde chóment sie in éina rúnsa. *Et hic.* álso. dáz tíu
zesámine flîezên. díu îo uuéderez uuázer fûoret. Íh méino
diu skéf. únde die ûzer érdo geuuálzten rónen. fône dero
áho. Únde dáz kemískelôta uuázer getuuíret. tie úngeuuânden órdenâ. [Dáz sínt órdenâ. dáz îo uuázer nâh uuázere
rínnet Úbe dáz úngeuuándo geskíhet. tíu geskíht héizet
casus.] Tîe sélben geskíbte. [ih méino dero confluentię.]
máchônt tìe háldâ. únde díu îo ze tále sígenta ríhti dero
áho. [Úbe tál ne uuâre. úndc uuázer dára ne súnne. sô
ne chàmîn siu nîeht zesámine.] Sô féret casus peduúngen.
tér dír dún|chet fáren úmbeduúngen. Únde áne êa ne
féret er.

[Causę die casum máchont. die duuîngent ín.
die sézzent ímo êa. Fóne díu ist táz fors. únde

Rupis achemeniae scopulis, ubi uersa sequentum
Pectoribus figit spicula pugna fugax,
Tigris et euphrates uno se fonte resoluunt,
Et mox abiunctis dissociantur aquis.
Si coeant cursumque iterum reuocentur in unum,
Confluat alterni quod trahit unda uadi;
Conueniant puppes et uulsi flumine trunci,
Mistaque fortuilos implicet unda modos;
Quos tamen ipsa uagos terrae decliuia casus
Gurgitis et lapsi defluus ordo regit.
Sic, quae permissis fluitare uidetur habenis,
Fors patitur frenos ipsaque lege meat.

casus. únde ínopînatus euentus. táz tíe causę
máchônt óffene. álde tóugene.]

AN FATO COERCEATUR HUMANA UOLUNTAS.

Uuóla fernímo íh. Únde ïího íh iz álso uuésen. sô
du chîst. Íst nu dehéin sélbuualtigi únseres uuíllen an
dírro ríhti dero zesámine háftentôn úrhabo? Tuuínget fatum
óuh ménniskôn gedáncha. álso iz tûot ándere geskíhte.

Sô íst chád si. Nehéin creatura ne hábet rationem.
âne liberum arbitrium.

[Díu béidíu hábent angelï in cęlo. homines
in terra.]

QUOD EX RATIONE IUDICIUM. EX LIBERTATE
SIT ELECTIO.

Témo uuízze únde sín gelázen sínt. témo íst óuh
kelázen chîesynga. Mít téro er díngohh skéide uuéder iz
ze tûonne. sî. álde ne sî.

[An dîen zuéin íst er ûmbeduúngen. Díu úm-
beduúngeni. héizet libertas. Ratio léret ín. uuáz
er tûon sól. libertas lázet in tûon. so uuéder
er uuíle.]

Fóne ímo sélbemo uuéiz er. uuáz er skíhen (sic).
álde mínnon sól. [Dáz léret in ratio.] Dáz er gûot uuânet
sîn. dáz uuíle er. dáz er úbel uuânet sîn. dáz skíhet er. —

Animaduerto, inquam, idque, uti tu dicis, ita esse
consentio. Sed in hac haerentium sibi serie causarum,
estne ulla nostri arbitrii libertas, an ipsós quoque humanorum motus animorum fatalis catena constringit? Est,
inquit. Neque enim fuerit ulla rationalis natura, quin
eidem libertas adsit arbitrii.

Nam quŏd ratione uti naturaliter potest, id habet iudicium, quo quodque discernat per se; igitur fugienda
optandaue dignoscit. Quod uero quis optandum iudicat
esse, petit; refugit uero, quod existimat esse fugicndum.

[Dáz hénget ímo liberum arbitrium.] Fóne díu, díen gelázen íst pechénneda. úbeles únde gûotes. tíen íst kelázen
geuuált tero uuéli. Íh ne ságo sîa dóh nîeht kelícha uuésen. an állên díc sia hábent. Uuánda angelis íst kelázen
uuâríu bechénneda. únde réhter uuíllo. únde spûotig máht
íro uuíllen.

236.   [Dísiu dríu gáb kót ze | lône bonis angelis,
nâh téro ruina malorum. díe iro liberum arbitrium
in árg chêrton. únz sie iz hábetôn. Nû ne hábent
sie iz. uuánda dóh sie bechénnên uuáz kùot ze
tûonne si. sie ne uuéllen iz tûon. nóh ne múgen.
Áber der ménnisko uuás fóre sînero preuaricatione
béidero geuuáltîg. uuízenthéite, ióh uuíllen. án
dero preuaricatione uuúrten siu béidiu sô geírret.
táz er chîesendo. lúgi díccho áhtôt fúre uuâr.
únde ér uuéllendo, úbel uuíle fúre gûot. Tár
míte ne spûot ímo oúh nîeht sînes uuillen, dóh
er uuóla uuélle. iz ne tûe gratia dei.]

DE PHILOSOPHORUM OPINIONE SUMTA LOQUITUR,

    Tero ménniskôn sêlâ sínt pe nôte frîeren, únz sie
gótes ánasíht hábent in hímele.

    [Síe ne drúcchet târ neuuéderêr irredo nóh
iudicandi nóh eligendi. Síe uuízen dâr êr sie hára
chómên. uuáz ín gûot íst. táz uuéllen sie óuh.]

    Hára fárendo, ad corpora uuérdent sie únfrîeren,
Únde óuh únfrîeren. sô sie síh keséldont. únde mít tien
írdiskên líden behéftet uuérdent. Táz íst tiu gnôtista scálh-

<hr>

Quare quibus inest ratio, ipsis etiam inest uolendi nolendique libertas.   Sed hanc non in omnibus aequam esse
constituo.   Nam supernis diuinisque substantiis et per-
spicax iudicium et incorrupta uoluntas et efficax optato-
rum praesto est potestas.

Humanas uero animas liberiores quidem esse necesse
est, cum se in mentis diuinae speculatione conseruant;
minus uero, cum dilabuntur ad corpora, minusque etiam,
cum terrenis artubus colligantur. Extrema uero est serui-

heit. sô sie uerráchene án die súndà ába íro uuístûome — gegánt. Sús uuérdent sie gescálhchet. Sô sie íro mûot ní- derlâzent. ába demo ûfuuertigen. án daz níderuuertiga. Sô únuuízzênt sie sâr. Uuérdent sie behéftet. mit zâligên ge- — lústen. Dîen béngendo. únde dîen fólgendo. Stûorrent sie — día scálhheit. tîa sie síh ánalîezen. Únde dánne sínt sie geéllendôt. únde geuérrêt fóne íro frîhéite. Dáz síhet îo dóh ána dáz fûresíhtîga óuga. állíu ding fóre úuízende. Únde díu | fóre benéimden. sképfet iz áfter íro frêhten. 237. Táz óuga ál síhet. únde ál bechénnet.

QUANTÚM PENETRABILIOR SIT INTUITUS DEI QUAM RADIUS SOLIS.

Ter sûozo chôsonto homerus. ér héizet tia súnnûn zórfta. únde héitera. Díu dóh tîa érda dúrhskînen ne mág. únde den mére. fóre úndrâti dero skîmôn. Sô únmáhtig ueíst kót uîeht. Sînên oúgôn ál óbe sêhentên. ne uuíder stât nehéin dícchi dero érdo. Nóh nehéin uíustri dero náht.

---

tus, cum uitiis deditae rationis propriae possessione ce- ciderint. Nam ubi oculos a summae luce ueritatis ad iņ- feriora et teuebrosa deiecerint, mox inscitiae nube caligant, perniciosis turbantur affectibus, quibus accedendo consen- tiendoque, quam inuexere sibi, adiuuant seruitutem et sunt quodam modo propria libertate captiua. Quae tamen ille ab aeterno cuncta prospiciens prouidentiae cernit intuitus et suis quaeque meritis praedestinata disponit, pante foran. kepante pakuin (πάντ᾽ ἐφορᾷ, καὶ πάντ᾽ ἐπακόυει.).

> Puro clarum lumine phoebum
> Melliflui canit oris homerus;
> Qui tamen intima uiscera terrae
> Non ualet, aut pelagi, radiorum
> Infirma perrumpere luce.
> Haud sic magni conditor orbis;
> Huic ex alto cuncta tuenti
> Nulla terrae mole resistunt;
> Non nox atris nubibus obstat;

Éines plícches ána síhet er. dáz ér uuás. únde nú ist. únde
nóh chómen sól. Tén máht tu héizen dia uuárun súnnun.
uuánda ér ál éiŋo ána síhet.

QUESTIO QUIA PROUISA NECESSE ESSE FIERI.
QUOMODO STET LIBERUM ARBITRIUM.

Dô ántuuvŕta íh íro. Nù stécchên íh oúh in mêroren
zuîuele.

Uuélêr ist tér zuîuel. Íh mág uuóla chád si írráten.
uuáz tir uuírret.

Mír dúnchent chád ih. tíu zuéi ríngen. únde uuíder
éin ánderên sîn. Dáz kót ál uuíze fórę. únde iz tóh stánde
in mánnes uuíllen. Uuánda úbe gót ál uuéiz fóre. únde
in sîn uuízenthéit nîeht trîgen *(sic)* ne mág. sô sól nôte
geskéhen. dáz ér uuéiz chúmftig. [Táz íst uuâr.] Fóne díu.
úbe er îo fóre uuéiz. nîeht éin líuto tâte. núbe oúh íro
238. uuíllen. sô íst sélbuuáltigi ába. | Uuánda nîeht ne mág
keskéhen in tâte. nóh în uuíllen. gótes oúga ne séhe iz.
dáz nîoman ne mág trîegen. [Dáz íst uuâr.] Mág íro dehéin
uuáng uuérden. sô ne mág iz nîeht héizen. quíssiu uuízentheit. núbe únguis uuân. dés nîoman gót zíben ne mûoz.

Uno mentis cernit in ictu
Quae sint, quae fuerint ueniantque.
Quem, quia respicit omnia solus,
Uerum possis dicere solem.

Tum ego, en, inquam, difficiliori rursus ambiguitate
confundor. Quaenam, inquit, ista est? Iam enim, quibus
perturbare, coniecto. Nimium, inquam, aduersari ac re-
pugnare uidetur, praenoscere uniuersa deum, et esse ullum
libertatis arbitrium. Nam si cuncta prospicit deus neque
falli ullo modo potest, euenire necesse est, quod prouidentia futurum esse praeuiderit. Quare si ab aeterno non
facta hominum modo, sed etiam consilia uoluntatesque
praenoscit, nulla erit arbitrii libertas; neque enim uel
factum aliud ullum, uel quaelibet exsistere poterit uoluntas, nisi quam nescia falli prouidentia diuina praesenserit.
Nam si res aliorsum, quam prouisae sunt, detorqueri ualent, non iam erit futuri firma praescientia, sed opinio
potius incerta; quod de deo nefas credere iudico.

REPROBATUR HOC QÙO QUIDAM PUTANT SE SOL-
UERE QUESTIONEM.

Nóh íh ne lóbon nîeht tîa réda. mít téro síh súmeliche uuânent hábeu geántuuúrtet tírro únseæfti. Sîe chédent.
ni bedíu ne geskíhet iz. táz iz kót fóre síhet. núbe uuánda
iz keskíhet. pedíu fóre síhet er iz. Únde sús uuânent sie.
dísa nôt tero chúmftigon geskíhto. uuídere eruuínden. Nóh
sîe ne uuânent nieht nôte geskéhen. díu gót fóre síhet.
núbe ín nôte díu fóre séhen. díu geskéhen súlen.

    [Dés uuéhseles uuânent sîe. dáz tíu geskiht
    máchoe dia fóresíht. náls táz tiu fóresíht máchoe
    dia geskíht.]

    Sámo so íh târ úmbe rínge. uuéderez máchunga sî
des ánderes. úbe fóresíht nôt máchunga sî dero chúmftigôn.
álde chúmftigíu nôt máchunga sîn dero fóresíhte. Únde
mír mêr ne sî ze óugenne. nôtháfta uuésen dîa geskíht tero
fóre geuuizenôn. so uuîo díu ríhti sî dero máchungôn.

    [s. uuánda mir îo fóne dero nôtháfti dún-
    chet. ába uuésen liberum arbitrium.]

    Tóh fóresíht ne tûe dîa nôtháfti dien chúmftigên. |

Neque enim illam probo rationem, qua se quidam
credunt hunc quaestionis nodum, posse dissoluere. Aiunt
enim non ideo quid esse euenturum, quoniam id prouidentia futurum esse prospexerit; sed e contrario potius, quoniam quid futurum est, id diuinam prouidentiam latere
non possit: eoque modo necessarium est, hoc in contrariam relabi partem. Neque enim necesse est contingere,
quae prouidentur, sed necesse est, quae futura sunt, prouideri. Quasi uero, quae cuiusque rei causa sit, praescien-
tiane futurorum necessitatis, an futurorum necessitas prouidentiae, laborètur. At nos illud demonstrare nitamur,
quo modo sese habeat ordo causarum, necessarium esse
euentum praescitarum rerum, etiam si praescientia futuris
rebus eueniendi necessitatem non uideatur inferre.

239. ERRANTIUM RATIO ALIA MANIFESTATUR RATIONE. SUMTA EX CATHEGORIIS ARISTOTELIS.

[Dés sie dénchent. táz íst tísemo dínge gelíh.] Úbe ſoman uuânet sízzenten sízzen dén ne tríuget ter uuân. Úbe ín der uuân ne tríuget. sô sízzet er. Téro béidero íst nôt. ióh tes sízzennes. ióh tero úmbetrógeni. Áber uuárrer uuân. ne tûot níomannen sízzen. Núbe daz fóre sízzen getûot uuárren uuân. Sô geskíhet. táz échert éin hálb sî máchunga dero uuârheite. únde áber nôt sî béiden hálb. Álso íst tíu réda getân. fóne gótes fóresihte. únde fóne díen chúmftigên díngen. [s. sô iz tie fernómen hábent. tie dar ána írront.] Uuánda dóh kót tiu díng fóne díu ánaséhe. uuánda siu chúmftíg síot. sô sie uuânent siu ne geskéhent áber nieht. túrh táz ér siu fóresihét. Nû íst áber béidero nôt. ióh kót fóre séhen chúmftigíu. ióh fóreséuniu geskéhen.

[Nû íst hîer oúh so sámo máchunga éin hálb. sô sie uuânent. nôt íst péiden hálb.]

Tár an déro stéte. íst iſ knûoge ze déro zestôredo. sélbuualtiges uuíllen. [uuánda nót nímet ten geúuált.]

Etenim si quispiam sedeat, opinionem, quae eum sedere coniectat, ueram esse necesse est; at e conuerso rursus, si de quopiam uera sit opinio, quoniam sedet, eum sedere necesse est. In utroque igitur necessitas inest; in hoc quidem sedendi, at uero in altero ueritatis. Sed non iccirco quisque sedet, quoniam uera est opinio; sed haec potius uera est, quoniam quempiam sedere praecessit. Ita cum causa ueritatis ex altera parte procedat, inest tamen communis in utraque necessitas. Similia de prouidentia futurisque rebus ratiocinari oportet. Nam etiam si idcirco, quoniam futura sunt, prouidentur; non uero ideo, quoniam prouidentur, eueniunt; nihilo minus tamen a deo uel uentura prouideri uel prouisa euenire necesse est: quod ad perimendam arbitrii libertatem solum satis est.

DERIDETUR FALSA SUSPICIO.

Uuío hárto gréhto dáz nû míssechêret íst. táz ᴉomaᴣ
ságet. tíse frístmâligeᴣ geskíbte. máchunga uuéseᴣ. dero
êuuigun *) ᵹótes uuízenᴣhéite. | Uuáz íst iz ánderes? Tér 240.
gót uuíle uuầnen fone diu bᴕchénnen chúmftigíu. uuánda
siu geskéhen sûlen. dén chído ih uuầnen. dáz imo geskíhte
máchunga sîn. dero uuízenᴣhéiᴣe.

ITERUM PROPONITUR. INEUITABILEM ESSE PRE-
SCIENTIAM, ALIOQUIN OPINIONEM POTIUS EAM
ESSE.

Tára zûo íst óuh tíz ze légenne. Álso dắz nôte sô
íst. úbe ih ᴉeht uuéiz in presenti. sô geskíhet oûh táz nôte
hína fúre, dáz ih chúmftig uuéiz. Sô geskíhet îo. dáz fóre
geuuízzen díng ze léibo uuérden ne mág. Íst áber ᴉoᴍan,
dér daz tíng ánderes áhᴛôᴉ, tánne iz sî. Dáz neíst nîeht
ein únuuízentheit. núbe lúkker uuân. férro geskéidenêr
ᴣóne déro uuârheite uuízentheite. Fóne díu úbe îeht tínges
sô chúmftig íst. táz sîn chúmft quís neíst nóh nôte neíst.
Uuîo mág táz ᴉomaᴣ uuízen ᴣóre chúmftig. Dés ne uuírdet

---

*) Es steht ᴣonuigun.

Iam ucro quam praeposterum est, ut aeternae praescientiae temporalium rerum euentus causa esse dicatur?
Quid est autem aliud arbitrari, ideo deum futura, quoniam
sunt euentura, prouidere, quam putare, quae olim accide-
runt, causam summae illius esse prouidentiae?

Ad haec, sicuti, cum quid esse scio, id ipsum esse
necesse est, ita, cum quid futurum noui, id ipsum futurum
esse necesse est. Sic fit igitur, ut euentus praescitae rei
nequeat euitari. Postremo si quid aliquis aliorsum, atque
sese res habet, existimet, id non modo scientia non est,
sed est opinio fallax a scientiae ueritate longe diuersa.
Quare si quid ita futurum est, ut eius certus ac necessa-
rius non sit euentua, id euenturum esse praesciri qui pot-

fóne díu nícht. unánda álso uuízentheit síh ne miskelôt.
zûo dien lúginen. álso ne mág nîeht táz sî in iro begríffen
hábet. ánderes ergân. dánne sô iz in íro begrífen íst.

    [Ín dero scientia lígent pegríffen die geskíhte.
álso sie dâr lígent. sô ergânt sie nôte.]

    Fóne díu íst scientia dero lúgino âno. uuánda nôt
íst. tíngolíh sô sîn. sô sî iz erfâren hábet. táz iz sî. Uuáz
nû? Díu únguis sínt kóte. ze uuélero uuîs fóre uuéiz er
díu. Uuânet er diu chúmftigen ne múgen ze léibo uuérden.
241. díu dóh ze léibo mú|gen uuérden. sô tríuget ín der uuân.
Dáz méin ze spréchenne íst. nîeht éin ze dénchenne. Úbe
er siu áber sô benéimet uuésen chúmftigíu sô siu sínt. íh
méino. dáz ér siu uuíze gelícho múgen uuérden. únde ne
uuérden, Uuáz uuízenthéite íst tánne dáz. tíu nîeht kuísses
nóh stâtes in íro ne hábet? Álde uuîo fílo íst táz kuíssera
dánne daz hûolicha uuízegtûom sybílle. [déro sacerdotis
apollínis.] táz sî chád. uuâr álde lúgi íst táz íh ságo.
Uuáz úberslât tánne gótes uuîstûom dén ménniskôn uuân.
úbe er ín gelícho zuîuelôt. zuîueligero díngo. Úbe áber mít
ímo állero díngo úrsprínge nîeht zuîueliges ne íst. Sô geské-

---

erit? Sicut enim scientia ipsa impermista est falsitatî, ita
id, quod ab ea concipitur, esse aliter, atque concipitur,
nequit. Ea namque causa est, cur mendacio scientia
careat, quod se ita rem quamque habere necesse est, uti
eam sese habere scientia comprehendit. Quid igitur?
Quonam modo deus haec incerta futura praenoscit? Nam
si ineuitabiliter euentura censet, quae etiam non euenire
possibile est, fallitur: quod sentire non modo nefas est,
sed etiam uoce proferre. At si, uti sunt, ita ea futura
esse decernit, ut aeque uel fieri ea uel non fieri posse
cognoscat, quae est haec praescientia, quae nihil certum,
nihil stabile comprehendit? Aut quid hoc rcfert uaticinio
illo ridiculo tyresiae? Quidquid dicam, aut erit aut non.
Quid etiam diuina prouidentia humana opinione praestiterit,
si uti homines incerta iudicat, quorum est incertus euentus? Quod si apud illum rerum omnium certissimum fontem nihil incerti esse potest, certus eorum est eucntus,

hent oúh únzuíueligo. díu ér guísso uuéiz chúmftig. Bedíu
neíst ménnisko geuuáltig an sínero táte gúotes ióh,úbeles.
tén gót. tér ál fóre uuéiz. tuínget zu demo éinen. [Dáz
íst falsa conclusio.]

SI LIBERUM ARBITRIUM NECESSITATE FUTURO-
RUM TOLLITUR. OMNEM ORDINEM HUMANAE
CONDITIONIS SUBUERTI.

Sól dáz só sín. só neíst nehéin zuíuel. uuîo gáreuuo
ménniskôn díng zeslîfe. In geméitûn uuérdent tánne ge- —
héizen lôn. únde ingélteda. gùotên ióh úbelên. Sîd téro ne
uuéder gescúlden ne mág íro únuerlâzeno. únde únsélb-
uuallig mûotuuíllo. Únde dánne uuírdet állero díngo ún-
rehtesta. dáz nû | réhtesta íst. Íh méino dánchôn gùotên. 242.
únde úndanchôn úbelên. Tîe íro uuíllo dára zûo ne léitet.
Núbe sîe tuínget nôt tes chúmftigen. Nôh áchuste ne síut. nôh
chúste ne sínt. núbe gelîh. únde úngeskéiden mískelunga állero frêhto. Únde dáz állero díngo záligòsta ist in gedáng ze
némenne. dánne díu fóresíht állíu díng chúmftigíu órdonoe.
Únde só láng is nîeht ne gestánde ze ménniskôn uuíllen.
Só neíst nehéin rât. núbe an gót. tér ál gûot kíbet. únsere

---

quae futura firmiter ille praescierit. Quare nulla est humanis consiliis actionibusque libertas, quas diuina mens,
sine falsitatis errore cuncta prospiciens, ad unum alligat
et constringit euentum.

Quo semel recepto, quantus occasus humanarum rerum
consequatur, liquet. Frustra enim bonis malisque praemia
poenaeue proponuntur, quae nullus metuit liber ac uolun-
tarius motus animorum, idque omnium uidebitur iniquis-
simum, quod nunc aequissimum iudicatur, uel puniri improbos, uel remuncrari probos; quos ad alterutrum non
propria mittit uoluntas, sed futuri cogit certa necessitas.
Nec uitia igitur nec uirtutes quidquam fuerint, sed omnium meritorum potius mista atque indiscreta confusio.
Quoque nihil sceleratius excogitari potest, cum ex prouidentia rerum omnis ordo ducatur nihilque consiliis liceat
humanis, fit, ut uitia quaeque nostra ad bonorum omnium

scúlde gesmízen uúérden. Nóh kedíngi. nóh flého. ne mág
nioman nehéina réda gében. uuáz te uuéder súle. Uués sól
man gedíngen. álde fléhon. dánne állíu gérohaftíu díng zesámine héfte indissolubiliter in chétenno uuîs. tíu únuuéndiga éinrihti. [s. fati.]

    Úbe állíu díng háftênt in íro ordine. sô síu
benélmet uuúrten. sô chúmet mánnolichemo âna
fléha. dáz ímo sól.]

    Sól iz sô fáren. sô íst tíu éiniga uuándelunga geír-
ret. únder gote únde únder ménniskôn. únde der chóuf.
tér állêr gestât an gedíngi. únde ún fléhôn. Uuánda uuír
gechoúfên. úmbe ín. mít témo uuérde réhtero déumúoti.
sô flébâ sínt. daz tíura gélt sínero gnádon.

    [Anderen chóuf ne múgen uuír mít ímo nîeht
tríben.]

    In dîa éinûn uuîs tie líute sáment kóte chôsôn
243. múgen. Únde síh pétondo náhen zûo demo úngesíunli|chen
líehte. ióh êr sie feht erbíttên. Úbe man nû geiégenero
nôte dero chúmftigôn. die uuânen sól nieht ne gemúgen.
An uuélemo dínge múgen uuír únsih tánne hában ze góte.
állero díngo hêrren? Sô múoz tánne. álso dû míttundes
súnge an dîeh férsen [si uis celsi iura tonantis.] zescrínden.
sámo so léïm. ménniskôn slâhta. dána gebrócheníu. ióh
keskéideniu. fóne demo uuâren brúnnen. dánnân si chám.

---

referantur auctorem. Igitur nec sperandi aliquid, nec deprecandi ulla ratio est. Quid enim uel speret quisquam
uel etiam deprecetur, quando optanda omnia series inde-
flexa connectit? Auferetur igitur unicum illud inter homines deumque commercium, sperandi scilicet ac deprecandi.
Siquidem iustae humilitatis pretio inaestimabilem uicem
diuinae gratiae promeremur; qui solus modus est, quo cum
deo colloqui homines posse uideantur, illique inaccessae
luci prius quoque quam impetrent ipsa supplicandi ratione
coniungi; quae si recepta futurorum necessitate nihil ui-
rium habere credantur, quid erit, quo summo illi rerum
principi connecti atque adhaerere possimus? Quare necesse
erit humanum genus, uti paullo ante cantabas, disseptum
atque disiunctum suo fonte fatiscere.

QUID EUM AB INTELLECTU HUIUS QUESTIONIS RETARDET. IPSE SCRUTATUR.

Uuáz úngehélli írret tîe gezúmfte. zuéio díngo. [s. gó· tes únde mánnes? álde prescientiȩ et liberi arbitrii?] Uuȩr ·· gót hábet kegében sólicha ríngûn zuéin uuáren. [Uuéliu · sínt uuâreren. dánne síu sínt.] Dáz tíu dúrh síh sínt in· súnder, nîcht zesámine ne uuéllên?

[Uuélih necessitas mág kótes prouidentiam únde mánnes liberum arbitrium geskéiden, síu ne sîn sáment an állero mánnes tâte?]

Álde neíst uuârên nehéin ungehélli. [Uerum únde falsum flíhent *(sic)* éin ánderíu, duo uera mínnônt síh.] Únde hábent síh ío zesámine díu guíssen. [i. tíu dúrh síh quísso sínt.] Áber dés scúld neíst iz. núbe des ménnisken sêla ne mág nîeht fóre túmbheite uuízen íro tóuge· nen bánt.

[tíu áber dû uuéist philosophia. únde díu íh fóne dír gelírnên uuíle. Dáz íst álzo er châde, Liberum arbitrium íst úns áleguís. uuánda iz skî· net án dero ménniskôn tâte. Dei prouidentia íst sámo guís án dîen ánderên creaturis. tîe liberum arbitrium ne hábent. Aber án des ménnisken tâte, ne múgȩn siu sáment sîn. Álde úbe siu múgen. sô íst tés fílo tóugen ratio. uuîo dáz sî. Tíu ratio íst ímo úbel ze irrâtenne. igne oppres|si luminis i. acie aggrauatȩ mentis. mít témo geírten sínne 244.

Quae nam discors foedera rerum
Causa resoluit? quis tanta deus
Ueris statuit bella duobus,
Ut quae carptim singula constent,
Eadem nolint mista iugari?
An nulla est discordia ueris
Semperque sibi certa cohaerent?
Sed mens, caecis obruta membris,
Nequit oppressi luminis igne·
Rerum tenues noscere nexus·

des mûotes? Ter líchamo tûot tia sêla geuuál.
tiga íro sínnes. tén si habeta. êr si zu ímo châme.
Sî rínget ſo dára nâh. íro spûot is áber úbelo.]

Zíu íst íro dánne sô nôt. ze eruárenne díu tóugenen
uuórtzéichen dero uuârhéite? Uuéiz sî. dáz si uuízen uuíle?
Uuér sól áber dés frágên. dáz er uuéiz? Ist si oúh sô
blínt. táz si is nîeht ne uuéiz. uuáz uuíle si dánne? Uuér
íst tér dáz uuélle. dáz er ne uuéiz. álde uuér mág sûochen.
dáz er ne uuéiz. nóh ne bechénnet? álde uuâr spûot is
ímo ze irfárenne? Uuér mág oúh pechénnen. dáz ímo
únchunt íst. sô er iz oúh findet. Álde súlen uuir glóuben.
dáz si béidíu uuíssi. únz si gót ánasáhe. diu súnderîgen.
ióh tia sámenthafti. Nù gréhto ín dien líden befínstertíu.
hábet si is súmes. nî dóh álles ergézen. Únde daz knô.
testa uuéiz si. téilelichen ne uuéiz si.

[Nîoman ne íst sô gehúhtig. dáz er álles téj.
leliches sô uuóla gehúge. sô des knôtesten.]

So uuér dero uuârhéite frágêt [s. álso íb nù tûon
an dírro questione.] dér neíst in neuuéderro geskéfte.
Nóh táz er iz állez uuíze. nóh táz er iz állez ne uuíze.
Núbe

Sed cur tanto flagrat amore
Ueri tectas reperire notas?
Scitne, quod appetit anxia nosse?
Sed quid nota rescire laborat?
Et si nescit, quid caeca petit?
Quis enim quidquam nescius optet?
Aut quis ualeat nescita sequi?
Quoue inueniat, quisue repertam
Queat ignarus noscere formam?
An cum mentem cerneret altam,
Pariter summam et singula norat?
Nunc membrorum condita nube,
Non in totum est oblita sui,
Summamque tenet singula perdens.
Igitur quisquis uera requirit,
Neutro est habitu, nam neque nouit,
Nec penitus tamen omnia nescit;
Sed

Núbe dáz knôtesta. dáz ér in gehúbte bábet. táz úrsûo- chenôt ér. Tîefo dénchende án dáz er sáh. Táz er mít tîen erhúgetên. chóme nâh tien ergézenên.

[Álso dér éin bûoh tar áua perfecte gelírnêt. únde échert ûzenan gehûget tero summę. únde er dîa díccho ánachêret. táz er fóne déro oúh tes ánderes síh pebúge. Uuáz suinma sî. dáz lêret únsih cicero in rhetoricis dicens. Summa | facti est. homicidium fecisse. Singula uero sunt, quid ante rem. quid post rem. quid in ipsa re, aut circa rem factum sit. Chît îoman ze úns. an necesse est euenire quę prouidentur? necesse chédèn uuír. Chît er áber. Et stabit liberum ar- bitrium? Stabit chédèn uuír. Chît er oúh. Quo- modo liberum erit. quod necesse est. Necessitas et libertas unius rei esse non possunt. Aut si possunt. quibus nexibus colligantur. quę-sibi ad- uersantur? Uuáz chédèn uuír dánne? Ube úns tíe nexus únchunt sínt. sô ne chúnnen uuír dírre questionis nîcht állero geántuuúrten. Sô uuízen uuír échert tia summam. singula ne uuízen uuír. Die sángula súlen uuír hára nâh lírnên fóne sél- bero philosophia.]

PRIMA RESPONSIO. QUIA INTELLECTUS NON RA- TIO THEOLOGOS FACIT.

Dô ántuuúrta sî mír. Díz íst tíu álla chlága fóne gó- tes prouidentia. [dáz sî daz liberum arbitrium geírre.] Únde fóne cicerone gnûog ketríbeníu. dâr er daz uuízeg- tûom téilta.

Sed, quam retinens meminit, summam
Consulit alte uisa retractans,
Ut seruatis queat oblitas
Addere partes.

Tum illa, uetus, inquit, haec est de prouidentia que- rela, m. tullio, cum diuinationem distribuit, uehementer

[s. in tres partes. in aruspicia. et in fulguritia. et in oscinia. Aruspicia uuúrten genómen
fóne dîen léberon dero ópfer frískingo. Fulguritia
fóne dien blícchen. Oscinia fóne dero fôgalo rárto.]
únde íst iz tír. [dáz méinet fóne dír.] éin hárto
gnôto gesûochet tíng. Únde áber ło noh níeht keuuárlicho.
nóh kuíslicho gerécchet fóne íuuer dehéinemó. Tero tímberi scŭlt íst táz. Dăz tes mĕnnisken ratio. dŏh si síh is
péite. níeht erréichen ne măg tîa éinfalti gŏtes fŏregeuuŏ-
zedo. Úbe dîa ioman uuízen măg. úberstîgendo dia rationem. Démo neíst nehéin zuîuel an dírro questione.

[Gótes prescientia íst éinfálte. uuánda er ăl
uuéiz. únde dáz sáment uuéiz. únde găgenuuer-
tigo. Náls níeht hinder síh kehŭgendo. nŏh fúre
síh téuchendo. Dér dăz pechénnet. tér íst ŭnzuî-
uelig. táz ŭuh tîe tâte liberi arbitrii. nôte in si-
nero scientia | sínt. náls prescientia. únde sîa
álso múgen sáment sîn. sô ŭnsèr scientia íst sáment tero ménniskôn tâte. dîe sélbuualtig sínt.
Uuáz írret sie dáz tero sélbuualtigi. dáz uuír die
tâte uuízen?]

Tîa simplicitatem chórôn íh tír dánne geóffenon. únde
gerécchen. sô íh tíh êrerôn dés irríhto. únde dăz kechôson.
dáz tír uuíget. [únde díh zuîuelet. tes liberi arbitrii.]

CUR NON RECIPIAT RATIONEM. QUA SE ALII
PUTANT SOLUERE QUESTIONEM.

Nû frâgên íb tíh. zíu dŭ ne uuânêst frôma uuésen. dîa

---

agitata, tibique ipsi res diu prorsus multumque quaesita;
sed haud quaquam ab ullo uestrum hactenus satis diligen-
ter ac firmiter expedita. Cuius caliginis causa est, quod
humanae ratiocinationis motus ad diuinae praescientiae
simplicitatem non potest admoueri; quae si ullo modo
cogitari queat, nihil prorsus relinquetur ambigui; quod ita
demum patefacere atque expedire tentabo, si prius ea,
quibus moueris, expediero.

Quaero enim, cur illam soluentium rationem minus

réda dero errâtentôn dia questionem. [s. sô sîe iz áhtont.]
Díu réda dúrh táz uuânet. [i. contendit.] úngeírret sîn
liberum arbitrium fóne dero prescientia. Uuánda si nehéin
nôt máchunga neíst futuris rebus. i. tien chúmftigên díngen.
i. áfter íro uuâne.

  [Hîer behúgên únsíh. dáz er dâr fóre disen
uuân nîeht ne léidczta. nóh oúh ne sólti. uuánda
er réhtêr íst. núbe dáz síe châden. euentum futurorum uuésen causam gotes prescientię.]

  Uuánnân râtiscôst oúh tû ánderes. nôte geskéhen
súlen diu chúmftígen? Âne dáz tíu ze léibo uuérden ne
múgen. diu fóre geuuízen uuérdent?

  [Hîer íst áber ze dénchenne. uuío uuârez táz
argumentum sî. Hîer háftênt álle. díe mít. tírro
questione ringent. Tíu gót fóresíhet chédent síe.
diu ne múgen ze léibo uuérden. Dáz íst uuâr.
Díu ze léibo uuérden ne múgen. díu geskéhent
nôte. Dáz íst oúh uuâr. Díen zuéin uuârhéiten.
âne únderskéit fernômenên fólgêt tíu zâla. nullum
esse liberum arbitrium. Dén únderskeit lêret sî
únsih. bína áfter. Sî lêret únsih. táz ménniskôn
tâte. uuóla ze léibo múgen uuérden. sô fílo iz
ze íro sélbero natura gestât. únde íro déro hálb
nehéin nôt neíst. únde sie áber ze léibo ne múgen uuérden. góte ánaséhentemo. Álso oúh úns
ánaséhentên. dáz éin mân sízzet. sîn sízzen nîeht |
ze léibo uuérden ne mág. tóh iz sîn hálb uuóla   247.
ze léibo máhti sîn. uuánda er máhti iz fermíten
hában. Hínnân chúmet tánne díu questio. úbe
úns únde góte sin sízzen gébe uuízenthéit sînes
sízzennes. Tés uuírt sús keántuuurtet. Íz kíbet

____

efficace putes; quae quia praescientiam non esse futuris
rebus causam necessitatis existimat, nihil impediri praescientia arbitrii libertatem putat. Num enim tu aliunde
argumentum futurorum necessitatis trahis, nisi quod ea,
quae praesciuntur, non euenire non possunt?

sia úns. sô iz keskíhet. nieht êr. áber gótes uuízentheit ne bîtet tero keskíhte nicht. Íz ist imo
presens. êr iz keskéhe. Diu presentia getûot iz
ín uuízen. Sô ist tánne sús ketân díu solutio
dírro questionis. Táz kót fóresihet. uuánda er
dáz ánasihet. fóne díu ist iz nôte. álso óuh táz
nôte ist. táz uuír éteunen ieht séhen tûon. dóh iz
ter tûonto nôte ne tûe.]

QUIA PROUIDENTIA NON URGET FUTURA. IDEO STARE LIBERTATEM.

Úbe prescientia nehéina nôt ne tûot tien chúmftigên
díngen. álso óuh tû gnôto fóre iáhe. Mít uuíu uuérdent
tánne geduúngen díe sélbuualtigen férte. dero ménniskôn
tâle. ze guíssemo ûzlâze?

[Uuánda síe âne geduuâng *) sint. pedíu stât
liberum arbitrium.]

Nû chédên échert sô chôsondo. dáz prescientia ne
sî. dáz tû chîesêst. uuîo iz óuh tánne fáre. Tuuínget tánne
dés hálb tehéin nôt. tîe tâle. díe fóne mûotuuíllen chóment? Dáz ne tûot. Nû chédên áber dáz si sî. Únde dóh
nehéina nôt tûon dien tâten. Nóh tánne uuâno ih stât ze
stéte díu sélba uuílleuualtigi.

---

*) Es steht geduuuâng.

Si igitur praenotio nullam futuris rebus adiicit necessitatem, quod tu etiam paullo ante fatebare; quid est, quod
uoluntarii exitus rerum 'ad certum cogantur euentum?
Etenim positionis gratia, ut quid consequatur aduertas,
statuamus nullam esse praescientiam. Num igitur, quantum ad hoc attinet, quae ex arbitrio eueniunt, ad necessitatem coguntur? Minime. Statuamus iterum esse, sed
nihil rebus necessitatis iniungere, manebit, ut opinor, eadem uoluntatis integra atque absoluta libertas.

ETIAM SI SIGNUM EST PROUIDENTIA FUTURORUM NON TAMEN EST CAUSA EORUM.

Nù uuíle du áber chéden. ne sî óuh prescientia ne-héin nôtegunga dien chúmftigên. Sî íst tóh zéichen. dáz siu nôte chómen súlen. Sô uuâre áber sámo guís. nôte súlen geskében chúmftigíu | ne uuâre oúh tíu sélba íro 248. prescientia. Zéichen óuget échert uuáz iz sî. dés zéichen iz íst. íz ne máchôt iz níeht.

[Álso die mórgenrôten zéichenent tempesta-tem. únde sie dóh ne máchont.]

Dû sólt úns ze êrest kcóugen. álliu díng nôte ge-skében. Dáz uuír dánnan glóubên. prescientiam zéichen unôsen dero nôte Úbe áber sî neíst. [s. necessitas.] Sô ne mág tána mêr prescientia. íro zéichen sîn. Uuír uuízen uuóla. Alles tínges kuíssa stárchunga. Fóne zéichene ne uuésen ze némenne. sô dû tûost. Nóh fóne férriskên râtiskôn.

[Álso dû férriskên fone signis uuíle erráten necessitatem.]

Núbe fóne dara zûoléitendên díngen únde nôt máchigên.

[Álso dáz argumentum íst ex conuenientibus et necessariis. Primus homo. quia non habuit

---

Sed praescientia, inquies, tametsi futuris eueniendi necessitas non est, signum tamen est, necessario ea esse uentura. Hoc igitur modo, etiam si praecognitio non fuis-set, necessarios futurorum exitus esse constaret. Omne elenim signum, tantum quid sit, ostendit, non uero efficit, quod designat. /Quare demonstrandum prius est, nihil non ex necessitate contingere, ut prenotionem signum esse huius necessitatis appareat. Alioquin si haec nulla est, nec illa quidem eius rei signum poterit esse, quae non est. Iam uero probationem firma ratione subnixam con-stat, non ex signis neque petitis extrinsecus argumentis, sed ex conuenientibus necessariisque causis esse du-cendam.

patrem aut matrem. non est genitus. Uel illud. Quia
tu hodie nec manducasti neque bibisti ieiunus es.
Sô íst áber dáz extrinsecus kenómen. Patres
nostri comederunt uuas acerbas. et dentes filiorum
obstupescunt. Quia alii sunt parentes. et alii sunt
filii. Non est autem aliud iciunum esse. nisi non
manducasse et non bibisse et non est aliud. non
genitum esse. nisi non hábere patrem aut matrem.]

PROUISA NECESSE EST EUENIRE. NULLA TAMEN IPSIS INEST NECESSITAS.

Uuîo mág áber dáz sîn. dáz tíu ne geskéhên. díu gót
uuéiz chúmftig? Sámo so íh zuîueloe. núbe díu geskéhen
súlin. díu gót fóresíhet. Únde íz mêr dáz ne stérche. Tóh
siu geskéhên. Síu an ín sélbên nehéina dîa nót háben.
dánnân siu geskéhên. Táz tu hínnân lîehto gechîesen máht.
249. Uuír séhên gnûogez. dáz | fóre óugôn íst. únz man iz
tûot. Sô dáz íst. taz uuír séhên tûon die réitríhtela chê-
rendo. [s. in curuli certamine] iôh áfter íro uuíllen hén-
gendo dien réitôn. Únde dâr áfter ánderíu uuérh. Tuuínget
tára zûo íro dehéinez tebéin nôt mánnes úndanches? Dáz
ne tûot. In geméitûn chóndi man dáz tûon. Úbe siu mánnes úndanches sô fúorîn. Tíu án demo tûonne âne nót
sínt. Tíu sínt oúh êr siu nuérdên. âne nót chúmftig.

Sed qui fieri potest, ut ea non proueniant, quae futura esse prouidentur? Quasi uero nos ea, quae prouidentia futura esse praenoscit, non euentura credamus; ae
non illud potius arbitremur, licet eueniant, nihil tamen, ut euenirent, sui natura necessitatis habuisse;
quod hinc facile perpendas licebit. Plura etenim dum
fiunt, subiecta oculis intuemur: ut ea, quae in quadrigis moderandis atque flectendis facere spectantur au-
rigae; atque ad hunc modum cetera. Num igitur quidquam illorum ita fieri necessitas ulla compellit? Minime.
Frustra enim esset artis effectus, si omnia coacta moue-
rentur. Quae igitur cum fiunt. carent existendi necessitate,
eadem, prius quam fiant, sine necessitate futura sunt.

Dánnán skínet. dáz súmelichíu geskéhen súlen. déro geskíht. únde déro fárt. állero nòte inbúnden íst. Íh ne uuàno
íoman dáz uuéllen chéden. T'áz tíu ne uuârin chúmftîg. êr
siu uuvítin. díu nû uuérdent. Tíu hábetôn oúh fóre geuuí-
zeníu. ferlâzena geskíht. Álso gréhto uuízentheit tiu gágen-
uuerten nîeht ne nôtegôt. Tána mêr ne nôtegòt tiu chúmf-
tîgen. íro fóre uuízeda.

QUOD FUTURORUM NULLA DEO SIT OPINIO. QUAMUIS NON COACTA FIANT. ET QUID NOS FALLAT IN HIS.

Sô chîst tu. Tés sélben íst zuîuel. úbe déro díu nôte
ne uuérdent. tehéin fóre bechénneda múge sîn. Uuánda
síu dúnchent tír míssehélliu. Únde uuânest tu. úbe siu
uuérdên fórebechénnet. táz siu nòte súlîn geskéhen. Úbe
íro nôt ne sî. dáz íro nehéin fôrebechénneda ne sî. Únde
uuânest tu uuízenthéit ne|héines tínges sîn. âne guísses. 250.
Únde úbe díu uuérdên fóreséuuen. sámo guuíssíu. díu dôh
únguis sínt. uuîo siu ergángên. Dáz uuíle du héizen uuân
náls uuízenthéit. Ánderes uuânen dánne iz sî. dáz ne trú-
uuest tû zíhen ze gánzero uuízenthéite. Dén írreden má-

Quare sunt quaedam euentura, quorum exitus ab omni
necessitate sit absolutus. Nam illud quidem nullum arbitror esse dicturum, quod quae nunc fiunt, prius quam
fierent, euentura non fuerint. Haec igitur etiam praecognita
liberos habent euentus. Nam sicut scientia presentium
nihil his, quae fiunt, ita praescientia futurorum nihil his,
quae uentura sunt, necessitatis importat.

Sed hoc, inquis, ipsum dubitatur, an earum rerum,
quae necessarios exitus non habent, ulla possit esse praenotio. Dissonare etenim uidentur; putasque, si pracui-
deantur, consequi necessitatem; si necessitas desit, minime.
praesciri nihilque scientia comprehendi posse, nisi certum.
Quod si quae incerti sunt exitus, ea quasi certa prouidentur, opinionis constat id esse caliginem, non scientiae
ueritatem. Aliter enim ac sese res habeat arbitrari, ab
integritate scientiae credis esse diuersum. Cuius erroris

chôt táz. Dáz man uuânet állero dingolih pechénnet uuérden. fône sîn sélbes natura. Táz ál dára uuídere íst. Uuánda
ál dáz tar bechénnet uuírt. Dáz ne uuírdet nîeht pechénnet áfter sîn sélbes chréfte. núbe áfter démo mágene dero
bechénnentôn uuirt iz erfáren. ·

    [Gôt ne síbet tiu futura nîeht áfter íro chréfte.
núbe áfter sînero mágenchréfte. Dáz siu futura
sínt. dáz sínt siu an ín sélbên. uuánda siu nóh
ne chámen. ímo sínt siu presentia. âne chúmft.
Tîu îoman tûot in únserro presentia. díu sínt tes
tûonten hálb unnôthâfte. dóh sínt siu álso nôte.
sô uuír siu séhên. Diu oúh kót ánasíhet. díu sínt
nôte. álso ér siu ánasíhet. tér siu áber nóh in
futuro tûon sól. der tûot siu dánne âne nôt. Táz
pe"ginnet si únsih nû mít exemplis lángséimo
lêren.]

EX HUMANA NOTIONE AD DIUINAM NOS DUCERE
TEMPTAT. INCIPIENS A SENSU EXTERIORE.

    Nû lósc hára. dáz íh tir is pílde gegébe spûotigo.
Sólt tu chîesen éin sínuuélbe corpus. tîa sinuuelbi chîuset
ánderes uuîo daz óuga. dánne der finger. Daz óuga scíu-
zet tára férronân. únde chíuset taz pílde sâment. Aber
der finger dâr ána gelégetêr. únde ál úmbe rîtentôr. Er-
spehôt er iz állez éinzên.

---

causa est, quod omnia, quae quisque nouit, ex ipsorum
tantum ui atque natura cognosci existimat quae sciuntur,
quod totum contra est. Omne enim quod cognoscitur, non
secundum sui uim, sed secundum cognoscentium potius
comprehenditur facultatem.

Nam ut hoc breui liqueat exemplo, eandem corporis
rotunditatem aliter uisus, aliter tactus agnoscit. Ille emi-
nus manens, totum simul iactis radiis intuetur; hic uero
cohaerens orbi atque coniunctus circa ipsum motus ambitum rotunditatem partibus comprehendit.

SENSUM EXTERIOREM ET ALIOS INTERIORES MODOS CONSIDERANDI DIUERSOS ESSE INTER SE.|

Sélben den ménnisken ne chîesent ¸nîcht ze éinero 251.
uuîs. tîse genámden fîer sínna. Der ûzero sín. sô daz
kesíune íst. chíuset taz pílde éteuuar ána. Der ínnero sín.
·dér imaginatio héizet. chíuset taz pílde éinez. âne dia materiam. dáz er fóre sáh án dero materia. Aber der sín.
der ratio héizet. dér úberstépfet imaginationem. Únde bechénnet er sámentháftîgo dáz pílde. dáz súnderigo éteuuar
ána skînet.

   [An démo nomine homo. uuírt sáment fernómen. dáz éinzên. únde súnderîgo geséuuen uuírdet an platone. cicerone. socrate. únde oûh súnderigo âne sîe in gehúht chúmet.]

   Táz oúga dero intelligentię. úbersíhet tîse drî sínna.
Uuánda úberstépfendo dén bíuang téro sámentbafti. dîa
ratio begrîfet. Sihet si mít héiteremo oûgen daz éinualta
gótes pílde.

   [dáz fóne diu éinfálte íst. uuánda iz in subiecta materia íst. sô nehéin ánderez ¸neist. Tíu
síbet oúh án demo ménnisken dîe tâte. dîe góte
guis sínt. dóh. sie ímo sélbemo únguís sîn. únde
nóte geskéhent. tero gótes uuízenthéite hálb. únde
áber únnote mánnes hálb. Mít tien ûzerên sensibus. ferstándên uuír dero ûzerôn dingo. dáz sínt —
corpora. díu er héizet materiam. únde án' dien
corporibus. álde sáment tien corporibus ferstándên

<hr>

Ipsum quoque hominem aliter sensus, aliter imaginatio, aliter ratio, aliter intelligentia contuetur. Sensus enim
figuram in subiecta materia constitutam. imaginatio uero
solam sine materia iudicat figuram. Ratio uero hanc quoque transcendit, speciemque ipsam, quae singularibus inest, uniuersali consideratione perpendit. Intelligentiae uero
celsior oculus exsistit. Supergressa namque uniuersitatis
ambitum ipsam illam simplicem formam pura mentis acie
contuetur.

uuír dero corporalium. dáz sint íro accidentia.
Also án ín sint colores. únde figure. únde sáment
ín íro táte. Dien sensibus fólgêt imaginatio.
Dáz íst tíu píldunga. des mûotes. âne diu corpora.
álso getâniu. sô diu oúgen an ín sáhen. álde diu
ôren hôrtôn. So uuéder ér fôre sáh. sô drískôzez
pílde. álde fierskôzez. álde sínuuelbez. álde mánnes pílde. álde fógales. álde er sáh cursum. álde
palestram. álde uuîz. álde suárz. Chûmet mánne
in dróum dáz sélba gelîhnisse. dáz héizet fantasma.
únde illusio. úbe ér iz in sînemo mûote sô bíl-
dôt. dáz héizêt imaginatio. Sáment | úns hábent
bestię díu zuéi geméine. Ratio dáz íst tíu chráft
tes sínnes. tîa der ménnisko hábet álles éino.
Díu tûot ín dáz uuîzen. dáz er nîo ne gesáh.
únde dés nehéin bíldunga uuérden ne mág. Tíu
lêret ín skéiden. uerum únde falsum. bonum únde
malum. únde éin fóne ándermo errâten. álso er
fóne primis substantiis irrâtet secunda . únde
fóne toto partem. iôh fóne parte totum. únde
fóne preteritis presentia. únde fóne presentibus
futura. Gentiles philosophi ne chôndôn nîeht fúrder fernémen. âne únz tára sie diu ratio léita.
Fóne díu uuóltôn sie. dáz tíu éinen díng uuârîn
ze gloúbenne. díu mít ratione gestérchet uuvrtîn.
sús ketânero. Si hoc est. illud est. aut si hęc
sunt. illud erit. Tánnân ságeta aristotiles in cathegoriis. táz priuatio ne múge feruuándelôt uuérden
in habitum sô. dáz edentulus. fúrder dentes
kuuínne. álde nâh caluitio. capillata frons uuérde.
uuánda er nehéina rationem ne uuíssa. nâh téro
iz uuérden máhti. Dánnân geskáh súmelichên. sô
celestis sapientia chám. únde sie ládota ad intellectum diuinum. únde sie hîez klóuben resur-
rectionem mortuorum et omnia esse deo possibilia. dáz sie dâr ferstîezen. únde dánnân uuúrten
contenebrati. dánnân sie sóltôn uuérden illuminati.

Uuíle du chéden. so uuâr ratio íst. dâr íst oúh
intellectus. dáz íst áleuuâr. dâr humana ratio íst.
târ íst oúh humanus intellectus. Áber diuinus intellectus únde diuina contemplatio. díu íst simplex.
únde spiritalis. uuánda sélbêr gót. simplex spiritus
íst. Tér dáz pechénnet. tér íst particeps téro
sélbûn intellectus. Tíu léret in. dáz er íst substantia. ultra substantiam. únde forma informata.
sine loco. sine tempore. mundum faciens. sine
materia. filium habens sine alternitatem. et spiritum
procedentem sine motu. Díe humanam rationem
an díen díngen súohtôn. díe uuúrten heretici.]

INFERIORA A SUPERIORIBUS COMPREHENDI. NON SUPERIORA AB INFERIORIBUS.

Dâr dáz állero gnôtost íst ze chíesenne. Íh méino.
dáz ter óbero sín begrífet ten níderen. Der nídero ne ge-
réichot níeht ze demo óberen. Uuánda sensus ne hábet
uuérches níeht âne corpus. [sô imaginatio hábet. Acciden-
tia corporum súlen uuír | dúrh nôt án ín séhen. únde 253.
grífen.] .... *) múotes pildunga. [dóh sî bíldoe daz éiniga
bílde. dáz si sah. unde .... *) sî] ne mág taz keméine
bílde níeht kebíldon. [uuánda sî iz nío ne gesáh .... *)
sol sî iz óuh tánne chíesen?] Nóh réda ne irréichot taz
éinfalta gótes pílde.

[Sî chán únsih échert keléiten ze díen formis. tîe án díen substantiis lígent. únde sie níeht
substantię ne sínt. nûbe accidentia. Áber gótes
pílde. íst túrh síh pílde. substantia superstantialis.

---

*) Hier ist ein Stück Pergament ausgerissen.

In quo illud maxime considerandum est; nam supe-
rior uis comprehendendi amplectitur inferiorem, inferior
uero ad superiorem nulla modo consurgit. Neque enim
sensus aliquid extra materiam ualet, uel uniuersales species imaginatio contuetur uel ratio capit simplicem formam;

táz chît fórderôra dîen substantiis. tîe dir sint
stantes sub accidentibus.]

Áber intellectus sámo so hóhor stândíu. únde dîa
íro chúndûn formam ána séhendíu. dúrh chíuset si diu
níderen. Sî síhet ze déro sélbûn uuîs tiu níderen. ze
déro uuîs sî dia formam síhet. tîa nehéin dero níderôn
ne síhet.

[Uuéliu íst tíu uuîsa?]

Sî bechénnet. táz ratio únde imaginatio. únde sensus
pechénnent. síh tóh ne stíurende. mít íro dehéinero. Núbe
éines plícches. uuéiz si siu álliu. in íro sélhero uuîs. in
dîa uuîs. sô si dia formam uuéiz.

[Also benedictus tísa uuérlt álla sáment sáh.
mit kótelichemo oúgen.]

Réda uuéiz oúh. dáz tiu níderen uuîzen. síh tóh ne
stíurende mít íro chréften. daz állelicha ze séhenne. Dísiu
íst tíu dir óuget tia sámenthâfti. dîa siu begrífen hábet.
mít tísen uuórten. Ménnisko íst éin lébende díng. zuîbéine.
rédohâfte. Dóh tíu bechénneda állelíh sî. uuér ne uuéiz.
táz sî óuh píledig. únde gesíhtig íst. Dáz ne uuéiz
ío dóh sî nîcht píldondo. álde geséhendo. núbe réde-
háfto dénchendo. | So uuîo . . . . . *) únga bíldonnes pedíge.

*) Lücke.

---

sed intelligentia quasi desuper spectans, concepta forma,
quae subsunt, cuncta diiudicat; sed eo modo, quo formam ipsam, quae nulli alii nota esse poterat, comprehendit. Nam et rationis uniuersum et imaginationis figuram et materiale sensibile cognoscit, nec ratione utens,
nec imaginatione, nec sensibus, sed illo uno ictu mentis
formaliter, ut ita dicam, cuncta prospiciens. Ratio quoque
cum quid uniuersale respicit, nec imaginatióne, nec sensibus utens, imaginabilia uel sensibilia comprehendit. Haec
est enim, quae conceptionis suae uniuersale ita delinit;
homo est animal bipes rationale, quae cum uniuersalis
notio sit, tamen imaginabilem sensibilemque esse rem
nullus ignorat, quod illa non imaginatione uel sensu, sed
rationali conceptione considerat. Imaginatio quoque tametsi

fóne quinque sensibus. Sì erféret tóh åne sensum. álliu
diu gesihtigen bílde. Náls tóh meht mít téro chúnste
des sensus. núbe mit íro sélbero chúnste. Ne sihest tu
nù na. uuío álle síona. mèr bechénnên fóne íro sélbero
máhte. dánne fóne déro máhte dero bechénnentôn? Únde
oúh mít réhte. Uuánda míchel nòt íst. sìd tiu chíesunga
des chíesenten tåt íst. Dáz io dér sîna tåt kerécche. mít
sînero chréfte. náls mít ánderes chréfte.

AN CREDENDUM SIT STOICIS. QUI DICUNT UA-
CUAS MENTES AFFICI EXTIMIS CORPORIBUS.

Daz uuîtchélle ze athenis. innota iú. díe hárto tíef-
tåhtigen álten.

[Plato atheniensis philosophus sáz pî athenis in achedemia uilla. dâr sîn éigen uuás. únde
lêrta sîne iúngeren. únz án sîn énde. Náh sînemo
énde téilton sie síh. Súme uuúrten dâr ze léibo.
únde hiezen achademici. súme begóndôn uuállôn.
únde hiezen peripatetici. súme fúoren in athenas
ciuitatem. únde híezen stoici. Dén nâmen gáb ín
stoa. dáz chît porticus. in démo sie dâr sâzen.
únde íro uuîstûom áhtotôn.]
Tie dir uuizen uuóltôn. mánnoliches mûote ána getân
uuérden. sensus únde imagines. fóne dien ûzerên corporibus.

---

ex sensibus uisendi formandique figuras sumsit exordium,
sensu tamen absente sensibilia quaeque collustrat, non
sensibili, sed imaginaria ratione iudicandi. Uidesne igitur,
ut in cognoscendo cuncta sua potius facultate, quam eorum,
quae cognoscuntur, utantur? Neque id iniuria: nam cum
omne iudicium iudicantis actus exsistat, necesse est, ut
suam quisque operam non ex aliena, sed ex propria potestate perficiat.

Quondam porticus attulit
Obscuros nimium senes,
Qui sensus et imagines
E corporibus extimis
Credant mentibus imprimi,

[Hominem únde arbores. montes únde flamina. únde álliu corpora. díu ûzeren bálb únsèr
sint. tûont únsih ze sinf uuîson ferstân. Uuás fer-
stûondîn uuír. úbe síu ne uuârin. Uuáz máhtîn
uuír sében. álde grifen. âne corpora? Únde úbe
íro bilde ne uuârin. uuáz píldotin uuír dánne in
únserên mûoten? Ába dien corporibus chómendo.
getrínchent *(sic)* sie ín daz mûot. Tára hábent
sie uuég. túrh tie sensus. Uuîo uuérdent sie ána
getân únserên muôten? Dáz tûont sie sô. dáz
uuír síu lidên. náls síu únsih. únde síu únsih ána
uuérdent. náls uuír síu. Síu gébent úns kesiht.
únde gehôreda. dóh man chéde. dáz uuír síu ge-
séhèn. | únde gehôrèn.]

255. Also dero geblânetûn tábelun bûohstaba .... *) gerízzôt
uuérdent mít kríffele.

[Tabella íst kelîh temo mûote. kríffel corporibus. literę demo bilde.]

MENTEM SUAM UIM EXERCERE. SEPE TAMEN EX-TRINSECUS EXCITARI ET TUNC MISCERE INTE-RIORES FORMAS EXTERIORIBUS.

Ube áber daz mûot chráftelôsez. nîeht ınít sin sélbes
róskine getûot. Únde iz échert mûozig líget. Úndertân iz
iz tîen ánachomenên bilden dero corporum. Únde iz in
spîegeles uuîs bína rértet tero corporum bílde. náh ín.

———

*) Lücke.

———

Ut quondam celeri stylo
Mos est aequore paginae,
Quae nullas habeat notas,
Pressas figere litteras.
Sed mens si propriis uigens
Nihil motibus explicat,
Sed tantum patiens iacet
Notis subdita corporum,
Cassaque in speculi uicem
Rerum reddit imagines,

[Ubé iz mér ne gemág.] Uuánnán ist tánne diu uuízent·
héit tes múotes. álliu díng chíesentiu. Uuéliu íro chráft
peuuártêt siu álliu éinzen sô gnôto? Alde uuéliu téilet tiu
íro chúnden genera in species. únde sámenôt siu áber ze
dîen hùfon dero generum?

    [Úbe iz mér ne uuéiz. áne gesíhtigiu díng.
    uuánnán uuéiz iz tánne genera. únde species. tiu
    gesíhtîg ne sínt?]

Únde hért uuíhseliga fárt tûende. ist iz éina uuîla in dien
hímeliskên. ándera uuîla in dien írdiskên?

    [Hérton tríbet iz physicas et theologicas
    questiones. Ratio tûot physicos. intellectus tûot
    theologos.]

Únde síh tánne sîn sélbes ferréchenônde. irlósket iz
lúkkiu argumenta. mít uuáren. Tísiu chráft íst kefrádera —
únde fîlo máhtîgera. Danne díu chráft tes múotes. tíu diu
ánagetánen bílde tréget.

    [sámo so uuáhs. álde uuázer. álde spîegel·
    glás. in dîen diu bílde skînent.]

Nû begágenet tóh êr dien sénsibus éteuuáz ûzuuert crûo·
zende. únde réizende dîe chréfte des múotes. [uuénne

Unde haec sic animis uiget
Cernens omnia notio?
Quae uis singula prospicit,
Aut quae cognita diuidit?
Quae diuisa recolligit,
Alternumque legens iter
Nunc summis caput inserit.
Nunc desidit in infima,
Tum sese referens sibi,
Ueris falsa redarguit?
Haec est efficiens magis
Longe causa potentior,
Quam quae materiae modo
Impressas patitur notas.
Praecedit tamen excitans,
Ac uires animi mouens,
Uiuo in corpore passio.

ist tůz?] Sô man leht kesibet álde gehôret. Tánnân sâr
256. gegrûoztiu des | . . . . *). Si . . . . *) ûz uu . . . . *) ga-
gen súmelichen uuárben. bíutet si siu. únde rértet si siu
ze dien sélbên zéichenen. Únde gemiskelôt si die ûzenân
chómenten. ze dien dárinne gebáltenên bílden.

[Alle natûrliche léicha. únde álle ŗártâ. hábet
tiu sêla in íro. Sô si síngen hôret. sô íst iz íro
lústsam. uuánda iz íro gelib íst. Tie proportiones
fóne dien si coniuncta íst. tte lâzet si gérno zu
íro. sô in musica gescríben íst. únde sîc gágen
dien ûzeren bíetende. mískelôt si in éin. zuéi
díng kelîchin. Uuánda óuh tér tyrannus babilonię
ételih pílde deitatis in sînemo miûote hábeta. fóne
díu chád er daz ûzera bílde ána séhendo. uideo
uirum. similem filio dei. Únde magi in egypto.
ételicha uuízentheit kótes hábendo. bechnâton sie
digitum dei. in miraculis moysi.]

SICUT NOSTRAE. ITA ET DIUINAE MENTIS IUDI- CIUM NON EX UI ALIENA ESSE.

Úbe nû des ménnisken mûot. tero corporum ferstándo
fóne íro ána chómeni gelêret ne uuírt. chîesendiu sélben
corpora úmbe íro bílde. Núbe mít sîn sélbes ehréfte. díu
chíuset. pegágenentíu sînen óugon. únde sîneu ôron.

[Nû chúmet interposita ratio.]

Tóh

Cum uel lux oculos ferit,
Uel uox auribus instrepit:
Tum mentis uigor excitus,
Quas intus species tenet,
Ad motus similes uocans,
Notis applicat exteris,
Introrsumque reconditis
Formis miscet imagines.

Quod si in corporibus sentiendis, quamuis afficiant
instrumenta sensuum forinsecus obiectae qualitates, animi-
que agentis uigorem passio corporis antecedat, quae in se
actum

Tóh tíu ûzuuért pegágenenten bílde ána uuérdên díu
oúgen. únde diu óren. mít tíen uuír geséhên. únde gehórên. Únde díu tróffeni sînero sensuum. fúrefángoe sînes
mùotes chráft. túrh síh uuérchontes. Tíu tróffeni an síh
uuézze. dîa tât tes mûotes. Únde sî ûf erréche. díu dar
ínne ío nóh tánne lóskenten bílde.

[Únz hára gót interposita ratio.]

Uuío filo mêr celestes substantiẹ. díe állero corporum
ánatrífte âno sínt? Án dîen íst úrchôse. dáz síe dien ûzerên ne fólgênt an íro chîesenne. núbe síe skéinent tîa
chráft | íro sínnes. 257.

DISTRIBUTIO COGNITIONUM.

Sús mísseliche sínna. sínt kelâzen mísselichên substantiis. [sús hábent síe síh keléilet únder ín.] Sensus
éinêr. íst kelâzen. âne die ándere drî sínna. dîen éleuuar
fásto háftentên animalibus. Also die mére múskela tùont.
únde ánderíu álso gezógeníu. án dîen stéinen chlébendo.
[Díu infîndent échert íro.] ánderên lébendên. únde vuál-
lontên. íst tára zûo gelâzen imaginatio. Íh méind. dîen
gelúste únde úngelúste ána sínt.

[Fóne diu ánterôt ter áffo. dáz ér die ménnisken síhet tûon. Úbe ér iz ín demo mûote êr

---

actum mentis prouocet excitetque interim quiescentes intrinsecus formas; si in sentiendis, inquam, corporibus animus non passione insignitur, sed ex sua ui subiectam
corpori iudicat passionem, quanto magis ea, quae cunctis
corporum affectionibus absoluta sunt, in discernendo non
obiecta extrinsecus sequuntur, sed actum suae mentis
expediunt.

Hac itaque ratione multiplices cognitiones diuersis ac
differentibus cessere substantiis. Sensus enim solus cunctis
aliis coguitionibus destitutus immobilibus animantibus
cessit, quales sunt conchae maris, quaeque alia saxis
haerentia nutriuntur. Imaginatio uero mobilibus belluis,
quibus iam inesse fugiendi appetendiue aliquis uidetur af-

gebíldôt ne hábeti. sô ne máhti er iz nîeht keánterôn.]

Réda íst échert ménniskôn gelâzen. sô oúh kótes éines íst
intellectus. Fóne díu íst nôt. táz tiu uuízenthéit fórderôsta
sî. Díu fóne íro sélbero bechénnet. nîeht éin síh sélbûn.
Núbe oúh tie nideren drî.

DUAS NOTITIAS AD TERTIAM NON POSSE CON-
TENDERE.

Uuáz úbe mít ratione stríten begínnent tie nideren
zuêne sinna? Chédendo. dáz taz uniuersale nîeht ne sî.
dáz sî síh uuânet uuízen. Únde chédendo. dáz man éinzèn
séhen álde bíldôn mág. in éina sámehâfti dáz ne múgen
gen chómen.

[Uuánda socrates. únde plato. únde demostenes. ne guuínnent nîomêr sáment éin geméine
bílde. dáz man séhen múge.]

Únde oúh chédendo. Éin uuéder ze nôte uuésen. sô uuâr
daz rationi dúnchet. únde áber síh petrógen sîn án demo
gesíhtîgen. Álde sîd ín uuóla chúnt sínt. díu man séhen
258. mág. únde bíldôn. | Rationis uuân betrógen sîn. Díu dáz
keloúbet. uuésen sámenthafîig. dáz kesíhtîg. únde súnderîg íst. Úbe dára gágene ratio ántvuúrtet. Síh uuóla bechén-

---

fectus. Ratio uero humani tantum generis est, siculi
intelligentia sola diuini; quo fit, ut ea notitia ceteris
praestet, quae suapte natura non modo proprium, sed
ceterarum quoque notitiarum subiecta cognoscit.

Quid igitur, si ratiocinationi sensus imaginatioque
refragentur, nihil esse illud uniuersale dicentes, quod sese
intueri ratio putet? Quod enim sensibile uel imaginabile
est, id uniuersum esse non posse. Aut igitur rationis uerum esse iudicium, nec quidquam esse sensibile; aut quoniam sibi notum sit plura sensibus et imaginationi esse
subiecta, inanem conceptionem esse rationis, quae, quod
sensibile sit ac singulare, quasi quoddam uniuersale con-
sideret. Ad haec si ratio contra respondeat, se quidem

nen in déro rédo dero sámenthâfti. dáz sie béide uuizen. Únde áber íro ne uuédera bechénnen dîa sélbûn sámenthâfti. Uuánde *(sic)* sie úberstépfen ne múgen diu ûzeren bílde. únde man báz keloúben sól. dâr man fóne íro drîo bechénnedo strîtet. tero guísserûn. únde derò fólleglicherûn ertéilungo. Ne stûondin uuír in dísemo strîte dero ratione bî na? Uuír dir béidiu chúnnen. ióh irrâten. ióh séhen. únde bíldôn.

TERTIAM QUOQUE QUARTAE INPAREM ESSE IUDICANDAM.

Álso íst táz ketân. dáz ménniskôn réda uuânet. ten gótes sín ánderes ne uuízen diu chúmftigen. âne sô sî uuéiz. Uuánda sús rédost tû. So uuéliu únguísso. únde âne nôt chúmftig sínt. tíu ne múgen nîeht kuísso chúmftigíu. fóre geuuízen uuérden. Únde chîst tû. dero sô getânon. nehéina fóre uuízeda sîn. Únde úbe uuír sia gelóuben súlin. dáz tánne nîeht âne nôt ne geskéhe. Úbe uuír des kóteliches sínnes chîesunga hában máhtîn. álso uuír rédohafte bírn. Sô dûohti úns sámolih réht. únsera réda uuîchen gótes sínne. | sô uuír irtéiltôn. sensum únde imaginatio-259.

---

et quod sensibile, et quod imaginabile sit in uniuersitatis ratione conspicere, illa uero ad uniuersitatis cognitionem adspirare non posse; quoniam eorum notio corporales figuras non possit excedere, de rerum uero cognitione firmiori potius perfectiorique iudicio esse credendum. In huiusmodi igitur lite, nos, quibus tam ratiocinandi quam imaginandi etiam sentiendique uis inest, nonne rationis potius causam probaremus?

Simile est, quod humana ratio diuinam intelligentiam futura, nisi ut ipsa cognoscit, non putat intueri. Nam ita disseris, si qua certos ac necessarios habere non uideantur euentus, ea certo euentura praesciri nequeunt. Harum igitur rerum nulla est praescientia, quam si etiam in his esse credamus, nihil erit, quod non ex necessitate proueniat. Si igitur, uti rationis participes sumus, ita diuinae iudicium mentis habere possemus, sicut imaginationem sensumque rationi cedere oportere iudicauimus, sic diuinae

nem. íro súlen uuíchen. Fóne díu chóroen únsíh erhéuen, úbe uuír múgín. in día bóhi dero fórderostûn intelligentíę. Sô findet, tấr ratio. dáz sî in iro sélbûn ne hábet. Íh méino dáz. Uuîo gótes prenotio díu hábe guíssíu. únde gnôt marchotíu. díu án ín sélbên nieht kuísses ûzlâzes ne hábent. Únde dáz nehéinen uuân ne sî. Núbe éinfaltíu uuízenthéit. Nehéin méz hábentíu. nób úmbe márchotíu.

OPORTERE HOMINEM ERECTO CORPORE MENTE QUOQUE ERIGI.

Uuîo mániges píldes. tîer áfter uuérlte fárent. Súmíu fárent strácchendo. únde uuískendo dia érda. Únde máchint sie átoháften slih. mít tîen brústen gándíu. Ánderíu sint tíu mít féttachen slágezent ten uuínt. únde uuîto suéibont án dero lûtterun lûfte. Súmíu spírnent tia érda mit tîen fûozen. Únde uuállont siu gándo. in hólze. íóh in félde. Tóh tû díu álliu séhèst sih skéiden in íro bílde. Áber níderhángendez hóubet. ketûot siu hában toúben sín. [Dès sínt siu úngeskéiden.] Éiner der ménnisko héuet taz hóubet

---

sese menti humanam summittere rationem iustissimum censeremus. Quare in illius summae intelligentiae cacumen, si possumus, erigamur, illic enim ratio uidebit, quod in se non potest intueri; id est, quonam modo etiam quae certos exitus non habent, certa tamen uideat ac definita prenotio; neque id sit opinio, sed summae potius scientiae nullis terminis inclusa simplicitas.

Quam uariis terras animalia permeant figuris!
Namque alia extento sunt corpore, pulueremque uerrunt,
Continnumque trahunt ui pectoris incitata sulcum.
Sunt quibus alarum leuitas uaga, uerberetque uentos,
Et liquido longi spatia aetheris enatet uolatu.
Haec pressisse solo uestigia gressibusque gaudent,
Uel uirides campos transmittere uel subire siluas.
Quae uariis uideas licet omnia discrepare formis,
Prona tamen facies hebetes ualet ingrauare sensus.
Unica gens hominum celsum leuat altius cacumen,

úf. Jóh ríhtet er síh líghto állen úf. fóne érdo séhende. ı
'Tíz pílde. mánôt tíh ménnisko. úbe du iz fernémeu chánst.
'Tû dir grécho. den hímel síhest. únde daz | hóubet úf 260.
héuest. taz mûot oúh úf héuêst. Nîo demo líchamen úf
erríhtemo. daz mûot pesuártez. nider ze ferlórni ne súcche. —

QUI SIT STATUS DIUINUS.

Sîd álliu díng keuuízeníu. fóne íro sélbero natura ne
uuérdent keuuízen. núbe fóne dero uuízentôn. sô uuír oúh
fóre ságetôn. Sô séhên nû gágen dés iz mûoza sî úns. —
uuélea *(sic)* státa gótes substantia hábe. Dáz uuír oúh
chiesen múgîn. uuîolih sîn scientia sî. Dáz kót êuuig sî.
dáz íst állero rédeháftero geméine gelúbeda. [Dáz kechúren
sic álle.] Nû séhèn uuáz eternitas sî. Sî lêret únsíh târ
míle bechénnen gótes naturam. únde gótes uuízenthéit.
Éuuighéit íst fólliu. únde sámenthaftiu hába. dès únéntlichen libes. 'Táz skínet óffenôr fóne dero. fristmáligen
uuídermézungo.

QUOD TEMPORE CURRIT LICET INFINITO. NON
EST ETERNUM.

Uuánda dáz in fríste lébet. táz lóufet fóne gágenuuerti

Atque leuis recto stat corpore despicitque terras.
Haec, nisi terrenus male desipis, admonet figura,
Qui recto caelum uultu petis exerisque frontem,
In sublime feras animum quoque, ne grauata pessum
Inferior sidat mens corpore celsius leuato.

Quoniam igitur, uti paullo ante monstratum est, omne
quod scitur, non ex sua, sed ex comprehendentium natura
cognoscitur, intueamur nunc quantum fas est, quis sit diuinae substantiae status, ut, quaenam etiam scientia eius
sit, possimus agnoscere. Deum igitur aeternum esse,
cunctorum ratione degentium commune iudicium est. Quid
sit igitur aeternitas, consideremus. Haec enim nobis naturam pariter diuinam scientiamque patefecerit. Aeternitas igitur est, interminabilis uitae tota simul et perfecta
possessio; quod ex collatione temporalium clarius liquet.

Nam quidquid uiuit in tempore, id praesens a prae-

ze chúmftigi. Nóh únêuüig tíng ne íst nehéinez. dáz sáment múge begrîfen. állen sînen lib. Núbe fóre íst imo nóh taz mórgeniga. ingángen íst imo daz késteriga. Jóh án demo hûotigen *(sic)* libe. [dér únder demo gésterigen íst. únde únder demo mórgenigen.] Ne lébent ir mêr. Dánne án demo stételôsen. únde hínafértigen stúpfe.

)   [Uuír ne lébeên nieht an preterito. nóh án futuro. án demo presenti bírn uuír îo. Nóh státon ne múgen uuír nieht an démo sélben. Chómendo ferlóufet iz. Únde úbe iz îoman uuíle zéigon demo ándermo, | dér mág échert éinêst chéden chûmo. iz íst nû. sâr ánderêst chît er nôte. iz uuás nû. úbe er dáz sélba zéigôn sól. Sô getán íst únsêr presens.]

261.

Táz îo liden sól dîa geskáft fríste. Dáz táz ánafáng ne hábe. nóh ûzláz. sô aristotiles uuánda fóne dírro uuérlte. Únde sîn lib sîh strécche. mít únende zîtes. [i. preteriti. presentis et futuri.] Dáz neíst îo nieht sólih. taz iz êuuig héize mít réhte. Uuánda iz nieht sáment ne begrîfet. sô êvuig tûot. állez taz uuîtuobele sînes lîbes. tóh sîn lib énde ne hábe. Núbe éin tempus íst imo fóre. daz ánder íst hína. Dáz áber sáment pesízzet. únde úmbe hábet tîa ólangi sînes lîbes únéntliches. Sô. dáz imo des chúmftigen

---

teritis in futura procedit; nihilque est in tempore constitutum, quod totum uitae suae spatium pariter possit amplecti. Sed crastinum quidem nondum apprehendit, hesternum uero iam perdidit. In hodierna quoque uita non amplius uiuitis. quam in illo mobili transitorioque momento. Quod igitur temporis patitur conditionem, licet illud, sicut de mundo censuit aristoteles, nec coeperit umquam esse, nec desinat, uitaque eius cum temporis infinitate tendatur, nondum tamen tale est, ut aeternum esse iure credatur. Non enim totum simul, infinitae licet uitae spatium comprehendit atque complectitur; sed futura nondum, transacta iam non habet. Quod igitur interminabilis uitae plenitudinem totam pariter comprehendit ac

nieht ábuuertig ne sî. nóh imo nieht ergángenes enfárn ne
sî. Dáz héizet mit réhte êuuig. Únde dáz chît man nôte
sih fermúgen sîn sélbes. Únde imo sélbemo sîn gágenuuerte. Únde sámo gágenuuerte háben. ál dáz únende des
lóufenten zîtes. Fóne díu uuânent tie unréhto. Dîe dés
uuânent. sô sie ságen hôrent. táz platoni dísiu uuérlt ne
dùohti háben ánagénne zîtes. nóh énde. Dísa gescáffenûn
uuérlt. ze déro uuîs ében êuuig sîn demo sképfen. Uuánda
âne énde lîb háben. dés plato iáh tero uuérlte. dáz íst éin.
Ánder íst. sáment uuésen begríffena. álla dia gágenuuerti
dés io uuérenten lîbes. Táz óffeno éigen íst. tes kótes
sínnes. | Nóh kót ne sól úns túnchen uuésen fórderôra 262.
sînen creaturis. an déro álti des zîtes. Núbe mêr an déro
imo éigenun éinualti sînero naturę.

DIUTURNITATEM TEMPORIS EMULATIONEM HA-
BERE ETERNITATIS.

Dia sélbûn státa des kágenuuerten lîbes. únde dés io
ze stéte stánten lîbes. péitet sih ánterôn dísiu únerdrózena
fárt tero uuérlte. únde sô sî in geánterôn ne mág. nób síh

---

possidet, cui neque futuri quidquam absit, nec praeteriti
fluxerit, id aeternum esse iure perhibetur, idque necesse
est, et sui compos praesens sibi semper assistere, et infi-
nitatem mobilis temporis habere praesentem. Unde non
recto quidam, qui cum audiunt uisum platoni, mundum
hunc nec habuisse initium temporis nec habiturum esse
defectum, hoc modo conditori conditum mundum fieri coae-
ternum putant. Aliud est enim per interminabilem duci
uitam, quod mundo plato tribuit; aliud interminabilis uitae
totam pariter complexam esse praesentiam, quod diuinae
mentis proprium esse manifestum esse. Neque deus con-
ditis rebus antiquior uideri debet temporis quantitate, sed
simplicis potius proprietate naturae.

Hunc enim uitae immobilis praesentarium statum
infinitus ille temporalium rerum motus imitatur, cumque
eum effingere atque aequare non possit, ex immobilitate

ímo geébenon. Sô geloúbet si síh áber dero státigi. in dia
únstatigi. Únde ába déro éinualtun gágenuuerti. gefállet
si ín dia únéntlichun mánegfalti fergáugenes zites. ióh
chúmftiges. Únde sô díu sélba fárt. sáment pefáben ne mág.
álla dia fólleglichi sînes líbes. sô êuuighéit tûot. Sô gedúnchet si. an díu dáz si îo uuéret. éinez ételicbes téiles
keánterôn. démo sî síh tóh fólleglicho geébenôn ne mág.
Síh hábende ze déro so uuío uuértlichun gágenuuertî. dísses chléinen. únde uerscúpfenten stúpfes. Únde uuánda sî
éteuuaz píldot. tîa ze stéte stándun gágenuuerti. Gíbet si
dáz tîen sî ápa íst. táz síu gedúnchen uuésen. Uuánda sí
dóh státe uuésen ne máhta. Hínderstûont sî dîa fárt. téro
in zîte énde ne uuírdet. [Zegát tíu fárt. sô íst oúh tempus
zegángen.] Únde sô íst keskéhen. dáz si íro lib fárendo
geátebáftoti. Dés líbes sámenthafti. sî begrîfen ne máhta.
263. ze | stéte stándo. Úbe uuír gréhto nû uuéllên scáffôn dien
díngen nâh platone geríslige námen. Sô chédèn gót uuésen
êuuigen. dîa uuérlt uuériga.

HIS PREMISSIS. AD SOLUENDAM QUESTIONEM
CONUERTITUR.

Uuánda állíu chîesunga. nâh íro sélbero máhte chîuset.
táz iro fóre óugôn íst. Únde uuánda góte íst êuuig státa.

---

deficit immotum, et ex simplicitate praesentiae decrescit in
infinitam futuri ac praeteriti quantitatem, et cum totam
pariter uitae suae plenitudinem nequeat possidere, hoc
ipso, quod aliquo modo numquam esse desinit, illud quod
implere atque exprimere non potest, aliquatenus uidetur
aemulari, alligans se ad qualemcumque praesentiam buius
exigui uolucrisque momenti, quae, quoniam manentis illius
praesentiae quandam gestet imaginem, quibuscumque con-
tigerit, id praestat, ut esse uideantur. Quoniam uero
manere non potuit, infinitum temporis iter arripuit: eoque
modo factum est, ut continuaret eundo uitam, cuius plenitudinem complecti non ualuit permanendo. Itaque si digna
rebus nomina uelimus imponere, platonem sequentes, deum
quidem aeternum, mundum uero dicamus esse perpetuum.

Quoniam igitur omne iudicium secundum sui naturam,
quae sibi subiecta sunt, comprehendit, est autem deò

ióh ánauuartigiu. Sô íst óuh nôte sîn uuízenthéit uuésendíu. án déro éinfaltun gágenuuerti. _úberstîgendíu. állen uuébsel zîtes. [Úbe díu sélba gágenúuerti sáment álliu díng ne begriffe., sô ne uuáre sî nîeht éinfalte. Fóne díu chît er sâr náh.] Únde sáment pefáhende díe únéntlichen uuîtiná preteriti únde futuri. Sihet si állíu díng in íro éinualtun bechénnedo. diu hína sínt. ióh nóh fóre sínt. sámo siu îo getán uuérden.

QUOD DEI POTIUS EST SCIRE ET PROUIDERE QUAM PRESCIRE ET PREUIDERE.

Uuíle dû bedénchen sîna gágenuuerti. fóne déro ér iz állez uuĕiz. Sô ne chîst tu nîeht ín hában fóre uuízeda. sámo so chúmftiges. Núbe réhtòr uuízentheit. téro ímo úngeuuángtun gágenuuerti. Bedíu ne héizet sî nîeht fóresiht. núbe mêr férrív óbesiht. Túrh táz sî férro stándíu. fóne dien níderên dingen. Síu állíu óbenán férro óbeséhe. sámo so ába démo hóhesten chápfe dero uuérlte.

EX DEI ASPECTU NON NECESSARIA FIERI. QUAE UIDENTUR. SICUT NEC NOSTRO.

Zíu gedénchest tû. dáz tíu nôt máchoe. díu gótes óugen ána séhent. | Dánne nóh ménnisken nôthaftíu ne 264.

---

semper aeternus ac praesentarius status, scientia quoque eius, omnem temporis supergressa motionem, in suae manet simplicitate praesentiae, infinitaque praeteriti ac futuri spatia complectens omnia, quasi iam gerantur, in sua simplici cognitione considerat. Itaque si praescientiam pensare uelis, qua cuncta dignoscit, non esse praescientiam quasi futuri, sed scientiam numquam deficientis instantiae rectius aestimabis. Unde non praeuidentia, sed prouidentia potius dicitur, quod porro ab rebus infimis constituta quasi ab excelso rerum cacumine cuncta prospiciat.

Quid igitur postulas, ut necessaria fiant, quae diuino lumine lustrentur, cum ne homines quidem necessaria fa-

tûen. díu sic séhent? Tûot tîn ánasíht tehéina nôt tien.
díu dû síhest. Dáz ne tûot. Zeuuâre. úbe dehéin gerístig
uuídermezunga sîn mág mánnes únde gótes kágenuuerti.
Also ír gréhto ételichíu séhent in dírro unérlt múrgfarun
kágenuuerti. Sô síhet er siu állíu in sînero êuuigun gágenuuerti. Fóne díu ne uuéhselôt níeht tísiu gótes fóre bechénneda. dîa natura. únde dîa éigenháfti dero díngo.
Únde síhet er siu nû sô gágenuuertíu imo. sô siu nóh
uuánne in zîte chúmftig síot.

NECESSARIA ET NON NECESSARIA DEUM CERNERE ET DISCERNERE.

Únde ne geírret er níeht síniu geríhte. [sô dû in zí-
hest. núbe ér skéidet die frêhte.] Únde in éinero ánauuarto
sînes mûotes síhet er. díu benôte chúmftigen. únde âne
nôt. Álso óuh ír tûont. sô ír sáment séhent. ten ménnisken
in érdo gân. únde dia súnnun in hímele ûf kân. Tóh ír
íouuéder sáment séhênt. ír skéident siu dóh. Únde áhtont
ír daz éina nôte geskéhen. daz ánder âne nôt. Sô tûot
kótes óuga. Ál óbenan ánaséhende. ne uermískelôt iz níeht
tîa uuîolichi dero díngo. Ímo gágenuuertero. únde áber zîtes
hálb

---

ciant esse, quae uideant? Num enim quae praesentia cernis,
aliquam eis necessitatem tuus addit intuitus? Minime.
Atqui si est diuini humanique praesentis digna collatio,
uti uos uestro hoc temporario praesenti quaedam uidetis,
ita ille omnia suo cernit aeterno. Quare haec diuina
praenotio naturam rerum proprietatemque non mutat,
taliaque apud se praesentia spectat, qualia in tempore olim
futura prouenient.

Nec rerum iudicia confundit, unoque suae mentis intuitu tam necessario quam non necessario uentura dignoscit.
Sicuti uos cum pariter ambulare in terra hominem et
oriri in caelo solem uideris, quamquam simul utrumque
conspectum, tamen discernitis, et hoc uoluntarium, illud
esse necessarium iudicatis. Ita igitur cuncta despiciens
diuinus intuitus qualitatem rerum minime perturbat, apud
se quidem praesentium, ad conditionem uero temporis
futu-

hálb chúmftigero. Dánnán ne íst ímo dáz nehéin uuân. —
núbe uuârhaftíu bechénneda. | Dánne er dáz'uuéiz. uuésen 265.
hína fúre. dáz âne nôt tánne uuésen chán. [s. dánne iz
chúmet hína fúre.]

SI IN HUNC MODUM SILLOGISMUS NECTATUR.
QUOMODO EUADENDUS SIT.

Uuíle du híer chéden [proponendo.] dáz kót síhet
chúmftíg. táz ne mág ze léibo uuérden. [álso íz uuâr íst.
únde assumendo.] dáz ze léibo uuérden ne mág. táz súl
nôte geskéhen. [dáz oúh uuâr íst.] Únde uuíle dû míh
tánne duuíngen. [concludendo] ze démo nàmen dero nôte
[álsús. Dáz kót síhet chúmftîg. táz keskíhet nôte. uuánda
óuh táz uuâr íst. uuáz tûon íh ís tánne?] Sô iího íh téro.
sô. [mít syllogismo] gestárhtun uuârheite. Aber sô getâ-
nero. déro síh íoman chûmo ferstánde. âne dér góteliches
tínges ánauuúrte íst. Íh chído gréhto. Ein díng chúmftigez
péidíu sîn. ióh nôtháfte. sô man síhet ze gótes uuízenthéite. ióh ferlâzen. únde sélbuualtîg. sô man ze sîn sélbes
natura síhet.

[Híer íst tíu questio soluta. díz íst tér tóu-
geno nexus. der zuéi repugnantia sáment ketûot
uuésen an éinemo dínge.]

---

futurarum. Quo fit, ut haec non sit opinio, sed ueritate
potius nixa cognitio, cum exstiturum quid esse cognoscit,
quod idem exsistendi necessitate carere non nesciat.

Hic si dicas, quod euenturum deus uidet. id non
euenire non posse, quod autem non potest non euenire,
id ex necessitate contingere, meque ad hoc nomen necessitatis adstringas; fatebor quidem rem solidissimae ueritatis,
sed cui uix aliquis nisi diuini speculator accesserit. Respondebo namque idem futurum, cum ad diuinam notionem
refertur, necessarium; cum uero in sua natura perpenditur,
liberum prorsus atque absolutum uideri.

EXPLANATIO EIUSDEM SENTENTIAE EX HOC QUOD DUAE NECESSITATES SUNT. UT IN PERIERMENIIS ARISTOTELIS LEGITUR.

Zuô nôte sínt. Éiniu íst éinualte.[únde àne íba.] Also diu ist. táz álle ménnisken nòte tôdig sínt. Ánderíu íst [mít íbo.] únde mít kedíngun. Úbe du uuéist éinen mán 266. gân. dáz tánne nòt íst. táz er gánge. Táz | man uuéiz. uuîo mág táz ánderes sîn. àn'e so màn iz uuéiz. Aber disia gedíngota nôt. ne fûoret tia bárun nòt mít íro nîeht.

[íh méino. úbe er gérno gât. táz er oûh sâr úndanches kánge.]

Uuánda dísa nôt ne uuúrchet nîeht tiu natura. núbe dáz man úbe dára zûo chît. Uuánda nehéin nôt ne lûot kàn. den gérno gânten. So uuîo míchel nôt sî. dáz er gánge sô er gât.

PRESENS DEI EX NOSTRO PRESENTI PENSANDUM.

Ze déro sélbun uuîs íst nôt. so uuáz tíu gàgenuuerta fóresíht ána síhet. tắz iz sô sî. Dóh iz nehéina natûrlichà nôt ne hábe. Ze uuâre síhet kót tiu gàgenuuertíu. diu nôh tánne chúmftîg sínt. fóne sélbuualtigemo uuíllen.

Duae sunt etenim necessitates: simplex una, ueluti quod necesse est omnes homines esse mortales, altera conditionis, ut, si aliquem ambulare scias, eum ambulare necesse est. Quod enim quisque nouit, id esse aliter ac notum est nequit. Sed haec conditio minime secum illam simplicem trahit. Hanc enim necessitatem non propria facit natura, sed conditionis adiectio. Nulla enim necessitas cogit incedere uoluntarie gradientem, quamuis eum tamen, cum graditur, incedere necessarium sit.

Eodem igitur modo, si quid prouidentia praesens uidet, id esse necesse est, tametsi nullam habeat naturae neces- sitatem. Atqui deus ea futura, quae ex arbitrii libertate proueniunt, praesentia contuetur.

ITEM REPETITUR NATURAM FUTURORUM EX ALIA PARTE ESSE NECESSARIAM EX ALIA ABSOLUTAM.

Táz ist úmbe dísiu daz knôtesta. dáz siu gótes ána-
silite hálb nôte uuérdent. áfter dero geskéfte gótes uuízent-
lieite. uuánda sîn uuízentheit sô getân ist. Áber dúrh sih
kehórniu. ne uerlîesent siu nîebt, tîa sélbuualtigun ferlâzeni
iro nature. Nû geskéhent kréhto âne zuîuel. díu gót fóre
uuéiz chúmftigiu. Nóh tánne chóment siu súmiu. fóne
sélbuualtigemo uuíllen. Unde so uuîo siu geskéhên uuésendo. Sîe ne ferlîesent tóh nîcht iro naturam. Fóne déro
siu oúh ze léibo uuérden máhtin. êr siu geskáhîn.

ITEM DE DISCRETIONE DUARUM NECESSITATUM.

Uuáz skéidet siu dánne. síu ne sîn necessaria? | Sîd 267.
siu in állên sínt ze uuîs nôte geskéhent. álso iz kelégen
ist in gótes uuízenthéite.
[Úmbe díu gelégeni siu nôte geskéhent.]
Táz skéidet siu. Táz tíu skéidet. Díu ih târ fóre ze
bílde gáb. [Uuélíu sínt tíu?] Tíu errínnenta súnna. únde
der gânto máu. Tíu zuéi ne múgen nîcht ze léibo uuérden. únz siu geskéhent. Dáz éina sólla áber nôte uuérden.

Haec igitur ad intuitum relata diuinum necessaria
fiunt per conditionem diuinae notionis, per se uero consi-
derata ab absoluta naturae suae libertate non definunt.
Fiunt igitur procul dubio cuncta, quae futura deus esse
praenoscit, sed eorum quaedam de libero proficiscuntur
arbitrio; quae quamuis eueniant exsistendo, tamen propriam
naturam non amittunt, quia prius, quam fierent, etiam
non euenire potuissent.

Quid igitur refert non esse necessaria, cum propter diuinae scientiae conditionem modis omnibus, necessitatis instar, eueniant? Hoc scilicet, quod ea quae
paullo ante proposui, sol oriens, et gradiens homo,
quae dum fiunt, non fieri non possunt; eorum tamen
unum prius quoque quam fieret necesse erat exsistere;

èr íz uuúrte. dáz ánder nieht nôte. Álso sint tíu áne zuîuel, díu gót in sînero gágenuuerti hábet. Aber íro súmelih chúmet fóne nôte. súmelih fóne dero tûonton geuuálte.
Fóne díu châden uuír mít réhte. Dísiu nôthaftíu sîn. sô
man hína síhet ze gótes uuízentheite. Sô man siu áber
dúrh sih chîuset. inbúndeníu sîn. únde únnôthaftíu. Also
díngolih táz man séhen mág. únde grîfen. állelih íst. úbe
man ze déro rédo síhet. Únde áber éinlúzze. úbe dù dàr
ána uuártêst.

[Tíu uuír ánaséhên. díu sínt io éiniu. únde
éinlúzziu. sô plato íst. únde cicero. únde állíu
indiuidua. déro sélbon íst îouuélez állelih. uuánda
iz homo íst. álde bos. álde equus. álde lignum,
álde lapis. Uuánda hic homo oúh íst homo. bedíu
íst er béidiu. ióh singulare. ióh uniuersale. Hunc
hominem gesíhet taz óuga. échert hominem uuéiz
tiu ratio. Dáz lêret in cathegoriis aristotiles.]

SI MUTATA UOLUNTAS. ELUDERE POSSIT PRO-
UIDENTIAM.

Nù mág keskéhen chîst tu. Úbe in mînero geuuálte
stât. ze geánderuuîsonne mînen rât. sô eruuéndo íh tia
fóresíht. Tánne íh ôdeuuano geuuéhselôn. dáz si fóre
uuéiz. Dés ántuuúrto íh. Díh uuóla múgen uuéhselôn
268. dînen uuíllen. | Náls áber fermîden dia gótes uuízentheit.

---

alterum uero minime. Ita etiam quae praesentia deus habet, procul dubio exsistunt; sed eorum hoc quidem de
rerum necessitate descendit, illud uero de potestate facien-
tium. Haud igitur iniuria diximus, haec, si ad diuinam
notitiam referantur, necessaria; si per se considerentur,
necessitatis esse nixibus absoluta, sicuti omne quod sensibus patet, si ad rationem referas uniuersale est, si ad
seipsum respicias, singulare.

Sed si in mea, inquies, potestate situm est mutare
propositum, euacuabo prouidentiam, cum, quae illa praenoscit, forte mutauero. Respondebo, propositum te quidem
tuum posse deflectere, sed quoniam et id te posse, et an

non iro infáren. Uuánda díu gágenuuerta uuárheit tero fóresíhte. chíuset tíh táz kemúgen. Únde uuéder dù iz tùèst.
lóh uuára du gerâtêst. Álso du óuh nîeht infáren ne máht
léro ánasíhte des kágenuuerten mánnes óugen. Tóh tu díh
tínero uuílleuuarbun chêrest in mísseliche tâte.

SI UARIARI POSSIT PRENOTIO UT UOLUNTAS UARIATUR.

Uuío nù chîst tu? Éin uuánchot nù gótes uuízentheit.
nâh mînero sképfedo. díu mír míttundes ûf uuírdet. Sô.
dáz sî múge sáment mír hértuuéhselunga tùon des uuízen-
nes. nâh tíu íh uuîlon éinez uuíle. uuîlon ánderez? Dáz ne
tùot. Gótes oùga gefúreuangot. ál dáz chúmftig íst. Unde
gcchêret iz. ióh keuuéndet iz. ze déro gágenuuerti sînero
bechénnedo. Nóh ér ne uuîluuandot. nîeht án demo bechénnenne. nù díz. nù dáz. Núbe îo ze stéte stándo. fúre-
fáhet er. ùnde úmbefáhet er éines scúzes. tína uuéhsela.

DEI PROUIDENTIAM EX SIMPLICITATE IPSIUS ESSE. NON EX EUENTU RERUM.

Dîa îo gágenuuerti sînes ánaséhennes. ùnde úmbehá-
bennes álliu díng. ne guuán er nîeht fóne dero chúmftigon
gebúredo. Núbe fóne éigenero éinfalti. dîa únsih intellectus
lêret. náls ratio. Mít tíu íst óuh tés keántuuúrtet. táz tu

facias, quoque conuertas, praesens prouidentiae ueritas intuetur, diuinam te praescientiam non posse uitare; sicuti
praesentis oculi effugere non possis intuitum, quamuis te
in uarias actiones libera uoluntate conuerteris.

Quid igitur inquies? Ex meane dispositione scientia
diuina mutabitur, ut cum ego nunc hoc nunc illud uelim,
illa quoque noscendi uires alternare uideatur? Minime.
Omne namque futurum diuinus praecurrit intuitus, et ad
praesentiam propriae cognationis retorquet ac reuocat,
nec alternat, ut tu existimas, nunc hoc nunc illud prae-
noscendi uices; sed uno ictu mutationes tuas manens
pracuenit atque complectitur.

Quam comprehendendi omnia uisendique praesentiam,
non ex futurarum prouentu rerum, sed ex propria deus
simplicitate sortitus est. Ex quo illud quoque resoluitur,

— fóre eháde. Ungeristlih sín. úbe toman dés kedénche. dé
únseriu futura. gótes uuízentheit récchen. Disin sélba chrá
sínero uuízentheite. Álliu ding mít íro ánauuartigun be-
269. ehénnedo | úmbefáhende. Gíbet si uuîsun állen díngen.
[náls síu íro.] Nóh tîen áfter nâh chómentên. ne hábet si
ze dánchonne [sámo so sî iz fóne ín gelírne. *)]

LIBERUM STARE ARBITRIUM. ET PRO MERITIS
PREMIA DISPENSARI.

Uuánda dáz állez sô íst. pedíu íst ménniskôn úngenó-
men íro uuíllouualtigi. Únde mít réhte gehéizent êobûoh
ferlâzenên uuíllôn. lôn. ióh ingélteda. Únde íst óbeuân dér
ál séhento. únde fóre uuízento gót. Únde díu êuuiga. gágenuuérti sínero gesíhte. inchît téro chúmftigun uuîokichi
únserro uuércho. Spéndondo gûot kûotên. únde úkel úbelên. Nóh kedíngi. únde fléhâ ne uuérdent nicht in ge-
méitun ûfen gót kesézzot. Tie dánne ferfáhent, sô sie
réhte sínt.

EPILOGUS.

Fóne díu léidezent tie âchoste. Minnont túgede. Hábent íuueriu mûot an réhtero gedíngi. Frúmment ze himele

---

---

quod paullo ante posuisti, indignum esse, si scientiae dei
causam futura nostra praestare dicantur. Haec enim scientiae
uis praesentaria notione cuncta complectens, rebus omnibus
modum ipsa constituit, nihil uero posterioribus debet.

Quae cum ita sint, manet intemerata mortalibus arbitrii libertas. Nec iniquae leges solutis omni necessitate
uoluntatibus praemia poenasque proponunt. Manet etiam
spectator desuper cunctorum praescius deus, uisionisque
eius praesens semper aeternitas cum nostrorum actuum
futura qualitate concurrit, bonis praemia malis supplicia
dispensans. Nec frustra sunt in deo positae spes preces-
que, quae, cum rectae sint, inefficaces esse non possunt.

Auersamini igitur uitia, colite uirtutes, ad rectas
spos animum subleuate, humiles preces in excelsa por-

déumuote fléha. Iuuih tuuínget míchel nôt ze dero gûoli. —
úbe ír is iéhen uuéllept. Uuánda íuuere táte. dér éotéilare
úberuuártet. tér ál síhet.

[Hier múgen uuír chîesen. dáz boelius nâh
tîsemo quinto libro. mít temo tóde dés keírret
uuárd. dáz ér ne mûosa fernémen fóne philóso-
phia. díu sî ímo gehîez. hára nâh ze ságenne.]

Explicit liber quintus boetíi consulis.

rigite. Magna uobis est, si dissimulare non uultis, necessitas in dicta probitatis, cum ante oculos agitis iudicis
cuncta cernentis.

Berichtigung der Druckfehler.

S. 3. Z. 1. lies Íb.
— 4. Z. 2. l. uuúnster ne
— — Z. 7. l. gesuíchen.
— — Z. 16. l. séhen.
— 5. Z. 9. l. féstes.
— — Z. 11. l. táz st. taz.
— — Z. 19. l. Áltiu.
— — Z. 22. l. chríecheska.
— 6. Z. 25. l. uuórto.
— 7. Z. 3. l. ménniskôn.
— — Z. 7. l. Áber.
— — Z. 8.9. l. uerlórnísseda.
— — Z. 12. l. erstóuta.
— — Z. 13. l. tô dés st. tôdes.
— 8. Z. 2. l. Únde.
— — Z. 9. l. in geréchen st. ungeréchen *(sic)*.
— 8. Z. 10. l. uérte.
— — Z. 18. l. uuírdet.
— 9. Z. 2. l. Álde.
— — Z. 18. l. Un-
— 10. Z. 1. l. tŷ dér st. tû dér.
— 10. Z. 2. l. uuâre.
— — Z. 11. l. chád.
— — Z. 14. l. Únde.
— — Z. 21. l. Únde st. Únde, und Álso st. Also.
— 11. Z. 1. l. uéret.
— — Z. 17. l. gezógeno.
— — Z. 18. l. Únde.
— 12. Z. 2. l. Vnde.
— — Z. 8. l. stárchen.
— — Z. 20. hinter uuârin setze]
— 13. Z. 2. l. uuás.

S. 13. Z. 9. l. iz in st. iz.
— — Z. 13. l. geuuáht.
— 14. Z. 3. l. hérzogen.
— — Z. 10. l. uuórtene.
— — Z. 16. l. méino statt meino und únsálda st. unsálda.
— 14. Z. 17. l. Álso.
— 15. Z. 3. v. u. st. asinus ad liram l. ɑnanos liras ($\overset{\text{'}}{o}νος$ $πϱὸς$ $λύϱαν$) i. expers lirę.
— 15. Z. 15. gebört die Klammer nicht hinter únde, sondern hinter zû- uersihte.
— 16. Z. 5. hinter éigeslichi setze ?
— 16. Z. 8. l. dîen st. dien.
— 17. Z. 5. l. Tríuuo.
— — Z. 6. l. Álliu.
— 18. Z. 2. hinter ófto setze ne uuéreta.
— 18. Z. 17. l. chúninge.
— 19. Z. 10. zwischen tóh und in setze nû.
— 19. Z. 17. l. flíhende.
— 20. Z. 9. l. kérno geséhen.
— 20. Z. 10. l. dés keírren st. dé skeírren.
— 20. Z. 24. l. déro.
— 21. Z. 8. l. Áber.
— 22. Z. 3. l. ín.
— — Z. 8. l. stôzen.
— — Z. 10. l. îlent.
— — Z. 11. l. uuúnder.
S. 23.

S. 23. Z. 9. l. hérzen.
— — Z. 14. l. sô.
— 24. Z. 8. l. Áh.
— — Z. 10. l. die.
— 25. Z. 12. l. Áber.
— — Z. 20. l. uuércho.
— 26. Z. 9. l. gûole.
— — Z. 16. l. síh.
— 27. Z. 2. l. mâno.
— — Z. 13. l. uuínt.
— 28. Z. 1. l. Álliu.
— — Z. 2. l. hábende.
— 29. Z. 3. 4. v. u. st. unus dominus est unus rex lies éis kirîos éstin. éis basileus.
— 29. Z. 11. l. óugtí.
— — Z. 18. hinter] setze: Núbe ein hêrro íst târ.
— 30. Z. 8. l. mír.
— 31. Z. 4. l. Án.
— 32. Z. 3. l. lénzen.
— — Z. 12. l. héngen.
— — Z. 16. l. geskihte.
— 36. Z. 9. l. NASCI.
— 37. Z. 17. l. Vnde.
— 38. Z. 11. 12. l. DETESTANDAM.
— 39. Z. 4. l. Áber.
— — Z. 16. l. dicendi.
— 41. Z. 21. l. súslih.
— 43. Z. 9. l. QUALIS st. QUBLIS.
— 43. Z. 11. l. mít st. míh.
— 46. Z. 13. l. uuíderuuártig.
— 55. Z. 9. l. Áber.
— — Z. 20. l. Íh.
— 57. Z. 14. l. sígenémôn und *palmas.*
— 60. Z. 1. l. uuánes.
— 65. Z. 10. l. baptismum.

S. 65. Z. 12. l. Álde.
— 75. Z. 18. l. únde st. úude.
— 79. Z. 9. l. iáres.
— 84. Z. 4. l. suért éitere.
— 85. Z. 17. l. chît st. chîd.
— 87. Z. 6. sind die Klammern zu streichen.
— 88. Z. 6. l. líumentháftigí.
— 92. Z. 12. l. Uuânent ir.
— 93. Z. 15. l. propositum.
— 96. Z. 2. des lat. Textes l. *concordes.*
— 110. Z. 4. l. tín.
— 114. Z. 5. l. árbéit.
— 115. Z. 13. 14. l. tribuni.
— 123. Z. 19. l. férro statt térro.
— 124. Z. 5. l. ih.
— — Z. 20. l. fóre.
— 130. Z. 1. l. líuto.
— 135. Z. 4. v. u. l. *imagine.*
— — Z. 18. l. nuálliche.
— 140. Z. 5. v. u. l. zuô.
— 155. Z. 10. v. u. l. *motibus* st. *moribus.*
— 157. Z. 18. l. gemále st. geuále.
— 158. Z. 12. l. sîn sélbes sín st. sîn sélbes sîn.
— 159. Z. 1. l. fúncho.
— 164. Z. 3. l. filios.
— 168. Z. 20. hinter ogkon setze *).
— 169. Z. 4. l. et st. est.
— 171. Z. 3. l. dúrstegèr.
— 177. Z. 5. l. CUPIUNT.
— 181. Z. 5. l. uuár statt nuái.
— 184. Z. 6. l. sélbên.
— 191. Z. 24. l. uuîzes.
— 192. 9. l. latine.
— 208. Z. 16. l. tér st. tés

S. 211. Z. 17. l. héizen fú- redáhte st. héizenfú re- dáhte.

— 213. Z. 9. l. disponens.

— 216. Z. 31. l. oúgen st. múgen.

— 228. Z. 13. 14. hinter sint setze] und ziehe das folgende Únde bis kúotes zum Texte; hinter kúotes setze [

— 229. Z. 18. l. die st. dí.

— 257. Z. 22. l. singula.

— 270. Z. 24. ist das erste iz zu streichen.

— 273. Z. 7. l. gât. st. gót.

Berlin, gedruckt bei Trowitzsh und Sohn.